全国职业教育物流管理专业规划教材

Yunshu Guanli Shiwu
运输管理实务

主　编　李春燕
副主编　乔欣宇　郭　晨　吕　贞
主　审　黄　浩

人民交通出版社股份有限公司
China Communications Press Co.,Ltd.

内 容 提 要

本教材结合行业发展实际，立足"教、学、做"于一体，突出运输管理方法与实际操作技能，培养学生的动手能力和解决实际问题的能力。各模块设有学习目标和能力目标要求，并附有案例、技能练习、实训任务，力求实务内容的完整性和操作性，以适应高职高专教学模式的需要。

本教材适用于高职高专、本科学校举办的二级职业技术学院、高等学校成人教育的物流管理和交通运输类专业使用，也可作为相关专业的中等职业技术学校师生及物流运输行业从业人员培训的参考书。

* 本教材配多媒体教学课件，任课教师可致电010-85285867索取。

图书在版编目（CIP）数据

运输管理实务 / 李春燕主编. —北京：人民交通出版社股份有限公司，2019.8
ISBN 978-7-114-15642-7

Ⅰ. ①运… Ⅱ. ①李… Ⅲ. ①物流—货物运输—管理—教材 Ⅳ. ①F252

中国版本图书馆 CIP 数据核字（2019）第 122968 号

全国职业教育物流管理专业规划教材
书　　名：运输管理实务
著　作　者：李春燕
责任编辑：司昌静
责任校对：张　贺　宋佳时
责任印制：张　凯
出版发行：人民交通出版社股份有限公司
地　　址：(100011) 北京市朝阳区安定门外外馆斜街3号
网　　址：http://www.ccpress.com.cn
销售电话：(010) 59757973
总 经 销：人民交通出版社股份有限公司发行部
经　　销：各地新华书店
印　　刷：北京虎彩文化传播有限公司
开　　本：787×1092　1/16
印　　张：21
字　　数：346 千
版　　次：2019 年 8 月　第 1 版
印　　次：2019 年 8 月　第 1 次印刷
书　　号：ISBN 978-7-114-15642-7
定　　价：56.00 元

（有印刷、装订质量问题的图书由本公司负责调换）

前言

本书是运输管理与实务技能训练方面的专门教材。书中基于运输管理的基础知识、不同运输方式的作业内容、操作技能要求、生产安全管理等内容，系统全面地阐述了运输管理实务的基本理论和技能要求。全书共分八个模块：模块一运输管理概述介绍了运输管理基础知识；模块二至模块五分别详细阐述了道路货物运输、铁路货物运输、水路货物运输、航空货物运输等内容；模块六阐述了特种货物运输的内容；模块七阐述了集装箱运输与多式联运的内容；模块八阐述了交通运输安全管理的内容。

本书结合我国交通及物流运输发展，广泛吸收当前交通运输管理及物流管理方面的知识、技能、现代教学模式，以培养学生操作能力为主线，以生产过程为导向，每个模块以案例导入及思考题衔接理论知识，并附有形式多样的习题、实训任务等栏目，每个单元设有技能练习，加强对实践教学过程的引导，强化实务内容的完整性和操作性，力求集"教、学、做"于一体，以适应高职高专教学模式的需要。本书采用知识链接、二维码导入教学资源，进一步拓展相关知识，增强师生教与学的便捷性。

本书由内蒙古大学交通职业技术学院李春燕担任主编，由内蒙古大学交通职业技术学院乔欣宇、郭晨和内蒙古农业大学吕贞担任副主编。具体分工为：李春燕编写模块一、模块二、模块三单元3和模块七单元2，吕贞编写模块六和模块八，乔欣宇编写模块三单元1、单元2、单元4和模块五，郭晨编写模块四和模块七单元1、单元3。全书由李春燕负责统稿，江西交通职业技术学院黄浩担任主审。

本书在编写过程中广泛借鉴了国内外许多专家学者的观点，参考和引用了诸多论著、报刊杂志、网站的文献资料，在此谨向所有的文献作者和专家学者表示衷心的感谢，并对给予支持和帮助的出版社工作人员表示诚挚的敬意。

由于作者水平有限，书中存在的疏漏与不妥之处，敬请同行和广大读者批评指正。反馈邮箱：18057643984@qq.com。

作　者
2019年4月

Contents 目 录

模块一　运输管理概述 ·· 1
　单元1　运输基础知识 ·· 3
　单元2　货物与货流 ·· 18
　单元3　运输合同 ·· 23
　单元4　综合运输体系 ·· 32
　课后习题 ·· 49
　实训任务 ·· 51

模块二　道路货物运输 ·· 53
　单元1　道路货物运输概述 ·· 54
　单元2　道路货物运输设施设备 ·· 66
　单元3　道路整车货物运输组织 ·· 76
　单元4　道路零担货物运输组织 ·· 82
　单元5　道路货物运输单证管理与运费核算 ·· 91
　课后习题 ·· 96
　实训任务 ·· 97

模块三　铁路货物运输 ·· 99
　单元1　铁路货物运输概述 ·· 100
　单元2　铁路货物运输设施设备 ·· 111
　单元3　铁路货物运输组织 ·· 121
　单元4　铁路货物运输单证管理与运费核算 ·· 133
　课后习题 ·· 143
　实训任务 ·· 145

模块四　水路货物运输 ·· 146
　单元1　水路货物运输概述 ·· 147
　单元2　水路货物运输的设施设备 ·· 153
　单元3　内河货物运输组织 ·· 161

单元4　海洋货物运输组织 ··· 165
　　单元5　水路货物运输单证管理与运费核算 ··································· 169
　　课后习题 ··· 178
　　实训任务 ··· 179
模块五　航空货物运输 ··· 180
　　单元1　航空货物运输概述 ··· 181
　　单元2　航空货物运输设施设备 ··· 190
　　单元3　航空货物运输组织 ··· 195
　　单元4　航空货物运输单证管理与运费核算 ································· 211
　　课后习题 ··· 216
　　实训任务 ··· 219
模块六　特种货物运输 ··· 220
　　单元1　危险货物运输组织 ··· 221
　　单元2　超限货物运输组织 ··· 246
　　单元3　鲜活易腐货物运输组织 ··· 255
　　课后习题 ··· 260
　　实训任务 ··· 261
模块七　集装箱运输与多式联运 ··· 262
　　单元1　集装箱运输基础知识 ··· 263
　　单元2　多式联运 ··· 282
　　单元3　集装箱多式联运的货运业务 ······································· 292
　　课后习题 ··· 303
　　实训任务 ··· 305
模块八　交通运输安全管理 ··· 306
　　单元1　交通运输安全管理概述 ··· 308
　　单元2　交通运输生产安全管理 ··· 311
　　单元3　交通运输企业安全生产标准体系建设 ······························· 319
　　课后习题 ··· 326
　　实训任务 ··· 327
参考文献 ··· 328

模块一　运输管理概述

 知识目标

1. 掌握运输的概念、分类和作用。
2. 了解运输与现代物流的内在结构关系。
3. 掌握综合运输体系的概念、要素。
4. 掌握各种运输方式的特点。
5. 了解货流及运输合理化的要素。
6. 了解运输市场构成及特征、运输合同的内容及签订、履行。

能力目标

1. 能根据管理目标正确选择不同的运输方式。
2. 能结合运输企业实际需求，编制合理化的运输方案。
3. 能对运输市场变化的影响因素进行分析。

案例导入

重走天路，顺丰医药冷链西藏行

2017年3月，顺丰冷运北京分公司接到北京北生研生物制品有限公司（原北京天坛生物制品股份有限公司，以下简称"北生研"）的生物制品运输通知，需要分批次运输约1000件国家免疫规划的生物制品至西藏自治区区级疾控中心以及阿里地区、昌都地区、林芝市等地市疾病预防控制中心（以下简称"疾控中心"），各类疫苗共计580 000余人份。为了避免疾控中心断供，或者运输温度异常导致生物制品性状发生变化，必须在保障运输时效的同时严格控制生物制品的运输温度。

由于运输的生物制品都是新生儿、婴幼儿所用，受用对象较为特殊（新生儿、婴幼儿的使用时效要求更高），加上路程长、路况恶劣、时效要求高，顺丰冷运制订了以医药专车服务为主，医药商配服务辅助，医药专递服务提供航空支持的定制化运输方案，并安排机动资源全程跟随，以应对运输途中的突发事件，顺丰医药冷链运输车辆见图1-1。

图 1-1　顺丰医药冷链运输车辆

医药专车服务：顺丰冷运使用通过 GSP 验证合格的医药冷藏车，提前预冷充分，此服务产品省去了医药中转场中转操作环节，将货品全程保持 2~8℃ 运输环境，直运至西藏疾控中心。

医药商配服务：用于服务北生研向阿里地区、昌都地区、林芝市疾控中心的货品配送任务，作为辅助性运输方案。

医药专递服务：由于拉萨通往阿里地区、昌都地区的道路遇到严重塌方，车辆无法前行，顺丰冷运北京分公司马上调整配送方案，启用拉萨当地航空运力资源，使用医药专用冷藏箱进行航空运输，并立即做出备用应急方案，确保生物制品任何情况都不脱温。由于拉萨当地机场航班取消非常频繁，顺丰冷运在将疫苗送进机场后，冷藏车保持打冷在机场外机动等候，一旦航班取消，第一时间将货物取出，暂存至冷藏车或者当地疾控中心冷库。

北生研本次运输的所有生物制品种类均为国家免疫规划生物制品，在交通、卫生、医疗条件制约较多的西藏自治区，这几批生物制品对西藏自治区的新生儿来说显得更加重要；对于北生研和顺丰冷运来说，这一批批进藏的生物制品不只是简单的产品，而是双方共担的一份社会责任！

作为助力北生研达成社会责任的顺丰冷运，经过一次又一次进藏运输的磨炼，如何克服进藏途中的困难已不是顺丰冷运重点考虑的问题。如何运用自身优势服务资源、通过自身产品体系的组合为客户提供全方位的医药供应链物流服务，让特殊地理区域不再是医药生产、经营企业眼中的"鸡肋"；让祖国各地的必需医药产品供应得到实实在在的保障，成为摆在顺丰冷运面前新的任务！

思考

1. 北生研的运输需求有何特殊性？
2. 顺丰冷运如何实现货物安全高效运输？

单元1 运输基础知识

一、运输概述

（一）运输的概念、分类及特点

1. 运输的概念

运输指用专用运输设备将物品从一地点向另一地点运送，其中包括集货、分配、搬运、中转、装入、卸下、分散等一系列操作。与传统运输不同，本书中所讲的运输专指物流系统中的运输。在物流系统中，运输是最重要的环节之一，承担着改变物品空间状态的主要任务。只有与包装、装卸搬运、储存保管、流通加工、配送和信息处理等功能有机结合，运输才能最终圆满完成改变物品的空间状态、时间状态等，实现物品从供应地到接收地的流动转移任务。

运输包括生产领域的运输和流通领域的运输，两者之间的对比见表1-1。

生产领域与流通领域的运输对比 表1-1

类别	区别
生产领域的运输	在企业内部进行
流通领域的运输	在大范围内，将货物从生产领域向消费领域转移，或从生产领域向物流网点，或从物流网点向消费所在地移动的活动

2. 运输的分类

根据不同的划分标准，运输的分类见表1-2。

运输的分类 表1-2

按运输的作用划分	①集货运输：将分散的货物汇集的运输形式，集货运输是干线运输的一种补充形式； ②配送运输：将节点中已按客户要求配好的货物分送给各个客户的运输
按运输的范围划分	①干线运输：利用道路、铁路的干线和大型船舶的固定航线进行的长距离、大数量的运输，是远距离空间位置转移的重要运输形式； ②支线运输：是干线运输与收、发货地点之间的补充性运输形式，路程较短，运输量相对较小； ③二次运输：一种补充性的运输形式，是干线、支线运输到站后，站与客户仓库或指定地点之间的运输； ④厂内运输：在大型工业企业范围内，直接为生产过程服务的运输。小企业内的这种运输称为"搬运"

续上表

按运输的协作程度划分	①一般运输：孤立地采用不同运输工具或同类运输工具而没有形成有机协作关系的一种运输； ②联合运输：使用同一运送凭证，由不同运输方式或不同运输企业进行有机衔接接运货物，利用每种运输工具的优势以充分发挥不同效率的一种运输形式
按中途是否换载划分	①直达运输：在组织货物运输时，利用一种运输工具从起运站、港一直到达站、港，中途不经过换载，中途不入库储存的运输形式； ②中转运输：在组织货物运输时，在货物运往目的地的过程中，在途中的车站、港口、仓库进行转运换装的运输
按运输设备及运输工具划分	①铁路运输：使用铁路列车运送货物的一种运输方式； ②道路运输：使用汽车在道路上进行运输的一种运输方式； ③水路运输：使用船舶运送货物的一种运输方式； ④航空运输：使用飞机或其他航空器进行运输的一种运输方式； ⑤管道运输：利用管道输送气体、液体和粉状固体的一种运输方式

3. 运输的特点

（1）运输具有生产的本质属性

工农业生产是以物质为劳动对象，通过生产过程改变劳动对象的物理、化学、生物属性，产生具有使用价值的新的物质产品。运输过程（货物或旅客的位移）与一般生产过程一样，是借助于活的劳动（运输者的劳动）和物化劳动（运输工具设备与燃料的消耗）的结合而实现的。但与工农业生产过程不同，运输业生产过程是在不改变劳动对象原有属性或形态的要求下，实现劳动对象的空间位移。

（2）运输服务的公共性

运输服务的公共性是指运输服务在全社会范围内与公众有利害关系的特征，主要表现在：

①保证为社会物质在生产和流通过程中提供运输服务。由于社会物质包括生产过程中的原材料、半成品、成品以及流通过程中的商品、生活必需品等，涉及企业的生产和人们的日常生活，因而运输服务的需求十分广泛。

②保证为人们在生产和生活过程中的出行需要提供运输服务。由于在现代生活中，人们不可能在同一地点进行工作、学习和接受教育，因此，出行是人们日常生活中所必需的活动，其运输服务需求也十分广泛。

总之，无论是物品的空间位移，还是人们的出行，都是全社会普遍发生的运输需求，因而运输服务对整个社会的经济发展和人们生活水平的提高，均有广泛的影响，从而体现了运输服务的公共性。

（3）运输产品的无形性

运输产品是指劳动者使用运输工具和设备实现旅客和货物的空间位移。表示运输产品量的实物指标有旅客周转量、货物周转量和换算周转量，分别用运输数量（人或吨）和运输距离两个因素的复合单位人公里、吨公里和换算吨公里计量。与工农业产品相比，它不具实物形态，其生产与消费同时完成；运输不改变劳动对象的形态或性质，也不增大其数量，只改变它的空间位置，是一种无形的劳务；运输产品不能储存，只能"储存"运输能力。

（4）运输生产和运输消费同时进行

运输生产必须在用户需要时及时进行，并且只能在生产的同时即时消费，运输业创造的使用价值依附于它所运输商品的使用价值已有的固定形态上，与运输过程同时进行。

（二）运输的地位

1. 运输是物流的主要功能要素之一

运输承担了改变空间状态的主要任务，物流中很大一部分责任是由运输承担的，是物流的主要部分。

2. 运输是社会物质生产的必要条件之一

运输是国民经济的基础和先行。所以，虽然运输这种生产活动和一般生产活动不同，但这一变动使生产能继续下去，使社会再生产不断推进，所以将其看成一种物质生产部门。

（三）运输的功能

在物流管理过程中，运输主要提供两大功能：物品移动和短时储存，见图1-2。

图1-2 运输的功能

1. 物品移动功能

运输的主要目的就是要以最少的时间、财力和环境资源成本，将产品从原产地转移到规定地点。此外，产品灭失、损坏的费用也必须是最低的；同时，产品转移所采用的方式必须能满足顾客有关交付履行和装运信息的可行性等方面的要求。

2. 产品和货物的短时储存功能

为避免产品和货物在转移中短时间的入库装卸发生的费用，减少仓库的占用空间，利用运输车辆临时作为储存设施，不失为一种可行的选择。

（四）运输的原理

指导运输管理和运营的两个基本原理是规模经济和距离经济，规模经济和距离经济存在原因见表1-3。在评估各种运输决策方案或营运业务时，这些原理是重点考虑的因素。其目的是要使装运的批量和距离最大化，同时满足客户的服务期望。

规模经济与距离经济存在原因　　　　表1-3

经济形式	存在原因	举例
规模经济	①固定费用可以按整票货物量分摊； ②享受运价折扣	①整车运输的每单位成本低于零担运输； ②能力较大的运输工具的每单位运输成本要低于能力较小的运输工具
距离经济	①分摊到每单位距离的装卸费用随距离的增加而减少； ②费率随距离的增加而减少	800km 的一次装卸成本要低于 400km 二次装卸

1. 规模经济

规模经济理论是指在特定时期内，企业产品绝对量增加时，其单位成本下降。规模经济的特点在运输领域更为突出，表现为随着装运规模的增大，单位货物的运输成本下降。运输规模经济之所以存在，是因为与商品专业有关的固定费用不随装运的数量而变化。固定费用主要包括接受运输订单的行政管理费用、定位运输工具装卸的时间、开票以及设备费用等。通过规模运输还可享受运价折扣，使单位货物的运输成本下降。

2. 距离经济

距离经济是指每单位距离的运输成本随距离的增加而减少，运输工具装卸所发生的相对固定的费用必须分摊每单位距离的变动费用。距离越长，可以将固定费用分摊给更多的各单位距离，使每单位距离支付的总费用更低。

(五) 运输的原则

随着物流需求的变化，现代物流以个性化、多频率、小批量为主要特征，对货物运输的要求越来越高。就物流而言，组织运输工作应该坚持的基本原则是"安全、准确、及时、经济"。

1. 安全

即在运输过程中，能够防止霉变、残损及危险事故的发生，保证物品完好无损。一是要注意运输、装卸过程中的震动和冲击等外力的作用，防止货物破损；二是要防止物理、化学或生物变化等原因引起的货物损耗和变质。

2. 准确

即在运输过程中，能够防止各种差错的发生，准确无误地将物品交给指定的收货人。由于货物种类繁多，规格不一，加上运输过程中要经过多个环节，稍有疏忽，就可能发生差错。因此，加强岗位责任制，精心操作，监督落实周密的检查制度至关重要。

3. 及时

即按照产、供、运、销等实际手段，能够及时将物品送达指定地点，尽量缩短物品在途时间。实现运输的及时性，就要缩短流通时间，改善交通环境，做好不同运输方式的衔接工作，实现运输现代化。

4. 经济

即通过合理选择运输方式和运输路线，有效利用各种运输工具和设备，运用规模经济的原理实施配货方案，节约人力、物力、财力和运力，合理地降低运输费用，实现降本增效。

(六) 运输管理、运输管理系统及运输管理信息技术

1. 运输管理的概念和内涵

运输管理就是对整个运输过程中，与运输活动相关的集货、分配、搬运、中转、装入、卸下、分散等一系列操作选择合适的运输方式、运输线路、载运工具，从而达到用户成本的最优而进行的计划、组织指挥、协调和控制。运输管理环节多，涉及面广，是一个复杂和不断改进的循环过程。运输管理的环节、对象、职能和目的见表1-4。

运输管理的环节、对象、职能和目的　　　表1-4

运输管理的环节	运输过程的单个、多个环节或整个运输过程
运输管理的对象	运输过程的人力、财力、物力，运输的货物、运输方案、运输路线、运输信息等

续上表

运输管理的职能	计划、组织、指挥、协调和控制五大职能
运输管理的目的	①货主方：在保质、保量的前提下成本最低； ②运输服务提供者：在满足货主要求的前提下，利润最大； ③政府和社会：满足企业合理需求，促进社会发展，实现绿色运输，最大程度降低运输对社会环境的危害

2. 运输管理系统

运输管理系统是基于运输服务流程和信息化的管理系统，是物流管理系统的子系统。基于运输管理系统思想开发的运输管理软件包括调度管理、车辆管理、配件管理、油耗管理、费用结算、人员管理、资源管理、财务核算、绩效考核、车辆跟踪、业务跟踪、业务统计、监控中心系统、账单查询等功能模块。运输管理软件的使用很大程度上提高了运输的科学性、透明性、可追溯性等，提高了运输的效率和服务水平，是现代运输业的重要标志。

图1-3为汇驿运输管理系统（TMS），该系统可以接收来自订单系统（OMS）和仓储系统（WMS）的运输指令，通过分解和组合订单，在确保及时交付的前提下以最优化的配载方式和线路安排运输计划。TMS系统可以与GPS系统和短信网关连接，帮助运输管理人员和客户更准确及时地跟踪运输动态。TMS系统同时提供对车辆、司机、零配件、轮胎、油耗的资产管理，并能对车辆的年检、保险、维护修理、违章事故等进行记录和预警，方便企业运输部门或者第三方运输物流服务商更好地管理企业的运作成本。

3. 运输管理信息技术

（1）地理信息系统

地理信息系统（Geographical Information System，GIS）是由计算机软硬件环境、地理空间数据、系统维护和使用人员四部分组成的空间信息系统，可对整个或部分地球表层（包括大气层）空间中有关地理分布数据进行采集、储存、管理、运算、分析显示和描述。

GIS应用于运输分析，主要是指利用GIS强大的地理数据功能来完善运输分析技术。国外公司已经利用GIS为运输分析提供专门的分析工具软件。

完整的GIS运输分析软件集成了车辆路线模型、网络运输模型和设施定位模型等。

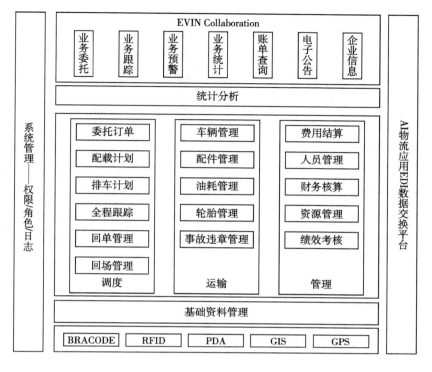

图 1-3 汇驿运输管理系统（TMS）

（2）北斗卫星导航系统

北斗卫星导航系统（BeiDou Navigation Satellite System，BDS）是中国自行研制的全球卫星导航系统，是继美国全球定位系统（GPS）、俄罗斯格洛纳斯卫星导航系统（GLONASS）、欧洲伽利略卫星导航系统（Galileo Satellite Navigation System，GSNS）之后第四个成熟的卫星导航系统。

北斗卫星导航系统由空间段、地面段和用户段三部分组成，可在全球范围内全天候、全天时为各类用户提供高精度、高可靠定位、导航、授时服务，并具短报文通信能力，定位精度10m，测速精度0.2m/s，授时精度10ns。北斗卫星导航系统见图1-4。

该系统已成功应用于测绘、电信、水利、渔业、交通运输、森林防火、减灾救灾和公共安全等诸多领域，产生显著的经济效益和社会效益，其中在交通运输领域的应用有道路交通管理、铁路智能交通、海运和内河航运、航空运输、应急救援等方面。

（3）物联网技术

物联网（the Internet of Things），是指通过射频识别、红外传感器、全球定位系统、激光扫描器等信息传感设备，按约定的协议，把任何物品与互联网相连接，进行信息交换和通信，以实现智能化识别、定位、跟踪、监控和管理的一种网络。

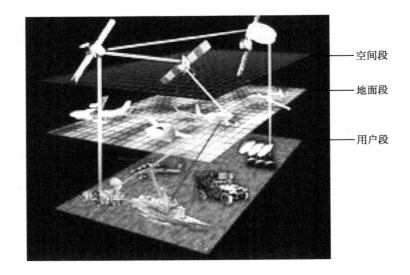

图1-4 北斗卫星导航系统

将物联网技术应用到货物运输中,通过网络实现资源共享,可对货物运输过程中车辆的运行路线、车货的实时运行位置、人员的安全情况、车辆的运行情况以及车厢内的温度进行监控,实时掌握准确的运输信息,提高突发事件应对能力,保障货物与车辆的安全。

二、运输与物流的关系

(一)运输在物流中的作用

物流是物品从供应地向接收地的实体流动过程。根据实际需要,将运输、储存、搬运、包装、流通加工、配送、信息处理等基本功能实施有机结合。创造物品的空间效用和时间效用是物流系统的两项最主要的功能,分别通过运输和储存来实现,因此,运输和储存被看成是物流系统的两大支柱。随着技术进步和管理水平的提高,现代物流系统通过储存创造时间效用的功能正在弱化,而且合理地组织运输,特别是实现准时配送,对这种弱化趋势起到了促进作用,因此使运输在物流系统中的重要地位更加突显出来,发挥的作用更大。

1. 运输是构成物流网络的基础

生产和消费的全过程伴随着物流,而整个物流过程的实现,始终离不开运输。在物流网络结构系统中,运输使物品在空间位置上发生位移,称为线路活动;其他物流活动是在物流节点(物流中心、配送中心或车站、码头)上进行的,称为节点活动。线路活动和节点活动构成物流网络，从而满足生产和消费的需要。从网络结构看，如果没有运输的线路活动，网络节点的物流客体将不存在，网络节点的物流活动如装卸、搬运等也不可能发生。

2. 运输功能在物流系统中处于核心地位

在社会化大生产条件下，产品生产和消费在空间位置上的矛盾不但不会消除，反而会随着经济全球化进程的深入不断扩大，从而增加对物流特别是运输业务的需求。随着工业化和城市化的加速发展，物流需求总体规模依然保持较高水平和较快增速。

3. 运输是成本消耗最大的物流活动

货物运输费用占物流总成本的 1/3～2/3，对许多货物来说，运输成本要占货物价格的 5%～10%，也就是说，运输成本占物流总成本的比例较大。

4. 运输合理化是物流系统合理化的关键

运输是物流系统的基础与核心，直接影响着其他物流子系统，只有运输合理化，才能使物流系统结构更加合理，总体功能更加优化。运输合理化内容在单元4详述。

（二）运输与第三方物流

1. 第三方物流

第三方物流是指独立于供需双方为客户提供专项或全面的物流系统设计或系统运营的物流服务模式。

第三方物流的类型分为资源性第三方物流和非资源性第三方物流。资源性第三方物流一般指具有运输等基本物流设施和设备的运输从业者所提供的运输服务。非资源性第三方物流主要指各类货物运输代理从业者所提供的运输代理服务。

2. 运输企业是第三方物流企业

按照"第三方物流"的定义，运输企业是供方和需方之外的物流运输服务提供者，也就是现代物流中常说的"第三方物流企业"。

（三）运输与配送的区别

在《物流术语》（GB/T 18354—2006）中，运输指用专用运输设备将物品从一地点向另一地点运送。其中包括集货、分配、搬运、中转、装入、卸下、分散等一系列操作。配送指在经济合理区域范围内，根据客户要求，对物品进行拣选、加工、包装、分割、组配等作业，并按时送达指定地点的物流活动。运输是较长距离的线路活动，而配送是短距离的运输。配送是"配"与"送"的结合，除了运输以外，还有"配货"这一职能。

（四）运输与储存的关系

储存是货物暂时停滞的状态，是货物投入消费前的准备，是实现货物的时间价值。货物的储存量虽取决于库存管理水平，但货物的运输也会对储存产生重大影响。当仓库中储存有一定数量的货物而消费领域又对该货物急需时，运输就成了关键。如果运输活动组织不当或运输工具不合理，那么就会延长货物在仓库中的储存时间，除阻碍货物流通，增加库存成本外，还增加货物的机会成本。

（五）运输与装卸搬运的区别

运输活动必然伴随装卸活动。一般来说，运输发生一次，往往伴有装和卸两个活动，即运输前后的装卸作业。货物在运输前的装载活动是完成运输的先决条件，当货物运输到达目的地后，卸载为最终完成运输任务的补充劳动，因此，装卸质量的高低，将对运输产生巨大的影响。除此之外，装卸又是各种运输方式的衔接环节，当一种运输方式转变为另一种运输方式时，如铁路运输变为道路运输，必须依靠装卸作为运输方式变更的必要衔接手段。

运输是较长距离的线路活动，而装卸、搬运是节点活动，如货运汽车是能够在运输线路上运行的，而叉车、装卸车是不能在运输线路上运行的，只能在运输节点内活动。

（六）运输与包装的关系

运输和包装是物流系统中的两个重要组成部分，它们是物流活动得以顺利、高效实施的重要基础，在物流系统中两者的关系也是相辅相成、互相影响的。

1. 运输与包装的效益背反

运输包装的基本要求，是在满足物流要求的基础上使包装费用越低越好。为此，必须在包装费用和流通损失两者之间寻找均衡点。如果降低包装费，包装的防护性也往往随之降低，商品的流通损失就很可能增加，这样必然会降低整个物流的经济效果。

相反，如果加强包装，商品在流通过程中的损失就会降低，但包装费用就必然增加。如果要求在流通过程不允许存在商品的任何损失，就必然要对商品进行"过剩包装"，物流的包装费用也会大大增加，由此带来的支出的增加将可能会大于不过剩包装时必然的损失。这就是运输与包装的效益背反。因此，对于普通商品，包装程度应当适中才会有最优的经济效果。

2. 包装对运输的影响

包装对运输的影响是整体上的，往往会根据货物本身的特点以及包装的特点进行运输方式的选择。因而，货物包装对运输方式的选择、操作流程、配载、装车、运输物资的在途管理都有很大的影响。可以说，包装影响整个运输过程的组织与实施，包装技术的不断发展也深刻影响着运输行业的发展趋势。

三、运输市场与运输服务企业

（一）运输市场的概念、构成与特征

1. 运输市场的概念

运输市场有狭义与广义之分。狭义的运输市场是指运输劳务交换的场所，该场所为旅客、货主、运输业者、运输代理者提供交易的空间。广义的运输市场则包括运输参与各方在交易中所产生的经济活动和经济关系的总和，即运输市场不仅是运输劳务交换的场所，而且还包括运输活动的参与者之间、运输部门与其他部门之间的经济关系。

2. 运输市场的构成

运输市场是多层次、多要素的集合体，运输市场的构成可分为以下四个方面，见图1-5。

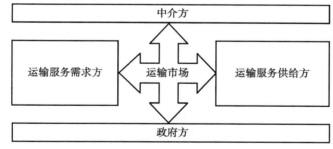

图1-5 运输市场主要组成部分

①运输服务需求方，是指运输服务的需求者，例如居民、生产企业、销售企业等。

②运输服务供给方，是指提供运输服务的经营者，包括道路运输企业、铁路运输企业、航空运输企业、水路运输企业等。

③中介方，是指在运输服务需求方与运输服务供给方之间，起连接作用的服务性的个人及组织，例如货运代理公司、经纪人、信息咨询公司等。

④政府方，是指与运输有关的政府机构和各级交通运输管理部门。政府方代表国家和公众利益对运输市场进行监督、管理、

调控，包括交通运输部、各省交通运输厅等交通主管部门，以及财政、金融、税务、海关、工商、物价等部门和机构。

运输交易与一般的商品交易不同，一般的商品交易只涉及买方和卖方，而运输交易往往受上述四方的影响。

在运输市场中，需求方、供给方、中间方直接从事客货运服务的生产和交换活动，属于市场行为主体。政府方以管理、监督、调控者的身份出现，不参与市场主体的决策过程，主要通过经济手段、法律手段、必要的行政手段，制定运输市场运行的一般准则，起到规范运输市场的作用，并约束各个市场主体的行为，使运输市场运行有序化。

3. 运输市场的特征

运输市场除具有一般商品市场的共性外，也具有区别于其他商品市场的特殊性，它具有第三产业服务性市场的特征，其特征表现如下：

（1）运输商品生产、消费的同步性

运输商品的生产过程、消费过程是融合在一起的，在运输生产过程中，劳动者主要不是作用于运输对象，而是作用于交通工具，货物是和运输工具一起运行的，并且随着交通工具的场所变动而改变所在位置。由于运输所创造的产品在生产过程中同时被消费掉，因此，不存在任何可以存储、转移或调拨的运输"产成品"。同时运输产品又具有矢量的特征，不同的到站和发站之间的运输形成不同的运输产品，他们之间不能相互替代。因此，运输劳务的供给只能表现在特定时空的运输能力之中，不能靠储存或调拨运输产品方式调节市场供求关系。

（2）运输市场的非固定性

运输市场所提供的运输产品具有运输服务特性，它不像其他工农业产品市场那样有固定的场所和区域来生产、销售商品。运输活动在开始提供时只是一种"承诺"，即以货票、运输合同等作为契约保证，随着运输生产过程的开始进行，通过一定时间和空间的延伸，在运输生产结束时，才将货物位移的实现所形成的运输劳务全部提供给运输需求者。整个市场交换行为，并不局限于一时一地，而是具有较强的广泛性、连续性和区域性。

（3）运输需求的多样性及波动性

运输企业以运输劳务的形式服务于社会，服务于运输需求的组织或个人。由于运输需求者的经济条件、需求习惯、需求意向等多方面存在比较大的差异，必然会对运输劳务或运输活动过程提出各种不同的要求，从而使运输需求呈现多样性的特点。

由于工农业生产有季节性的特点，因此，货物运输需求也有季节性的波动。特别是水果、蔬菜等农产品的运输需求季节性十分明显。由于运输产品无法储存，运输市场供需平衡较难实现。

（4）运输市场容易形成垄断

运输市场容易形成垄断的特征表现在两个方面：

一方面，运输业发展到一定阶段，某种运输方式往往会在运输市场上形成较强的垄断优势，这主要是因为自然条件和一定生产力水平下某一运输方式具有技术上的明显优势等原因造成的。

另一方面是指运输业具有自然垄断的特性，这使得运输市场容易形成垄断。通常把因历史原因、政策原因和初期投资需要巨大原因等使其他竞争者不易进入市场，而容易形成垄断的行业称为具有自然垄断特征的行业。运输市场上出现的市场垄断力量使运输市场偏离了完全竞争市场的要求，因此，对运输市场应加强监管。

（二）运输服务企业

1. 运输服务企业的概念与特点

（1）运输服务企业的概念

运输服务企业就是专门提供运输业务服务，以盈利为目的的企业。作为运输市场运输服务的主要供给者，各类运输服务企业构成了运输市场的主要组成部分。随着市场经济及物流业的发展，运输服务的专业化优势逐步体现出来。运输服务企业也是物流现代化、信息化的重要领域范畴。

（2）运输服务企业的特点

①运输的服务性。物流业属于第三产业，运输业作为物流业的子产业也同样属于第三产业，属于服务业。区别于第一、第二产业，运输业不创造有形的商品，而是作为支撑，辅助第一、第二产业创造使用价值和价值，将商品运送到消费领域消费，这正是运输业的服务性。运输业通过提供服务创造价值，服务水平的高低，决定了运输服务的价格。

②运输的专业性。运输服务企业独立于供货方和需货方，以提供运输服务来获得盈利，是区别于供货方运输和需货方运输的第三方运输。运输服务企业通常具有专业的运输管理人员、运输工具、运输工具操作人员，能够制定可行合理的运输方案，并对货物提供有效的保护，实现运输目标，为生产生活提供保障。

③运输的网络性。运输功能能否充分发挥，与运输网络的完善程度有直接的关系。因自然、经济、政治、军事等多方面的原因，各地物资的需求不尽相同，各地物资的供应也不尽相同，如

果将物资供应地和需求地连成一条运输供需线,就会出现一个运输需求网。实体运输网络由道路运输、铁路运输、水路运输、航空运输、管道运输(油气网络)5 种运输网络叠加形成了综合运输网络。在运输需求网确定的前提下,实体运输网络越完善,运输功能得以发挥的程度也越高,对经济的促进也就越明显。如果实体运输网络远远超过运输需求网的需求,就会造成运输资源的浪费,不利于经济社会的良好发展。

④运输的信息化。现代物流区别于传统物流的重要标志之一就是信息化。运输作为现代物流的重要职能之一,其信息化水平直接影响运输的有效性。运输信息化是信息技术在运输领域的具体应用,如 EDI、RFID、GPS、GIS 以及物联网等技术。运输信息化覆盖了运输供需信息共享、车辆行驶状态路线跟踪、货物信息识别读取跟踪等。随着经济的发展及运输网络的完善,信息化在运输系统中的地位也越来越重要。图 1-6 为基于 GPRS/CDMA 1X 的 GPS 定位监控系统在物流行业的应用。

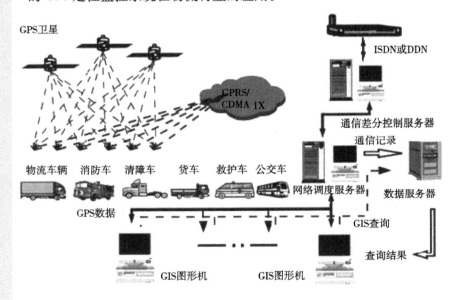

图 1-6 基于 GPS、GPRS 的运输监管系统

2. 运输服务企业分类

运输服务企业按不同的标准有不同的分类,具体分类见表 1-5。

运输服务企业的分类　　　　　表 1-5

分类标准	类别
按运输距离	①长途运输企业; ②短途运输企业

续上表

分类标准	类　别
按运输范围	①国际运输企业； ②国内运输企业
按运输货物类型	①大宗货物运输企业； ②零担货物运输企业； ③行包快运企业； ④快递企业
按运输货物性质	①普通货物运输企业； ②冷链运输企业； ③危险品货物运输企业
按运输方式	①道路运输企业； ②铁路运输企业； ③航空运输企业； ④水路运输企业； ⑤管道运输企业
按服务程度	①单项运输企业； ②多式联运企业
按运输可达性	①专线运输企业； ②网络化运输企业
按照国家标准《物流企业分类与评估指标》（GB/T 19680—2013）	A、AA、AAA、AAAA 和 AAAAA

分小组，从国家统计局官网获取近三年各种运输方式的下列指标，并制作成表格：

A. 货运量　　　　　　B. 货运周转量
C. 平均运距　　　　　D. 市场份额

1. 分析各种运输方式的各指标发生了什么变化？这些指标变化的原因是什么？
2. 研判各种运输方式的发展趋势。

技能练习

单元2 货物与货流

一、货物概念及分类

(一) 货物的概念

货物是指经济与社会活动中实体流动的物质资料。

货物的种类繁多、性质各异，在其被运送的过程中，操作工艺、作业要求不完全一样。货物的种类与特性不同，对运输工具的类型及装卸工作均提出不同要求，如散装货物、灌注的液体货物、长大货物、笨重货物等，需要使用不同的专用运输工具和装卸机械来组织运输工作。货物的批量、流向、流时、运输区域和运输距离以及运达期限等影响着运输工作组织、装卸机械化程度及运输工具的选择。因此，充分认识各类货物的特性，对确保货运服务质量，提高运输的安全性、时效性和降低运输成本具有重要的现实意义；同时也与运输的固定设施、移动设备的规划、配置、运用等有密切的关系。

(二) 货物的分类

为了有效地实现货物的运输组织工作，常常将货物按运输组织工作的需要进行分类。一般可按货物装卸方法、运输和保管条件、托运批量、物理属性等因素进行分类，货物分类见表1-6。

货 物 分 类　　　　　　　　　　表1-6

分类方式	类别
按装卸方法分类	计件货物、散装货物
按运输和保管条件分类	普通货物、特种货物
按货物的托运批量分类	整车货物、零担货物
按物理属性分类	固体货物、液体货物、气体货物
按运输对象的重要程度分类	重点物资货物、一般物资货物

二、货流、货流的影响因素及分布规律

(一) 货流及货流图

1. 货流

货流是在一定时期和一定范围内，一定种类和一定数量的货

物，沿一定方向进行有目的的位移。货流是一个经济范畴的概念，本身包含着货物的类别、数量、方向、运距和时间五个方面的要素。货流的大小通常可借助路段货流量表示。

路段货流量（t/h）是指在一定时间内沿该路段的一个方向通过的货物数量。流向是指货流沿路段的流动方向。当沿路段上两个方向都有货流时，货流量大的方向称为该路段的货流顺向，货流量小的方向一般称为货流反向。路段货流量的计算公式为：

$$I = \frac{Q}{T}$$

式中：I——路段货流量（t/h）；

Q——统计期内沿路段单方向通过的货物数量（t）；

T——统计期时间（h）。

2. 货流的分类

货流可以按照货物运输的方向、地点、经过的区域、货物的种类、运输时间状况等进行分类，货流分类见表1-7。

货 流 分 类　　　　　　表1-7

货流分类方式	分　　类
按货物运输的方向分	顺向货流、反向货流
按货物运输的地点分	始发货流、中转货流、到达货流（对每个地点或车站而言）
按货物运输经过的区域分	区内货流、区间货流、过境货流
按货物的种类分	单一货种的货流、综合货种的货流
按运输时间状况分	历史货流、现状货流、规划货流（是对未来的一种预测）

3. 货流图

货流图是用于表示一定时期内沿某运输路线货流特征的图形。

绘制货流图时，把货物沿实际运输路线的曲线流动表示成直线。从起运点开始，以运输路线的轴线为横坐标，按比例绘出各有关货运点间的距离；再将不同种类的货物数量按一定比例，用不同符号（或颜色）标在纵坐标上，将同一方向（如顺向）的货流表示在横坐标的一侧，而将相反方向的货流表示在另一侧，这样就得出一个表明不同货物种类构成的流向和流量的货流图。货流图上的每个矩形面积表示不同种类构成的货物周转量。

货流图可针对某一地区、某一调度区、某车站、车队或班组营运范围的主要货物种类或重要物资来绘制。对一些运量较大的主要路线，也可视情况需要分别绘制。为了便于绘制货流图和分析货流，可先编制各货运点的货流表，见表1-8。表中A、B、C

表示三个货运点，a、b、c 表示收发货物的类型，A、B 之间的距离为 300km，B、C 之间的距离为 500km，表中数字表示各货运点之间的货物收发量，据此可以很方便地绘出货流图，见图 1-7。

货流表（单位：t）　　　　　　　　表 1-8

货运点	A	B	C	共计到达
A	—	500（c）	200（a）	700
B	200（b）	—	400（b）	600
C	300（c）	300（a）	—	600
共计	500	800	600	1900

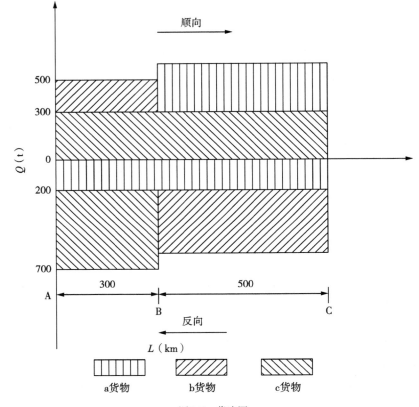

图 1-7　货流图

货流图的主要作用体现在以下几方面：

①货流图能够清晰地表明各种货物的流量、流向、运距，便于进行有计划的组合与安排；

②便于发现运输组织计划中存在的问题，增强货物流向的合理性；

③便于根据货流特点组织车辆，进行装卸设备等的配置与调度；

④便于编制和检查车辆运行作业计划，组织合理运输；

⑤便于确定线路的通过能力、装卸站点的作业能力，为线路、站点的新建、扩建提供必要的基础资料。

（二）货流的影响因素及分布规律

货流能在一定程度上反映国民经济各部门、各地区、各企业间的经济联系。货流的变化对运输组织工作影响很大。货流的数量、结构、性质决定了场站设施、运输工具、装卸机械等的类型、结构和能力，决定了运输工艺和装卸工艺、运输组织方式和劳动组织形式，进而决定了劳动生产率水平和运输成本。因此，了解货流的影响因素，掌握货流的变化规律，是合理组织货物运输的基础，从而也可进一步促进社会物流合理化。

1. 货流的影响因素

货物运输的数量及其增长速度、内部构成、运输距离主要取决于下列因素：

（1）工农业生产发展水平与速度

工农业生产的发展水平是影响货物运输量的决定性因素。随着工农业生产的日益发展，基本建设规模的不断扩大，地区之间、城乡之间、工农业生产之间货物流通的增加，必然引起货物运量的相应增加。在一般情况下，货运量增长速度高于工农业生产的增长速度。

（2）产品运输系数

当产品数量一定时，运量的大小取决于运输系数的大小。产品运输系数就是产品运量与生产量之比。运输系数越大，其运量也越大，二者成正比例关系。一般来说，商品率高的产品，其运输系数较大；商品率低的产品，其运输系数也较小。由于同一产品在不同时期产销关系的变化，其运输系数也会发生变化。一般而言，随着生产专业化与协作化的发展，各地区经济优势的发挥，产品商品率的提高以及传统商品、名牌商品的增加等，运输系数会相应提高。

（3）产业结构的调整

相对于分布比较平衡的农业而言，工业分布相对集中，其生产的社会化、专业化程度高，而且工业产品的商品率高于农产品的商品率，所以工业结构的变化对货流的影响要比农业大。因此，不同的产业结构，运输系数是不同的，产业结构的变化，会直接影响货流的结构变化。

（4）生产布局和资源分布状况

生产布局不仅影响着生产的发展，也决定着运输网以及运力的布局，决定着货物的流量、流向和运距。资源的分布与开采状况如何,在宏观上决定了货流的基本情况。例如,我国煤炭资源与开采大多集中在北方和西北地区,决定了北煤南运、西煤东运的煤炭货流格局。因此,合理的生产布局有巨大的经济意义。

(5) 其他影响因素

主要包括国家的经济政策、运输网布局和各种运输方式之间的分工协作情况、科学技术的进步、流通体制的改变以及对外贸易货物进出口状况等。

2. 货流分布的不平衡性

货流分布在时间和方向上的不平衡状态是货流布局研究的重点内容之一。

(1) 货流的方向不平衡性

指货流沿运输路线两个方向的货流量不相等。这种不平衡的程度可用回运系数进行度量。回运系数 r_d 指运量较小方向的货流量 Q_{min} 与运量较大方向的货流量 Q_{max} 之比,即:

$$r_d = \frac{Q_{min}}{Q_{max}} \times 100\%$$

显然,回运系数 r_d 越小,表明货流的方向不平衡程度越大;反之,则表明方向不平衡程度越小。

产生货流在运输方向上不平衡的主要原因是资源分布的不均衡性与开发程度不同、社会物质生产部门在地理位置上的差异,以及生产力水平的参差不齐等。货流的方向不平衡性一般不可能完全消除,其结果必然导致部分运载工具空载运行,造成部分运力浪费。这种浪费可以通过合理组织运输工作而将其减小至最低程度。

(2) 货流的时间不平衡性

指货流在不同时间的货流量不相等。这种不平衡程度可用波动系数进行度量。波动系数 r_t 指全年运量最大季度(或月份)的货流量 Q_{max} 与全年平均季度(或月份)货流量 $Q_{平均}$ 之比,即:

$$r_t = \frac{Q_{max}}{Q_{平均}} \times 100\%$$

显然,波动系数 r_t 越小,表明货流的时间不平衡程度越小;反之,则表明不平衡程度越大。

货流在时间上的不平衡主要是由生产、消费以及其他条件(如自然条件)造成的。一般而言,大部分工业制成品形成的货流,在时间上的不平衡性较小;而农产品、支农工业品以及以农产品为原料的工业品所形成的货流,在时间上的不平衡性较大。此外,由于某些自然因素(如冰冻、台风、水灾、地震等)的作用,也可能会增加上述不平衡的程度。

3. 货流的分布规律

货流的分布规律是指货流在其起、终点的发运量或运达量在某段时间内的分布特征。正确分析货流（有时可表现为车辆流）的分布规律，是合理选择车辆类型、合理规划装卸设施现场布局以及构建运输系统的基础。

由于货流的分布规律主要取决于有关物品的生产与消费过程中各随机因素的影响程度，因此，若将货流量（按货物批量计）作为随机变量，则货流按运输时间分布规律不同可分为离散型、连续型和混合型。

表1-9为A、B、C三个货运点之间的货流表，a、b、c表示收发货物的类型，A、B之间的距离为200km，B、C之间的距离为300km，表中数字表示各货运点之间的货物收发量。试根据表1-9绘制相应的货流图。

货流表（单位：t） 表1-9

货运点	A	B	C	共计到达
A	—	400（b）	500（c）	900
B	300（c）	—	400（a）	700
C	500（a）	400（b）	—	900
共计发送	800	800	900	2500

单元3 运输合同

一、运输合同概述

（一）运输合同的概念

1. 运输合同的定义

《中华人民共和国合同法》中定义，运输合同是承运人将旅客或者货物从起运地点运输到约定地点，旅客、托运人或者收货人支付票款或者运输费用的合同。运输合同包括：客运合同、货运合同、多式联运合同。

2. 运输合同的基本内涵

①运输合同的主体是承运人、托运人和收货人。将货物送到

约定地点的是承运人;将货物交付于承运人运送并支付相关费用的是托运人;从承运人处接受货物的人是第三方当事人,叫收货人。

②运输合同以运送旅客或货物为直接目的。

③运输合同是双务合同、有偿合同。

(二) 运输合同的特点

1. 运输合同一般为格式合同

所谓格式合同也称为定式合同、标准合同,是指当事人一方为了重复使用而预先订好的合同条款,而且在订立合同时无须与对方当事人就其进行协商,只要相对人同意签订即意味着其决定全部接受了这些条款而签订的合同。运输合同中的主要内容和条款都是由国家授权的交通运输主管部门以法规的形式统一规定的,双方当事人和任何机构均无权变更,如《道路货物运输合同实施细则》《铁路货物运输合同实施细则》《水上货物运输合同实施细则》等。

2. 当事人自由意志法律化

在运输合同领域,由于运输业从开始形成就不是私人事务,所以当事人从一开始就不存在完全的合同自由。主要表现在:第一,国家强制订立某些运输合同,限制或剥夺合同一方或双方的合同自由;第二,法律规定强制性合同条款,当事人不得排除其适用;第三,法律对承运人资格和运输营业进行严格规定和限制;第四,法律指定或设立专门机构对运输业务和运输合同进行严格监督、管理和控制。

3. 运输合同的强制缔约性

运输合同的强制缔约性体现在公共运输中:承运人所从事的运输活动,面向的是社会公众;承运人的活动不是孤立的、单一的,而是具有普遍的社会意义,即具有社会公共事务的职能。运输的社会性职能决定国家必须扮演投资者、建设者、管理者的多重角色。而承运人的运输活动范围,以及对运输活动结果所负有的责任,国家均以法律形式做了相应的详细规定。

4. 运输合同可以采取留置的方式担保

留置是指债权人按照约定占有债务人的动产,当债务人不能按照约定期限履行还款义务时,债权人有权依法留置债务人的财产,以财产拍卖、变卖的价款优先得到偿付。我国法律对留置权有明文规定,运输合同中的债权人享有留置权。

（三）运输合同的类型

根据不同的标准，可以将运输合同进行不同的分类。同一种类的运输合同又可以依据其他分类标准进行二次分类或三次分类。因此，运输合同呈现多层次、多分支、相互交叉的状态，各种运输合同共同组成一个完整的、独立的合同体系。运输合同的分类见表1-10。

运输合同分类　　　　　　　　表1-10

分类方法	类别
按运输对象分	旅客运输合同、货物运输合同
按运输合同形式分	书面合同、契约合同、口头合同
按运输合同组织方式分	单式运输合同、多式联运合同
按承运方式分	道路运输合同、铁路运输合同、水路运输合同、航空运输合同、管道运输合同和多式联运合同
按货物数量分	批量合同、运次合同
按合同期限的长短分	长期合同、短期合同
按运输是否跨越国界分	国内运输合同、国际运输合同
按是否需要支付客票或运费分	有偿运输合同、无偿运输合同

（四）货物运输合同的内容

货物运输合同的主要内容包括：
①合同当事人及详细地址；
②货物的名称、性质、体积、数量及包装标准；
③货物起运和到达地点、运距、收发货人名称及详细地址；
④运输质量及安全要求；
⑤货物运输装卸责任与安全要求；
⑥货物的交接手续；
⑦批量货物运输的运转起止时间；
⑧年、季、月度合同的运输计划；
⑨费用和报酬，包括运杂费计算标准和结算方式；
⑩合同变更、终止的期限；
⑪当事人的权利、义务及违约责任；
⑫双方商定的其他条款。

虽然每份运输合同未必都具备前述各条，但是主要的条款是必不可少的，当然还可以在以上范围内增加条款。

知识链接

运输合同样本

甲方（托运人）：

乙方（承运人）：

甲、乙双方经过协商，根据《合同法》有关规定，订立货物运输合同，条款如下：

一、货物运输期限从____年____月____日起到____年____月____日为止。

二、货物运输期限内，甲方委托乙方运输货物，运输方式为运输，具体货物收货人等事项，由甲、乙双方另签运单确定，所签运单作为本协议的附件与本协议具有同等的法律效力。

三、甲方须按照货物买卖合同约定的标准对货物进行包装。

四、乙方须按照运单的要求，在约定的期限内，将货物运到甲方指定的地点，交给甲方指定的收货人。

五、甲方支付给乙方的运输费用为：____元，乙方将货物交给甲方指定的收货人及开具全额运输费用之日起____日内甲方支付全部运输费用。

六、乙方在将货物交给收货人时，同时应协助收货人亲笔签收货物以作为完成运输义务的证明。如乙方联系不上收货人时，应及时通知甲方，甲方有责任协助乙方及时通知收货人提货。

七、甲方交付乙方承运的货物乙方对此应予以高度重视，避免暴晒、雨淋，确保包装及内容物均完好按期运达指定地。运输过程中如发生货物灭失、短少、损坏、变质、污染等问题，乙方应确认数量并按照甲方购进或卖出时价格全额赔偿。

八、因发生自然灾害等不可抗力造成货物无法按期运达目的地时，乙方应将情况及时通知甲方并取得相关证明，以便甲方与客户协调；非因自然灾害等不可抗力造成货物无法按时到达，乙方须在最短时间内运至甲方指定的收货地点并交给收货人，且赔偿逾期承运给甲方造成的全部经济损失。

九、本协议未尽事宜，由双方协商解决，协商不成，可向甲方住所地法院提起诉讼。

十、本协议一式两份，双方各持一份，双方签字盖章后生效。

甲方：	乙方：
地址：	地址：
代表人：	代表人：
签订日期：__年__月__日	签订日期：__年__月__日

（五）运输合同中各方的权利与义务

1. 托运人的权利与义务

（1）托运人的主要权利

托运人的主要权利是要求承运人按照合同约定的时间将货物安全运输到约定地点；在承运人将货物交付给收货人前，托运人可以请求承运人终止运输、返还货物、变更到货地点或将货物交给其他收货人，但由此给承运人造成的损失应予以赔偿。

（2）托运人的主要义务

托运人的主要义务是托运人应按照合同的约定及时交付运输费和有关费用；赔偿因变更、中止运输造成的承运人损失的义务。否则，承运人有权终止运输。托运人应按合同的约定提供托运的货物，按照规定的标准进行包装，遵守有关的危险品运输规定，按照合同中规定的时间和数量交付托运货物。

2. 承运人的权利与义务

（1）承运人的主要权利

承运人有权向托运人、收货人收取运输费用及符合规定的其他费用；对逾期提货的，承运人有权收取逾期提货的保管费；对收货人不明或收货人拒绝受领的货物，承运人可以提存货物；承运人有权处置无人认领的货物；对不支付运费、保管费及其他有关费用的，承运人对相应的运输货物享有留置权。

（2）承运人的主要义务

承运人按照合同约定的要求配发运输工具，接受托运人依约定托运的货物；按照合同约定的时间、地点将运输的货物安全地送达目的地；货物运达目的地后，应及时通知收货人；承运人对运输过程中货物的毁损、灭失承担损害赔偿责任。如果不是自身原因造成的，还负有举证责任加以证明的义务。

3. 收货人的权利和义务

（1）收货人的主要权利

收货人的主要权利是承运人将货物运到指定地点后，持凭证领取货物的权利；在发现货物短少或灭失时，有请求承运人赔偿的权利。

（2）收货人的主要义务

收货人的主要义务是检验货物的义务、及时提货的义务、支付托运人少交或未交的运费或其他费用的义务。

运输合同当事人关系见图1-8。

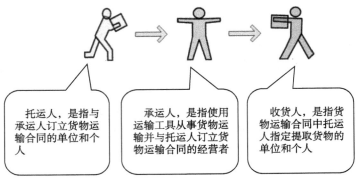

图 1-8 运输合同当事人

二、运输合同的签订与履行

(一) 订立的原则

根据《合同法》的规定，运输合同由双方当事人协商签订，在订立合同时，承运人和托运人双方必须遵循以下原则。

1. 平等互利、协商一致的原则

运输合同当事人双方不论企业规模大小、实力强弱、所有制性质差异，在签订合同时的法律地位一律平等，合同应该是双方当事人经过协商达成一致的结果。任何一方不能强加自己的意识来签订合同。在合同的内容上，双方应该遵循公平和对等的原则确定各自的权利和义务。

2. 合法规范的原则

除个别情况双方当事人可以即时结清费用外，应当采用书面形式，在内容和程序上必须符合法律的规范和要求。在运输过程中，有关运输计划表、货物运单和货票本身就是书面形式的合同；当事人协商好的一些合同的文书、图表和传真，也算合同的组成部分。

3. 不得违反国家利益和社会公众利益的原则

当事人双方违反上述原则而签订的运输合同属于无效合同。

4. 等价有偿的原则

运输合同双方当事人享有同等的权利和义务，并应当依法承担相应的责任。每一方从对方得到利益时，都要付出相应的代价，不能只享受权利而不承担义务。

除了遵循上述合同的一般原则外，结合运输的特点，根据《合同法》等有关规定，合同双方还必须遵守以下规定：一是对国家下达的指令性计划运输的物资，承运、托运双方必须根据国家下达的指标签订运输合同，保证优先运输；二是对抢险、救灾、战备等紧急运输的货物和国家规定的其他优先运输的货物，应该优先签订运输合同，优先运输；对其他物资，由承运、托运双方自由协商签订运输合同，自行安排运输。

（二）订立程序

货物运输合同订立的程序可归纳为以下两个步骤。

1. 要约

要约是指希望和他人订立合同的意思表示，即合同当事人一方提出签订合同的提议，提议包括订立合同的愿望、合同的内容和主要条款。一般由托运人提出运输合同的要约。托运单在形式上就是托运人向承运人发出要约，是托运人向承运人办理货物运输的书面凭证。《合同法》中规定：从事公共运输的承运人不得拒绝托运人通常、合理的运输要求。

2. 承诺

承诺是指受要约人同意要约的意思表示，即承运人接受或受理托运人的提议，对托运人提出的全部内容和条款表示同意。受理的过程包括双方协议一致的过程，承诺一旦生效，合同即成立。运输合同签订后，即具有法律的约束力，合同当事人必须按照合同规定的条款认真履行各自的义务。

（三）运输合同的履行

运输合同自签订之日起就具有法律的约束力，合同当事人双方必须按照合同约定的条款认真履行各自的义务。

①托运人应该按照约定的时间和要求提供托运货物；按照合同约定的方法包装货物，并做好托运标志；办理货物运输的相关手续，如填写托运单；将有关审批、检验的文件提交给承运人；及时发货、收货，并提供装卸条件。

②承运人应该按照合同约定配备交通运输工具；按照合同约定的运输期限、货物数量、起止地点组织运输，保质保量完成运输任务。在货物装卸和运输过程中，承托双方应该办理货物交接手续，做到责任分明，并分别在发货单和运费结算凭证上签字。

③收货人收到提货通知后，应该及时提货并清点验收。收货人请求交付货物时，应该将提单或其他提货凭证交还承运人，逾期提货应该向承运人交付保管费用。收货验收时，如果发现货物有毁损、灭失、变质等现象，收货人应当在接受货物之日起15日内通知承运人，以便明晰事故责任。

（四）运输合同的违约责任

1. 托运人的责任

①未按合同规定的时间和要求提供托运的货物，托运人应按其价值的一定比例赔付给承运人违约金。

②由于在普通货物中夹带、匿报危险货物，错报笨重货物重量等而导致吊具断裂、货物摔损、吊机倾翻、爆炸、腐蚀等事故，托运人应承担赔偿责任。

③由于货物包装缺陷产生破损，致使其他货物或运输机械设备被污染腐蚀、损坏，造成人身伤亡的，托运人应承担赔偿责任。

④在托运人专用线或在港、站公用线，专用铁道自装的货物，在到站卸货时，发现货物损坏、缺少，在车辆施封完好或无异状的情况下，托运人应赔偿收货人的损失。

⑤罐车发运货物，因未随车附带规格质量证明或化验报告，造成收货方无法卸货时，托运人应赔偿承运人卸车的等存费及违约金。

2. 承运人的责任

①不按合同规定的时间和要求配车（船）发运的，承运人应赔偿托运人违约金。

②承运人若将货物错运至到货地点或接货人，应无偿运至合同规定的到货地点或接货人。如果货物逾期到达，承运人应赔付逾期交货的违约金。

③运输过程中货物的灭失、短少、变质、污染、损坏，承运人应按货物的实际损失（包装费、运杂费）赔偿托运人。

④联运的货物若发生灭失、短少、变质、污染、损坏，应由承运人承担赔偿责任的，由终点阶段的承运人向负有责任的承运人追偿。

⑤在符合法律和合同规定的情况下运输，由于某些原因造成货物灭失、短少、变质、污染、损坏，承运人不承担违约责任。这些原因包括：不可抗力；货物本身的自然属性；货物的合理损耗；托运人或收货人本身的过错。

3. 收货人的责任

①若合同中规定收货人组织卸车（船），由于收货人的责任卸车（船）延迟，造成线路被占用而影响承运人按时送货计划，或承运前被取消运输，或临时计划外运输致使承运人违约造成其他运输合同不能落实的，收货人应承担赔偿责任。

②由于收货人原因导致运输工具损坏的，收货人应按实际损失赔偿。

（五）运输合同的变更与解除

《合同法》规定："在承运人将货物交付收货人之前，托运人可以要求承运人中止运输、返还货物、变更到达或者将货物交给其他收货人。"但是，如果因为单方变更或解除合同给承运人造成损失的，托运人或者提货凭证持有人"应当赔偿承运人因此受到的损失"，并且还要承担因变更或解除合同而产生的各种费用。

凡发生下列情况之一，可以允许变更或解除运输合同：

①由于不可抗力使运输合同无法履行；

②由于合同当事人一方的原因，在合同约定的期限内确实无法履行运输合同；

③合同当事人违约，使合同的履行成为不可能或不必要；

④经合同当事人双方协商同意解除或变更合同，如承运人提出解除运输合同的，应该退还已经收取的运输费用。

（六）运输合同纠纷

运输过程中，虽然运输企业在保证货运质量管理上强化各种防范措施，以防止运输纠纷的发生，但运输途中不可预知的情况、货运事故、运输纠纷难以完全避免。

运输纠纷既可能由承运人因货损等各种原因造成货运方的损失所引起的，也可能因货运方的原因造成对承运人的损害所引起，但总体可归纳为以下几种情况：

①货物灭失纠纷；

②货损、货差纠纷；

③货物延迟交付纠纷；

④单证纠纷；

⑤运费、租金等纠纷；

⑥载运工具损害纠纷。

1. 结合运输合同的主要条款草拟一份道路运输合同（注意格式）。

2. 案例分析：D公司与A运输公司签订了一份运输合同，要求A运输公司将2万元的苹果运往M市。因A运输公司的车辆当天全部出运长途，于是A公司委托个体运输户甲代运，并约定了运价。因当日遇大雨，甲未能按时运达，并在途中过夜。就在当晚发生洪水，致使车辆倾倒，2/3苹果毁损。

分组讨论：该批损失应由谁赔偿？

单元4　综合运输体系

一、综合运输体系概述

（一）综合运输体系的概念

对综合运输体系至今还没有一个统一的概念。综合国内外对综合运输体系的论述，结合综合运输体系理论与实践的发展经验，本书所讲的现代综合运输体系（Comprehensive Transportation），是指适应于一个国家或地区的经济地理要求，各种运输方式分工协作、优势互补，采用现代先进技术在物理上和逻辑上实现一体化的交通运输系统的总称。具体为：基于各种运输方式的技术经济特征和可持续发展的思想，建立形成的符合区域经济地理特征和社会经济发展要求的各种运输方式优化配置的交通基础网络系统，采用现代先进技术和合理的运输组织方式，在物理上和逻辑上实现运输过程各个环节无缝连接的一体化运输系统的有机集成。

知识链接 ☞

综合运输体系概念的提出

国外在20世纪50年代首先提出了综合运输体系的概念，认为综合运输体系是相对于单一运输方式而言的，是各种运输方式在社会化的运输范围内和统一的运输过程中，按其技术经济特点组成分工协作、有机结合、连接贯通、布局合理的交通运输体系。

我国于20世纪50年代中期在国务院颁布的《国家科学发展十二年规划》的交通运输方面中提出开展综合运输研究。1985年8月，《国务院办公厅关于印发十二个领域技术政策要点（草案）的通知》技术政策文件之二——《交通运输技术政策要点》提出，尽快建立经济合理、协调发展的现代化综合运输体系，这是我国首次采用了"综合运输体系"的概念。1987年，党的十三大报告中，把加快发展综合运输体系作为今后相当长时间内调整和改造交通运输产业的基本方向。1991年，首次在国家五年计划中提出，搞好综合运输体系建设。1997年，时任国务院总理李鹏撰文《建设统一的交通运输体系》，指出："我国交通运输业应以铁路为骨干、道路为基础，充分发挥水运，包括内河、沿海和远洋航运的作用，积极发展航空运输，适当发展管道运输，建设全国统一的综合运输体系"。2001年，原国家计委组织编写了《"十五"综合运输体系发展重点专项规划》，这是我国政府首次完成的关于交通运输业综合发展五年计划的纲领性文件。

（二）综合运输体系的特点

1. 发展性

随着社会经济的发展，综合运输体系也一直处在不断的发展过程中，具有明显的发展性特征。综合运输体系发展经历了从各种运输方式间的激烈竞争到协调发展，从简单的松散结合到复杂的过程渗透，其间各种运输方式在综合交通运输体系中的地位也不断交互变化。同时，随着科学技术的发展，综合运输体系的整体功能还将继续发展和提高，其内部结构也将更加趋于完善合理。

2. 综合性

综合性的含义是指综合运输体系是体系内各子系统或要素（包括硬件和软件等）及其环境等整个系统的综合、整合或融合，包括各种运输方式间及内部要素间（运输网络、站场系统、运输工具系统、生产经营系统和组织管理系统及法律、法规、战略、规划、政策、技术、标准和规范等）的协调发展、衔接和配合或配套，及交通运输系统整体与经济社会和资源环境间的适应和协调等。

3. 整体性

综合运输体系整合了5种运输方式的优势，有效利用了各种运输方式的技术经济特点和内在优势，充分发挥了各种运输方式的整体功能和综合优势，使得运输资源能在综合运输体系下实现整体效益的最优，在全社会和运输部门内实现最优化配置和利用。因此，有利于提高交通运输建设的速度、质量和效益，以及交通运输的可持续发展，使交通运输尽快适应经济社会发展的需要。

（三）综合运输体系的构成要素

综合运输体系按运输方式划分，由道路、铁路、水路、航空和管道五种基本交通方式的运输系统以及仓储公司、邮政包裹服务、联运公司和运输承包公司等多种服务于综合运输运营的运输代理商组成，见图1-9。

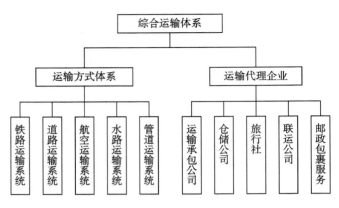

图 1-9 综合运输体系组成

综合运输体系根据其服务性质及所服务的对象不同，又可分为区域运输及城市交通两大系统，而区域运输又可分为国内运输和国际运输两个子系统，各子系统分别由各种交通运输方式提供不同的运输服务。

综合运输体系尽管由不同运输方式构成，但从实现客货位移目的的角度，都必须具备运载工具、通路、场站、动力、通信、运营管理等要素，且运输经营成功与否，服务质量能否令人满意，也取决于构成要素能否发挥其应有的功能，以及彼此能否密切配合。

1. 运载工具

运载工具的功能在于容纳与承载被运送的人和货。理想的运载工具应具备结构简便、安全、轻巧、易于操纵管理、造价低、宽敞舒适、耐用、少故障易维修、容量大、振动小、耗用能源少、污染小等特性。各种运输方式的载运工具的特性见表 1-11。

各种运输方式的载运工具的特性　　　表 1-11

载运工具特性	道路运输	铁路运输	水路运输	航空运输	管道运输
运送能力	较大	大	大	小	大
速度	较高	较高	低	高	—
运输成本	较高	较低	低	高	低
安全性	一般	好	好	较好	好
适应性	强	强	弱	较强	弱

2. 通路

通路是在运输网络中，连接运输始发地、到达地，供运输工具安全、便捷运行的线路。通路有些是自然形成的，如空运航线、水运的江河湖泊、海洋的航路；大多数则是人工修建的专门设施，如铁路、道路、运河、管道等。良好的通路应具备安全可靠、建造及维护费用低、便于迅速通行及运转、不受自然气候及地理条件影响、使用寿命长、距离短等条件。

3. 场站

场站是指交通运输工具出发、经过和到达的地点，为运输工具到发停留，客货集散装卸，售票待运服务，运输工具维修、管理、驾驶及服务人员休息，以及运输过程中转连接等之场所。理想的场站应具备地位适中、设备优良齐全、交通便利、自然气候条件良好、场地宽广等条件。

4. 动力

动力是运输发展的基本要素，现代运输的动力如蒸汽机、内燃机、电动机、核能发动机等，利用煤、石油、电力、核燃料等多种能源，产生推动运载工具所需动力。良好的动力设备应具备构造简单、操作方便、维修容易、成本低、能源取得方便价廉、能源使用效率高等条件。

5. 控制及通信

控制及通信设备是交通运输工具安全、高效运转的重要手段，对保证运输持续与安全，提高运输服务质量与运输效率有重要作用。现代运输网络规模和运输负荷不断扩大，运输系统更加复杂，运输速度越来越快，质量和密度不断提高，市场竞争激烈，对运输服务质量的要求更高，对信号控制及通信的功能及可靠性的要求也更高。良好的控制及通信设备应具备功能优良、性能可靠、操作简便、维修容易等条件。

6. 经营管理

运输服务的提供需要驾驶人员、机械维修人员、运输工具上的服务人员（如列车员、空乘人员等）及运输工具外的服务人员（如铁路、道路运输的售票员、货运员，空运地勤售票人员），以及许多其他业务管理与经营人员的参与，才能使硬件交通运输构成要素或设施真正发挥作用。综合运输体系中各运输方式运营管理特征见表1-12。

综合运输体系中各运输方式运营管理特征　　表1-12

运输方式	道路运输	铁路运输	水路运输	航空运输	管道运输
机构	国有公司、民营公司、个体、运输代理	国家经营、私人经营、运输代理	运营公司、个体运输代理	航运公司、个体经营	国家经营、运营公司
模式	多种模式	高度集中、分级管理	多种模式	多种模式	集中管理
特点	市场化	部分垄断	市场化	市场化	部分垄断

知识链接

我国"十三五"现代综合交通运输体系发展规划

二、交通运输方式的选择

（一）影响运输方式选择的因素

一般来讲，运输方式的选择受运输物品的种类、运输量、运输距离、运输时间、运输成本等五个因素影响。当然，这些因素不是互相独立的，而是紧密相连、互为决定的，有些因素之间还存在效益背反关系。

1. 商品性能特征

这是影响企业选择运输工具的重要因素。一般来讲，粮食、煤炭等大宗货物适宜选择水路运输；水果、蔬菜、鲜花等鲜活物品，电子产品，宝石以及节令性商品等宜选择航空运输；石油、天然气、碎煤浆等适宜选择管道运输。

2. 运输速度和路程

运输速度的快慢、运输路程的远近决定了货物运送时间的长短。而在途运输货物犹如企业的库存商品，会形成资金占用。一般来讲，批量大、价值低、运距长的商品适宜选择水路或铁路运输；而批量小、价值高、运距长的商品适宜选择航空运输；批量小、距离近的商品适宜选择道路运输。

3. 运输的可得性

不同运输方式的运输可得性有很大的差异，道路运输最可得，其次是铁路运输，水路运输与航空运输只有在港口城市与航空港所在地才可得。

4. 运输的一致性

运输的一致性指在若干次装运中履行某一特定的运次所需的时间与原定时间或与前 N 次运输所需时间的一致性。它是运输可靠性的反映。近年来，托运方已经把一致性看作是高质量运输的最重要的特征。如果给定的一项运输服务第一次花费 2 天、第二次花费了6天，这种意想不到的变化可能会给生产企业带来严重的物流作业问题。厂商一般首先要寻求实现运输的一致性，然后再提高交付速度。如果运输缺乏一致性，就需要安全储备存货，以防预料不到的服务故障。运输一致性还会影响买卖双方承担的存货义务和有关风险。

5. 运输的可靠性

运输的可靠性涉及运输服务的质量属性。对质量来说，关键是要精确地衡量运输可得性和一致性，这样才有可能确定总的运输服务质量是否达到所期望的服务目标。运输企业如要持续不断地满足顾客的期望，最基本的是要承诺不断地改善。运输质量来之不易：它是经过仔细计划，并得到培训、全面衡量和不断改善支持的产物。在顾客期望和顾客需求方面，基本的运输服务水平应该现实一点。必须意识到顾客是不同的，所提供的服务必须与之相匹配。对于没有能力始终如一地满足不现实的过高的服务目标必须取缔，因为对不现实的全方位服务轻易地做出承诺会极大地损害企业的信誉。

6. 运输费用

企业开展商品运输工作，必然要支出一定的财力、物力和人力，各种运输工具的运用都要企业支出一定的费用。因此，企业进行运输决策时，要受其经济实力以及运输费用的制约。例如企业经济实力弱，就不可能使用运费高的运输工具，如航空运输，也不能自设一套运输机构来进行商品运输工作。

7. 市场需求的缓急程度

在某些情况下，市场需求的缓急程度也决定着企业应当选择何种运输工具。如市场急需的商品须选择速度快的运输工具，如航空或汽车直达运输，以免贻误时机；反之则可选择成本较低而速度较慢的运输工具。

（二）五种运输方式的技术经济特征

1. 铁路运输

铁路能提供长距离范围内的大宗商品的低成本、低能耗运输。铁路运输优缺点及适用作业见表1-13。

铁路运输优缺点及适用作业　　　　表1-13

优　点	缺　点	适用作业
①运行速度快； ②运输能力较大，可满足大量货物一次性高效率运输；	①设备和站台等限制使得铁路运输的固定成本高，建设周期较长，占地也多；	①适合大宗低值货物的中长距离运输，也较适合运输散装、罐装货物；

续上表

优点	缺点	适用作业
③运输连续性强，由于运输过程受自然条件限制较小，所以可提供全天候的运行； ④铁路运输的安全性能高，运行较平稳； ⑤通用性能好，可以运送各类不同的货物； ⑥运输成本（特别是可变成本）较低； ⑦能耗低	②由于设计能力是一定的，当市场运量在某一阶段急增时难以及时得到运输机会； ③铁路运输的固定成本很高，但变动成本相对较低，使得近距离的运费较高； ④长距离运输情况下，由于需要进行货车配车，其中途停留时间较长； ⑤铁路运输由于装卸次数较多，货损货差事故通常也比其他运输方式多	②适于大量货物一次高效率运输； ③对于运费负担能力小，货物批量大，运输距离长的货物来说，运费比较便宜； ④运输安全系数高

2. 道路运输

道路运输能提供更为灵活和更为多样的服务，多用于价高量小货物的门到门服务，道路运输优缺点及适用作业见表1-14。

道路运输优缺点及适用作业　　　　表1-14

优点	缺点	适用作业
①运输速度快； ②可靠性高，产品损伤减少； ③机动性高，可以选择不同的行车路线，灵活制定营运时间表，所以服务便利，能提供门到门服务，市场覆盖率高； ④投资少，经济效益高。因为运输企业不需要拥有道路，所以其固定成本很低，且道路运输投资的周转速度快； ⑤操作人员容易培训	①变动成本相对较高。道路的建设和维修费经常是以税收和规费的形式向承运人征收的； ②运输能力较小，受容积限制，使它不能像铁路运输一样运输大量不同品种和大件的货物； ③能耗高，环境污染比其他运输方式严重得多，劳动生产率低； ④土地占用较多	①近距离的独立运输作业； ②补充和衔接其他运输方式，当其他运输方式担负主要运输时，由汽车担负起点和终点处的短途集散运输，完成其他运输方式到达不了的地区的运输任务

3. 水路运输

水路通常表现为四种形式：沿海运输、近海运输、远洋运输、内河运输。水路运输优缺点及适用作业见表1-15。

水路运输优缺点及适用作业　　　　　表 1-15

优　　点	缺　　点	适 用 作 业
①运能大，能够运输数量巨大的货物； ②通用性较强，客货两宜； ③远洋运输大宗货品，连接被海洋所隔开的大陆，远洋运输是发展国际贸易的强大支柱； ④运输成本低，能以最低的单位运输成本提供最大的货运量，尤其在运输大宗货物或散装货物时，采用专用的船舶运输，可以取得更好的技术经济效果； ⑤劳动生产率高； ⑥平均运距长	①受自然气象条件因素影响大。由于季节、气候、水位等因素，水运受限制的程度大，因而一年中中断运输的时间较长； ②营运范围受到限制； ③航行风险大，安全性略差； ④运送速度慢，准时性差，在途中的货物多，会增加货主的流动资金占有量，经营风险增加； ⑤搬运成本与装卸费用高，这是因为运能最大，所以导致了装卸作业量最大	①承担大批量货物，特别是集装箱运输； ②承担原料半成品等散货运输； ③承担国贸运输，即远距离，运量大，不要求快速抵达目的地的客货运输

4. 航空运输

航空运输常被看作是其他运输方式不能运用时，用于紧急服务的一种极为保险的方式。它快速及时，价格昂贵，但对于致力于全球市场的厂商来说，当考虑库存和顾客服务问题时，空运也许是成本最为节约的运输方式。航空运输优缺点及适用作业见表 1-16。

航空运输优缺点及适用作业　　　　　表 1-16

优　　点	缺　　点	适 用 作 业
①高速直达性。因为空中较少受自然地理条件限制，航线一般取两点间的最短距离； ②安全性能高。随着科技进步，飞机不断地进行技术革新，使其安全性能增强，事故率下降，保险费率相应较低； ③经济性良好，使用年限较长； ④包装要求低，因为空中航行的平稳性和自动着陆系统减少了货损的比率，所以可以降低包装要求。而且在避免货物灭失和损坏方面也有明显优势； ⑤库存水平低； ⑥保持竞争力和扩大市场	①受气候条件的限制，在一定程度上影响了运输的准确性和正常性； ②需要航空港设施，所以可达性差； ③设施成本高，维护费用高； ④运输能力小，运输能耗高； ⑤运输技术要求高，人员（飞行员，空勤人员）培训费高	①是国际运输的重要工具，对于对外开放，促进国际间技术经济合作与文化交流有重要作用； ②适用于高附加值，低质量小体积的物品运输； ③是实现多式联运的一种新型运输方式

5. 管道运输

管道运输是由管道、泵站和加压设备等组成的运输系统，是完成物料输送工作的一种运输方式。它是我国继铁路、道路、水运、航空运输之后的第五大运输方式，是利用地下管道将原油、天然气、成品油、矿浆、煤浆等介质送到目的地。

按照不同的分类方法，可以对管道运输进行不同的分类，管道运输的分类见表1-17。

管道运输的分类　　　表1-17

分类方式	种类
按输送货物种类分	原油管道、成品油管道、气体管道、固体管道
按用途分	聚集型管道、输送管道、支流管道
按距离分	长距离管道、短距离管道
按材料分	金属管道、玻璃钢管道、塑料管道

与其他运输方式的运输系统相比较，管道运输系统最主要的特点是：在管道运输系统中，运输工具是固定的，不需要移动来完成运输任务。管道因输送的货物不同其设施系统组成也不同。基本设施包括起始供应站、压力站、中间转运站、阻止阀门站、控制站、终端输送站。图1-10为天然气管道输送线路。

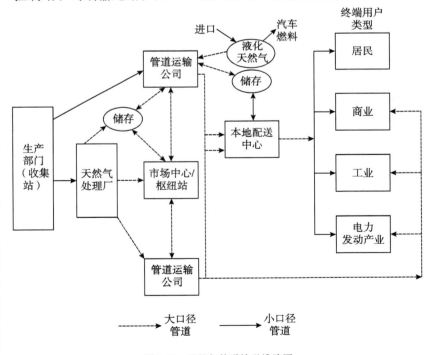

图1-10　天然气管道输送线路图

管道运输优缺点及适用作业见表1-18。

管道运输优缺点及适用作业　　表 1-18

优　　点	缺　　点	适用作业
①运输效率高，适合于自动化管理，管道运输是一种连续工程，运输系统不存在空载行程，所以系统的运输效率很高； ②建设周期短、费用低、运输费用也低； ③耗能少、成本低、效益好； ④运量大、连续性强； ⑤安全可靠、运行稳定、不受恶劣多变的气候条件影响； ⑥埋于地下，所以占地少； ⑦有利于环境保护，它能较好地满足运输工程的绿色环保要求； ⑧对所运的商品来说损失的风险很小	①运输对象受到限制，承运的货物比较单一； ②灵活性差，不易随便扩展管道，管线往往完全固定，服务的地理区域十分有限； ③设计量是个常量，所以与最高运输量之间协调的难度较大，且在运输量明显不足时，运输成本会显著增加； ④仅提供单向服务； ⑤运输速度较慢	单向、定点、量大的流体状货物运输

综上，各种运输方式均有自身的优缺点及适用作业。随着经济的不断发展，大宗货物的物流需求日益旺盛，客户对物流服务需求的多样化，单一的运输方式很难满足企业多样性和个性的物流需求，必须合理地采用现代化技术手段和管理方法，推动联合运输向现代物流融入和拓展。多式联运作为一种能够提高效率同时降低成本的运输方式，能有效对固有运输方式实现优势互补，削弱单一运输方式的不利影响，具有产业链条长、资源利用效率高、综合效益好等特点，对推动物流业降本增效和交通运输绿色低碳发展，完善现代综合交通运输体系具有积极意义。多式联运具体内容见模块七。

三、运输合理化及其实施途径

运输合理化是指从物流系统的总体目标出发，按照货物流通规律，运用系统理论和系统工程原理及方法，合理利用各种运输方式，选择合理的运输路线和运输工具，以最短的路径、最少的环节、最快的速度和最少的劳动消耗，组织好货物的运输与配送。由于运输是物流中最重要的功能要素之一，物流合理化在很大程度上依赖于运输合理化。

（一）运输合理化"五要素"

影响运输合理化的因素很多，起决定作用的有五个方面，称作合理运输的"五要素"。

1. 运输距离

运输过程中，运输时间、运输运费等若干技术经济指标都与运输距离有一定的关系。运距长短是运输是否合理的一个最基本的因素。

2. 运输环节

每增加一个运输环节，势必会增加运输的附属活动，如装卸、包装等，各项技术经济指标也会发生变化，因此，减少运输环节有一定的促进作用。

3. 运输工具

各种运输工具都有其优势领域，对运输工具进行优化选择最大限度地发挥运输工具的特点和作用，是运输合理化的重要一环。

4. 运输时间

在全部物流时间中运输时间占绝大部分。缩短运输时间可以加速运输工具的周转，充分发挥运力效能，提高运输线路通过能力，对整个货物流通时间的缩短有决定性的作用。

5. 运输费用

运输费用（简称运费）的高低在很大程度上决定整个物流系统的竞争能力。运费的相对高低，无论对货主还是对物流企业都是运输合理化的一个重要的标志。运费的高低也是各种合理化措施是否行之有效的最终判断依据之一。

上述因素，既相互联系，又相互影响，有的还相互矛盾。一般情况下，运输时间快、运输费用省，是考虑合理运输的关键，因为这两项因素集中体现了物流过程中的经济效益。

（二）运输合理化的途径

运输合理化是一个系统分析过程，实现运输合理化，可以从以下几个方面考虑。

1. 合理选择运输方式

各种运输方式都有各自的使用范围和不同的技术经济特征，选择时应进行比较和综合分析。首先，要考虑运输成本的高低和运行速度的快慢，甚至还要考虑商品的性质、数量的多少、运距的远近、货主需要的缓急及风险程度。

2. 合理选择运输工具

根据不同货物的性质、数量选择不同类型、额定吨位的运输车辆，对温度、湿度等有特殊要求的货物选择专用运输车辆。

3. 正确选择运输线路

运输线路的选择，一般应尽量安排直达、快速运输，尽可能缩短运输时间，否则，可安排沿路和循环运输，以提高车辆的容积利用率和车辆的里程利用率，从而达到节省运输费用，节约运力的目的。

4. 提高货物包装质量，并改进配送中的包装方法

货物运输线路的长短，装卸次数的多少都会影响到商品的完好，所以，应合理地选择包装物料，以提高包装质量。另外，有些商品的运输线路较短且要采取特殊放置方法，则应改变相应的包装。货物包装的改进，对减少货物损失，降低运费支出，降低商品成本有明显的效果。

5. 提高运输工具的实载率

实载率的含义有两个：一是单车实际载重与运距之乘积和标定载重与行驶里程之乘积的比，在安排单车、单船运输时它是判断装载合理与否的重要指标；二是车船的统计指标，即在一定时期内实际完成的货物周转量（吨公里）占载重吨位与行驶公里乘积的百分比。

提高实载率如进行配载运输等，可以充分利用运输工具的额定能力，减少空驶和非满载行驶的时间，减少浪费从而求得运输的合理化。

6. 减少各项运输投入，增加运输能力

运输的投入主要是能源和基础设施的建设，在运输设施固定的情况下，尽量减少能源动力投入，从而大大节约运费，降低单位货物的运输成本，达到合理化的目的。如在铁路运输中，在机车能力允许的情况下，多加挂车皮；在内河运输中，将驳船编成队行，由机运船顶推前进；在道路运输中，实行拖挂运输，以增加运输能力等。

7. 发展社会化的运输体系

运输社会化的含义是发展运输的大生产优势，实行专业化分工，打破物流企业自成运输体系的状况。单个物流企业的自有车辆，自我服务，不能形成规模，且运量需求有限，难于自我调剂，容易出现空缺，运力选择不当，且配套的接发货设施、装卸搬运设施也很难有效地运行，所以浪费颇大。实行社会化运输，可以统一安排运输工具，避免对迂回、倒流、空驶、运力选择不当等多种不合理形式，实现组织效益和规模效益。

8. 开展中短距离铁路道路分流，发挥道路运输优势

这种运输合理化的表现主要有两点：一是对于比较紧张的铁路运输，用道路分流后，可以得到一定程度的缓解，从而加大这一区段的运输通过能力；二是充分利用道路门到门和中短途运输的优势。随着高速公路网的发展及新型特殊货运车辆的出现,道路运输很大程度上可弥补铁路运输的不足。

9. 大力开展直达运输

直达运输为减少物流中间环节创造了条件,尤其是在一次运输批量和用户一次需求量达到了一整车时表现最为突出。此外,在生产资料、生活资料运输中,通过直达,建立稳定的产销关系和运输系统,有利于提高运输的计划水平。

10. 进行必要的流通加工

有不少产品由于产品本身形态及特性问题,很难实现运输的合理化。针对货物本身的特性进行适当的加工,提高技术装载量,能够有效解决合理运输的问题,例如将造纸木材在产地先加工成纸浆后,压缩体积。

四、综合运输体系的评价

(一) 评价综合运输体系的基本原则

建立综合运输体系的主要目的是,在整体效益最优的总目标下,实现各种运输方式的协调发展和综合利用;使运输资源在国民经济和各种运输方式中得到合理、有效和最优配置,以便在数量和质量两个方面,以最低的社会成本,充分满足经济社会发展对运输的需求。评价综合运输体系基本确立或成熟的主要原则如下。

1. 必须符合国情

各国的国情不同,综合运输体系发展所面临的问题也不同,相应的可能解决方案和最终形成的体系结构,必然各有特点,存在差异。因此,基本建立或成熟的综合运输体系必须符合国情。

2. 必须与运输需求总量和需求结构相适应

综合运输体系基本确立和发展的规模和速度,必须与经济社会发展对运输需求的增长规模和速度保持一致,即维持动态平衡,最大限度地满足经济社会对运输的需求,并有一定的应变能力。综合运输体系的发展水平,必须与产业结构变化和人民生活水平的提高和改善所引起的运输需求结构变化相适应,在保持同一水平基础上适度超前发展。

3. 必须重视技术进步的巨大影响

技术进步对综合运输体系的形成和发展具有巨大推动作用,主要表现在以下两个方面:一是推动产业发展,引起运输需求变化,促使运输结构发生相应变化;二是直接引起新的运输方式的出现,运输技术装备性能的改进,导致运输供给结构的发展变化。新的运输方式的产生,既导致综合运输体系的出现,又促使其结构变得比较复杂,并向更高的水平发展。

4. 必须有利于交通运输业的可持续发展

充分利用自然条件,合理、有效和节约使用土地、能源和其他资源,重视生态环境保护,有利于交通运输的可持续发展。这也是建立综合运输体系应当遵循的重要原则及要达到的基本目标之一。

5. 必须有利于各种运输方式间的合理分工、协调发展和衔接配套

综合运输体系的建设和发展,必须重视各种运输方式的合理分工和协调发展,使其成为高效运转、分工科学、布局合理和整合统一的整体。这主要包括:

①根据货流、客流发展态势和产、供、运、销各环节协调配套的原则,实现综合运输的供需动态平衡及连续、无缝和全程运输;

②根据各种运输方式的技术经济特性、客货运量择优分配和不断采用先进实用技术的原则,使运输资源在各种运输方式中得到最优配置,运输结构逐步趋于合理化和高度化;

③根据布局合理、能力平衡、换装方便、组织和经营管理机构健全的要求,发展各种形式的联合运输,特别是国内和国际集装箱多式联合运输等;

④根据快速、方便、舒适和安全等交通行为需求,发展国内和国际旅客便捷运输系统等。

(二)综合运输体系的评价标准和指标

1. 运输供需适应性标准

运输供需适应性标准可用以下4个指标来评价。

(1)适应度

该指标可用来衡量交通运输能力总供给与经济社会发展总需求间的适应程度。具体计算公式如下:

$$A = \frac{S}{D}$$

式中:A——适应度;

S——运输能力总供给量;

D——运输总需求量。

(2) 弹性系数、货运弹性与货运强度

国民经济各部门存在着复杂的经济联系和相互制约关系。按比例协调发展是保持国民经济持续、稳定发展的必要条件。而经济的稳定增长，又会刺激和促进交通运输业的发展。反之，则会给交通运输带来不利影响。

弹性系数作为动态描述和预测客、货运输量增长速度与经济增长速度间比例关系的指标，为评价运输业对国民经济发展和人民生活水平提高的适应性提供了依据。

货运弹性是衡量资源配置有效性的综合指标，它反映货运量变动率与国民经济（GNP 或 GDP）变动率之间的关系。货运弹性小于1，表明货运量的增长慢于经济增长，若货运弹性大于1，则表明货运量的增长快于经济增长。

货运强度是反映运输体系效益状态的又一综合指标，其具体含义是一定时期内货运量或货物周转量与同期国民生产总值的比值。影响货运强度的主要因素有资源和人口分布、国民生产总值的构成、工业化或专业化程度、运价总水平等。

2. 发展水平标准

综合运输体系的发展水平标准，可用下述指标来评价。

(1) 全程客、货运量所占比重

全程或门到门运输是综合运输体系的主要功能或经济活动。门到门客、货运量占全部客货运量的比重，反映了综合运输体系发展的水平或阶段。该比值越大说明综合运输体系的发展越成熟或越完善。

(2) 全程集装箱运量占适箱货物运量比重

集装箱是综合运输体系中先进的多式或各式各企业门到门联合运输工具。全程集装箱运量占适箱货物运量比重，反映了综合运输体系的发达程度。该比值越高说明综合运输体系越发达。若全部适箱货物都实现了全程集装箱运输，则说明综合运输体系已达到较高的水平。

3. 运输方式分工协作程度标准

各种运输方式专业分工和协作配合的程度和水平，既反映了各种运输方式的技术经济特点和内在优势得到有效利用的程度和水平，又体现了各种运输方式的整体功能和综合优势得到充分发挥的程度和水平。因此，是一个国家或地区综合运输体系是否形成或成熟的重要标志。该标准可用以下指标来衡量。

(1) 方式分担率

方式分担率是各种运输方式市场竞争和相互协调的最终结果，

是各种运输方式优势互补的最终成果之一。如果这种成果符合世界交通运输发展的总趋势，即从各种运输方式分割封闭式发展向综合运输体系方向发展，那么它就可成为综合运输体系已建成的重要评价因素之一。

（2）替代弹性系数

替代弹性系数可定义为：当每两种运输方式间的运价比相对变化1%时，其所导致的运输周转量变动的百分数。计算公式为：

$$\log y = a + b\log x$$

式中：y——运输方式 A 所完成的客（或货）周转量对运输方式 B 所完成的客（或货）周转量之比；

　　　x——运输方式 A 对运输方式 B 的运价之比；

　　　a、b——回归系数，其中 b 为替代弹性系数。

若 $b>1$，表示运输方式 B 的运价相对运输方式 A 的运价提高 1% 时，其周转量比例的下降幅度大于 1%，这说明 A、B 两种运输方式之间的相互替代性较强；反之，则说明替代性较弱。各种运输方式间替代性较强，且符合世界交通运输发展的总趋势，说明综合运输体系正处在起步或发展阶段。若替代性较弱，且符合世界交通运输发展的总趋势，则说明综合运输体系已经形成或基本成熟；反之，则说明各种运输方式还处在各自封闭发展阶段。

（3）经济里程与平均运距

不同运输方式的经济里程是一个动态概念，它与运输工具的技术特点、运输线路质量及管理水平有关。在铁路、水运、道路运输中，除道路运输外，其他均具有较高的固定成本和作业成本，若这些运输方式的运输量大或运距长，则固定成本和作业成本分摊在单位运输成本中的份额就低，这就是说铁路、水路运输应延长其平均运距，将短途运输分流给道路运输。所以，不同运输方式的平均运距水平及其运量在各自经济里程范围的分布，反映了运输业内部分工的合理化程度。

4. 可持续发展标准

实现可持续发展是综合运输体系发展的目的和归宿，尤其与各运输方式封闭发展相比，更是这样。因此，可持续发展标准可作为评价综合运输体系是否建成的一个重要标志。可持续发展标准可用资源利用、能源节约、环境保护和运输安全等方面的指标来评价。各运输方式各指标的综合计算值，如果逐步明显改善或趋于发达国家已建成综合运输体系的计算值，那么，说明我国传统交通运输系统在向现代综合运输体系方向发展或现代综合运输体系趋于成熟。

(1) 资源合理利用状况

资源的合理利用主要包括两层含义：一是最大限度地利用和开发天然运输资源，如河流、海岸等天然运输资源；二是合理、有效利用人工运输资源，特别是土地资源。交通运输工具及基础设施在建设过程中需要占有大量的自然资源，特别是不可再生的资源。如交通基础设施建设（特别是铁路和道路）需要占用土地甚至是宝贵的耕地资源，其中管道、水运、航空运输占用土地较少，而铁路、道路占地面积较大。

(2) 能源节约情况

能源节约包括传统运输能源的合理和有效利用、可再生能源和替代能源的开发和推广、能源消费结构的合理化等。综合运输体系与各运输方式封闭发展（即传统交通运输系统）相比，可在同样的产出下，最大限度减少投入量；或在同样的投入下，获得最大限度的产出量，这都意味着能源和资源投入的最大限度节约。因此，有利于交通运输业的可持续发展，并可大大提高交通运输的经济和社会效益等。该指标可用综合运输体系能源消耗相对于传统交通运输系统能源消耗的节约量来表示。

(3) 环境保护标准

各种运输方式的发展和运营，都会对生态环境造成不利影响，只是程度可能有所不同。因此，应在发展综合运输的前提下，积极搞好各种运输方式的环境保护工作。

(4) 运输生产安全标准

实现可持续发展的一个非常重要的标准是运输生产的安全性。运输生产过程中的交通事故会导致生命、财产损失。交通运输事故影响主要可分为两个方面，一是人身安全，二是货物安全。人身安全包括使用运输工具的旅客安全和与非使用交通工具的第三方人身安全。货物安全包括两个方面，一方面是因交通事故和运输责任造成的货物火灾、被盗、丢失、损坏、腐坏、污染、湿损、票货分离等，另一方面是货物运输过程中的自然损耗。

技能练习

邓某是TPL公司调度部门新招聘的大学生。应不同物品发送不同地区，需要填制表1-19，那么他应该如何完成此次任务呢？

选择合适的运输方式　　　　　　表1-19

货物种类	起点至终点	运输方式
1000 吨石油	大庆—大连	
500 000 吨石油	伊朗—日本	
两箱急救药品	上海—南昌	

续上表

货物种类	起点至终点	运输方式
1 吨河鱼	郊区—市区	
8000 吨煤	大同—杭州	
2600 束鲜花	广州—天津	
5000 吨海盐	天津—广州	
1000 吨大米	武汉—南京	
5 万立方米木材	伊朗—北京	
20 吨日用品	合肥—安庆	

☞ 技能练习

课后习题

一、填空题

1. 运输的主要功能有_____和_____。

2. 按货物运输的方向，货流可分为_____和_____。

3. 运输的原则包括_____、_____、_____、_____。

4. 综合运输体系的构成要素有_____、_____、_____、_____、_____。

5. 按输送货物种类可以将管道运输分为_____、_____、_____、_____。

二、单项选择题

1. 下列哪一项不属于运输业的特点？（　　）
   A. 运输产品是无形产品
   B. 运输不属于生产领域
   C. 运输产品的生产和消费同时进行
   D. 运输产品具有非储存性

2. （　　）是衡量资源配置有效性的综合指标。
   A. 弹性系数　　　　　B. 货运弹性
   C. 适应度　　　　　　D. 货运强度

3. 以下不属于道路运输的优点的是（　　）。
   A. 运输速度快　　　　B. 可靠性高，对产品损伤较小
   C. 操作人员容易培训　D. 能耗低

4. 运输合同的主体是承运人、托运人和（　　）。
   A. 收货人　　　　B. 押运人　　　　C. 安检员

5. 货物运输合同的签订程序包括订立、要约、履行和（　　）。
   A. 讨论　　　　　B. 谈判　　　　　C. 承诺

三、多项选择题

1. 运输的两条基本原理分别是（　　）。
   A. 规模经济　　　　　B. 时间经济
   C. 距离经济　　　　　D. 数量经济

2. 以下属于运输合理化的影响因素有（　　）。
   A. 运输距离　　　　　B. 运输环节
   C. 运输工具　　　　　D. 运输时间

3. 运输市场的主要组成部分包括（　　）。
   A. 运输服务需求方　　B. 运输服务供给方
   C. 政府方　　　　　　D. 中介方

4. 下列属于铁路运输优点的有（　　）。
   A. 运输能力较大，可满足大量货物一次性高效率运输
   B. 运输连续性强，由于运输过程受自然条件限制较小，所以可提供全天候的运行
   C. 铁路运输的安全性能高，运行较平稳
   D. 通用性能好，可以运送各类不同的货物

5. 运输合同是（　　）。
   A. 单方承诺书　　　　B. 双务合同
   C. 无偿合同　　　　　D. 有偿合同

6. 运输合同发生变更和解除的情形（　　）。
   A. 不可抗力因素导致合同无法履行
   B. 合同当事人违约
   C. 当事人一方的原因，在合同约定的期限内确实无法履行运输合同
   D. 经合同当事人双方协商同意解除或变更合同

四、判断题

1. 运输生产和运输消费同时进行。　　　　　　　　　　　　　　　　　　（　　）
2. 水路运输的优点有运输成本低，能以最低的单位运输成本提供最大的货运量。
   　　　　　　　　　　　　　　　　　　　　　　　　　　　　　　　　（　　）
3. 运输合理化是物流系统合理化的关键。　　　　　　　　　　　　　　　（　　）
4. 不同运输方式的运输可得性有很大的差异，铁路运输最可得，其次是道路运输。
   　　　　　　　　　　　　　　　　　　　　　　　　　　　　　　　　（　　）
5. 运输市场不易形成垄断。　　　　　　　　　　　　　　　　　　　　　（　　）
6. 运输合同中托运人或者收货人的主要义务是要按照约定的价格支付票款或者运送费用。　　　　　　　　　　　　　　　　　　　　　　　　　　　　　（　　）

五、名词解释

运输管理；货流；综合运输体系；运输合同

六、简答题

1. 运输的功能有哪些？
2. 运输市场的特征有哪些？
3. 简述货流的影响因素。
4. 合理运输的"五要素"有哪些？实现合理化运输的途径有哪些？
5. 简述合理化运输的意义。
6. 简述运输与包装的关系。
7. 运输合同变更和解除的条件是什么？

 实训任务

沃尔玛运输合理化案例分析

沃尔玛是世界上最大的商业零售企业，在物流运营过程中，尽可能地降低成本是其经营的哲学。

沃尔玛有时采用航空运输，有时采用水路运输，还有一些货物采用道路运输。在中国，沃尔玛百分之百地采用道路运输，所以如何降低卡车运输成本，是沃尔玛物流管理面临的一个重要问题，为此他们主要采取以下措施：

①沃尔玛使用尽可能大的货车，大约有 16m 加长的货柜，比集装箱运输货车更长或更高。货车装得非常满，产品从车厢的底部一直装到最高，这样非常有助于节约成本。

②沃尔玛的车辆都是自有的，驾驶员也是自己的员工。沃尔玛的车队大约有 5000 名非驾驶员员工，有 3700 多名驾驶员，车队每周一次运输可以达 7000~8000km。

沃尔玛知道，货车运输是比较危险的，有可能会出交通事故。因此，对于运输车队来说，保证安全是节约成本最重要的环节。沃尔玛的口号是"安全第一，礼貌第一"，而不是"速度第一"。在运输过程中，货车驾驶员都非常遵守交通规则。沃尔玛定期在道路上对运输车队进行调查，货车上面都带有公司的号码，如果看到驾驶员违章驾驶，调查人员就可以根据车上的号码报告，以便于进行惩处。沃尔玛认为，卡车不出事故，就是节省公司的费用，就是最大限度地降低物流成本，由于狠抓安全驾驶，运输车队已经创造了 300 万 km 无事故的纪录。

③沃尔玛采用全球定位系统对车辆进行定位，在任何时候，调度中心都可以知道这些车辆在什么地方，离商店有多远，还需要多长时间才能运到目的地，这种估算可以精确到小时。沃尔玛知道卡车在哪里，产品在哪里。就可以提高整个物流系统的效率，有助于降低成本。

④沃尔玛的连锁商场的物流部门，24 小时进行工作，无论白天或晚上，都能为货车及时卸货。另外，沃尔玛的运输车队还利用夜间进行运输，从而做到了当日下午进行集货，夜间进行异地运输，次日上午即可送货上门，保证在 15~18 个小时内完成整个

运输过程,这是沃尔玛在速度上取得优势的重要措施。

⑤沃尔玛的货车把产品运到商场后,商场可以把它整个地卸下来,而不用对每个产品逐个检查,这样就可以节省很多时间和精力,加快了沃尔玛物流的循环过程,从而降低了成本。这里有一个非常重要的先决条件,就是沃尔玛的物流系统能够确保商场所得到的产品是与发货单完全一致的产品。

⑥沃尔玛的运输成本比供货厂商自己运输产品要低。所以厂商也使用沃尔玛的货车来运输货物,从而做到了把产品从工厂直接运送到商场,大大节省了产品流通过程中的仓储成本和转运成本。

沃尔玛的集中配送中心把上述措施有机地组合在一起,做出了一个最经济合理的安排,从而使沃尔玛的运输车队能以最低的成本高效率地运行。

请回答下列问题:

(1) 通过该案例分析,如何从综合物流系统的角度降低运输成本。

(2) 简评"尽可能实现大批量运输,避免小批量多批次运输就是提高物流运输效率,节约物流成本"这句话的合理性。

模块二　道路货物运输

知识目标

1. 掌握道路运输的概念、类别。
2. 了解道路运输设备选取、使用和养护方法。
3. 掌握道路货物运输作业流程。
4. 掌握道路整车货物运输作业流程。
5. 掌握道路零担货物运输作业流程。

能力目标

1. 能结合实际情况正确选择合适的道路货物运输方式。
2. 能填制道路货物运输的主要单证。
3. 能设计道路整车货物运输作业流程。
4. 能设计道路零担货物运输作业流程。
5. 能对道路货物运输的运费进行核算。

案例导入

轿车运输——内贸专线

20××年××月，受某公司委托，承接15台型号不同的小型车辆运输业务。

经过锦程销售顾问与客户商议，最终确认运输方案，按照客户要求及运输线路，制定了一套最安全、最经济的绑扎固定及运输车辆配置的最优方案，确保在运输过程中，货物能够安全、准确地运送至最终目的地。

托运操作流程：

（1）接受客户委托，落实托运货物的相关信息及办理委托手续。
（2）新商品车、车展、试验车等：准备好车钥匙、发票、一致性证书复印件随车。
（3）带牌车辆：准备车钥匙和行驶证原件或复印件随车。
（4）过户车辆：准备车钥匙和临时车牌及发票复印件。
（5）保险办理：提供车主姓名及身份证号码。

（6）在托运车辆时，要仔细检查车辆的性能（电瓶电量充足、发动机性能良好、轮胎气压正常、冬季时需要使用防冻液、车内禁止放置易燃易爆物品）。

（7）运输方式：客户根据需求把准备货物运输的车辆开到运输公司或协助装车的地点，运输公司也可以免费上门服务。

（8）签订合同：运输公司的工作人员会对客户的车辆进行车身检查，观察车辆外观是否有划痕或损伤。就客户车辆外观情况，工作人员在合同中记录。还要登记车辆里放的物品（客运的车辆可以放物品，但不要放贵重物品和易燃易爆等违法违纪的物品），物品可以放在后备箱或后座上，前座最好不要放，以免影响装车安全。

（9）收货人：车辆到达指定的地点后通知收货人接车，收货人必须本人持有效证件提车。

（资料来源：锦程国际物流）

思考

运输公司可以免费上门服务，说明该运输方式有何优势？

单元1　道路货物运输概述

一、道路货物运输概念和类别

（一）道路货物运输概念

广义来说，道路货物运输是指利用道路运输载运工具（汽车、拖拉机、畜力车、人力车等）沿道路实现货物空间位移的过程。狭义来说，道路运输是指汽车运输。物流运输中的道路运输专指汽车货物运输。

（二）道路货物运输类别

1. 按托运批量大小分类

（1）整车运输

按整车办理承托手续、组织运送和计费的货物运输。其特点是，都是大宗货物，货源的构成、流量、流向、装卸地点都比较稳定。

（2）零担运输

按零散货物办理承托手续、组织运送和计费的货物运输。其特点是，非常适合商品流通中品种繁杂、量小批多、价高贵重、时间紧迫、到达站点分散等特殊情况的运输。

（3）集装箱运输

将适箱货物集中装入标准化集装箱，采用现代化手段进行的货物运输。

整车运输和零担运输将在本模块单元 3、单元 4 中进行详细介绍，集装箱运输将在模块 7 中进行介绍。

2. 按运送距离分类

（1）长途运输

运距在 25km 以上为长途货物运输。其特点是迅速、简便、直达、运输距离长、周转时间长、行驶线路较固定。长途运输一般为跨省、跨区的道路干线运输，平均日行程达 200～350km，汽车在完成某一次运输任务时其周转时间长。

（2）短途运输

运距在 25km 以下为短途运输。其特点是运输距离短，装卸次数多，车辆利用率低；点多面广，时间要求紧迫；货物零星，种类复杂，运量波动性较大。

3. 按货物运输条件的要求分类

所谓运输条件是指货物在运输、配送、保管及装卸作业过程中，是否必须采取不同的安全技术措施。

（1）普通货物运输

被运输的货物本身的性质普通，在运输、配送、装卸搬运及保管过程中不必采用特殊方式或手段进行特别防护的货物。普通货物分为一等、二等、三等三个等级。

（2）特种货物运输

被运输的货物本身的性质特殊，在运输、配送、装卸搬运及保管过程中必须采取特别措施、特殊工艺、特种设备来保证其完整无损。特种货物运输组织将在模块六中详细介绍。

特种货物运输又可分为长大、笨重货物运输，危险货物运输，鲜活易腐货物运输和贵重货物运输。

4. 按货物是否保险或保价分类

按托运货物是否保险（或保价）分为保险（或保价）运输和不保险（或不保价）运输。

道路货物运输保险就是针对运输中流通中的商品而提供的一种货物险保障，保险运输由托运人向保险公司投保，也可委托承运人代办。开办这种货运险，是为了使运输中的货物在道路运输过程中，因遭受保险责任范围内的自然灾害或意外事故所造成的损失能够得到经济补偿，并加强货物运输的安全防损工作，以利于商品的生产和商品的流通。

保价运输是指运输企业与托运人共同确定的以托运人声明货物价值为基础的一种特殊运输方式，保价就是托运人向承运人声明其托运货物的实际价值。凡按保价运输的货物，托运人除缴纳运输费用外，还要按照规定缴纳一定的保价费。

5. 按货物运送速度的不同分类

（1）一般货物运输

一般货物运输是指在运送速度上没有特殊要求，只要满足常规的货物运送速度要求就可以送达托运人的一种运输方式。

（2）快件货物运输

快件货物运输是指在规定的距离和时间内将货物运达目的地的运输业务。

（3）特快件货物运输

特快件货物运输是指应托运人要求，采取即托即运的方式。货物运达时间的计算按托运人将货物交付给承运人起运的具体时刻起算，不得延误。

道路货物运输分类方法并非绝对的，有时为了适应企业管理或其他方面的要求，还可根据其他因素进行分类。

综上所述，常见的道路货物运输分类见表2-1。

常见的道路货物运输分类　　　　表2-1

划分标准	划分种类
按托运批量大小	整车运输、零担运输、集装箱运输、包车运输
按运送距离	长途运输、短途运输
按货物运输条件的要求	普通货物运输、特种货物运输
按货物是否保险或保价	保险（或保价）运输、不保险（或不保价）运输
按货物运送速度	一般货物运输、快件货物运输、特快件货物运输

二、道路货物运输的特点

（一）机动灵活，适应性强

道路运输网密度一般要比铁路、水路运输网大很多，分布面广，因此道路运输车辆自由灵活。在汽车技术功能设计上，一般汽车都能在山区及高原地带、严寒酷暑季节、风雷雨雾中运行，受地理条件、天时、气候、河流走向等限制较小，较之铁路、水路、航空有适应性强、简捷方便、运行范围广的特性。

道路运输的机动性比较大，根据汽车的载货质量大小不等，既可以单个车辆独立运输，也可以由若干车辆组成车队同时运输。

（二）可实现"门到门"直达运输

由于汽车体积较小，中途一般也不需要换装，除了可沿分布较广的路网运行外，还可离开路网深入工厂企业、农村田地、城市居民住宅等地，即可以把出行者和货物从始发地门口直接运送到目的地门口，实现"门到门"直达运输。在物流配送活动中，可以直接到达仓库完成装卸作业，能为铁路、水运、航空运输方式集散客货。

（三）较快的运送速度

在中短途运输中，由于道路运输机动灵活、简捷方便，中途不需要转运、转乘就可以直接将客货运达目的地，因此与其他运输方式相比，其客货在途时间较短，运送速度较快。特别是在高速道路网进行部分类别的长途货物运输中，其运送速度甚至可以超过铁路。

运送速度快的意义在于加速资金周转，保证货物的质量不变，提高货物的时间价值，为生产企业、流通企业、销售企业实现"零库存"提供保障。所以道路运输可适用于高档、贵重、鲜活易腐货物及急需货物的运输。

（四）原始投资少，资金周转快

建设投资少，资金、设施转移的自由度大。道路运输企业的投资主要用于车辆、装卸机械的购置和场站建设，与铁路、水路、航空运输方式相比，固定设施比较少，车辆购置费用比较低。因此，投资少、见效快、货物周转快，投资回收期短。

（五）掌握车辆驾驶技术较易

相对其他运输方式，汽车驾驶技术和使用技能容易掌握，汽车运输对驾驶员的各方面技术要求相对较低，汽车驾驶员的培训时间较短，获取相关资格证件的难度小。

（六）运输能力小，运输成本较高

相对于铁路运输和水路运输，单位运输工具的载质量较小，道路运输能力还是有限的。由于道路运输的单次运输量较小，每吨公里的运输成本较高。道路运输的成本分别是铁路运输成本的 11.1~17.5 倍，水路运输成本的 27.7~43.6 倍，管道运输成本的 13.7~21.5 倍，但是只有航空运输成本的 6.1%~9.6%。

此外，因汽车单车装载量小，运输范围小，不适宜大批量、长距离运输货物；能源消耗大，易污染环境；车辆运行中震动较大，易造成货损货差事故，安全性较低，发生事故的概率比其他运输方式高。

三、道路货物运输的作业流程

道路货物运输基本作业流程包括受理托运、承运验货、派车装货、运输货物、卸载交货、运输统计与费用结算、货运事故处理等，见图2-1。

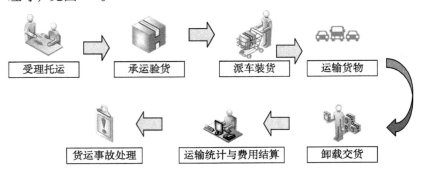

图2-1　道路货物运输基本流程

（一）受理托运

托运人（货主、货运代理）按照承托双方签订的货物运输合同办理货物托运手续，即按照承运方要求填写货物托运单。承运人应对托运单上的内容认真审核，审核无误后，签字盖章，并返还托运人提交托运单的"托运回执"。运输单位接受了托运人的委托，承运即开始，承运人开具的"托运回执"联具有协议书或运输合同的性质，受法律保护与约束，无特殊原因，承运人不得拒绝承运。

托运单中的运输期限通常由承托双方按规定共同商定，如果托运人负责装卸，运输期限从货物装载完毕开始至车辆到达指定卸货地点止；如果承运人负责装卸，运输期限从商定装车时间开始至货物运到指定地点卸载完毕止；零担货物运输期限从托运人把货物交给承运人开始至货物运送至到达站发出领取货物通知为止。

（二）承运验货

承运是指承运方对托运的货物进行审核、检查、登记等受理运输业务的工作过程。托运方办理完托运手续后，承运方应及时派人验货，即对货物实际情况、数量、重量、包装、标志以及装货现场等进行查验。有特殊要求的货物，必须遵守双方商定的事项。承运方受理货物后，必须妥善保管，对因保管措施不当造成的损失应负相关责任。

（三）派车装货

承运人应根据承运货物情况和运输车辆情况编制车辆运行作业计划，在做好运力运量平衡及优化车辆运行组织的基础上，填发"行车路单"，派出具体车辆前往装货地点装货。承运人提供的车辆不仅要满足承运货物的需要，而且要符合货物的不同特性，保证技术状况良好、经济适用。派出的车辆必须按照合同规定的日期和地点，进行货物的装载。货物装车时，驾驶员要负责点件交接，保证货物完好无损和计量准确。在货物装车完毕后，立即填制汽车运输货票。运输货票是向托运人核收运费的收据、凭证，也是收货人收到货物的证明。运输货票由各省、自治区、直辖市交通运输主管部门按照交通运输部规定的内容与格式统一印制。

（四）运输货物

运输货物过程中，调度人员应做好线路车辆运行管理，运用GPS、GIS等技术手段掌握各运输车辆工作进度，及时处理车辆运输过程中临时出现的各类问题，保证车辆运行作业计划的充分实施；驾驶人员应及时做好运货途中的行车检查，既要保持货物的完好无损、无流失，又要保证车辆技术状况良好。

（五）卸载与交货

货物运达收货地点，由卸货人员（收货人、车站货运员）组织卸货，同时对所卸货物的品名、数量、包装等货物状态进行检查核对，收货人确认货物无误后与承运人办理签收手续，承运人或货运代理人交付货物。

（六）运输统计与费用结算

运输统计是货物运达时，驾驶员应对所卸货物计点清楚。承运方根据行车路单及运输货票对相关运输工作指标进行统计，并生成统计报表，供运输管理与决策使用。

运费核算，一是运输单位外部核算，即对货主（托运人）进行运杂费结算；二是运输单位内部核算，即对驾驶员完成运输任务应得的工资（包括基本工资与附加工资）收入进行定期核算，并生成报表。

（七）货运事故处理

货物在承运责任期内，因装卸、运送、保管、交付等作业过

学习笔记

程中所发生的货物损坏、变质、误期及数量差错而造成经济损失的，称为货运事故，也称商务事故。针对货运事故及时查明原因、落实责任，责任方按有关规定计价赔偿；承运与托运双方应做好货运事故记录，并积极采取补救措施，力争减少损失和防止损失继续扩大。

知识链接

常用道路货运单证

一、托运单

托运单是货主（托运方）与运输单位（承运方）之间关于货物运输所签订的契约。

托运单由托运方（托运人本人或其委托代理人）填写约定事项并加盖印章，再由承运单位审核承诺后签订，具有法律效力。托运单确定了承运方与托运方在货物运输中的权利、义务和责任，是货主托运货物的原始凭证，也是运输单位开具货票的凭证。在运输期间发生运输延滞、货损、货差等事故时，货物托运单是判定双方责任的原始记录，它同时还是货物收据和交货凭证，见表2-2。

托运单由托运人填写，具体填写托运单内容的要求：

①准确表明托运人和收货人的名称（姓名）和地址（住所）、电话、邮政编码。

②准确表明货物的名称、性质、件数、重量、体积以及包装方式。

③准确表明运单中的其他有关事项。

④一张运单托运的货物，必须是同一托运人、收货人。

⑤危险货物与普通货物以及性质相互抵触的货物不能用一张运单。

⑥托运人要求自行装卸的货物，经承运人确认后，在运单内注明。

⑦应使用钢笔或圆珠笔填写，字迹清楚，内容准确，需要更改时，必须在更改处签字盖章。

填写托运单注意事项：

①托运的货物品种不能在一张运单内逐一填写的，应填写"货物清单"（见表2-3）。

②托运货物的名称、性质、件数、质量、体积、包装方式等，应与运单记载的内容相符。

道路货物运输托运单

表 2-2

运单编号：　　　　　　　　　　　　　　　　　　　　　　　　　　年　月　日

托运人		地址			电话		装货地点		厂休日	
收货人		地址			电话		卸货地点		厂休日	
货物名称及规格	包装	件数	体积 长×宽×高 (m³)	件重 (kg)	计费重量 (t)	货物价值	货物等级	计费项目		
								项目	里程	单价	金额
合计（总费用）											
付款人		地址			电话		约定起运时间		约定到达时间	
托运经办人签字		经办人电话			收货人 签字盖章		承运经办人及电话		承运单位 （章）	

知识链接☞

货物清单 表2-3

起运地点： 运单号码：

编号	货物名称及规格	包装形式	件数	新旧程度	体积(m³)	质量(kg)	保险、保价价格
备注							

托运人： 承运人（签章）：

年 月 日

③按照国家有关部门规定需办理准运或审批、检验等手续的货物，托运人托运时应该将准运证或审批文件提交承运人，并随货同行。托运人委托承运人向收货人代递有关文件时，应在运单中注明文件名称和份数。

④已签订定期运输合同或一次性运输合同的，托运单由承运人按规定填写，但托运单的托运人签字盖章处应填写合同序号。

二、行车路单

行车路单是整车货物运输条件下营运车辆据以从事运输生产的凭证，是整车货物运输生产中一项最重要的原始记录。它是企业调度机构代表企业签发给汽车驾驶员进行生产的指令。行车路单除具有工作指令、原始记录的作用之外，还在各专业道路货物运输企业之间的有关费用结算、免费服务等方面起着"有价证券"的作用。行车路单样式见表2-4。

行 车 路 单 表2-4

车属单位： No：

起点	发车时间		终点	到达时间		货物名称	包装	件数	运量(t)	行驶里程（km）		
	日	时		日	时					总行程	重驶行程	空驶行程
合计	重驶行程(km)			运量（t）			周转量（t·km）			备注：		

路单签发人： 路单回收人：

四、道路货物运输的组织方法

常用的道路货物运输的组织方法有双班运输、拖挂运输、甩挂运输、直达行驶法和分段行驶法。

（一）双班运输

双班运输是道路货物运输组织的基本方法之一。组织双班运输的基本方法是根据双班运输的不同形式，每辆汽车配备一定数量的驾驶员，按规定计划分日、夜两班出车工作。双班运输组织方法简便易行，在货源、保修、驾驶员等条件满足的情况下，不再需要增加车辆就可以获得一定的效果，易于推广使用。该方法可最大限度发挥车辆的运输效能，但是要做到合理安排驾驶员劳动休息时间，定人、定车，保证车辆较高的完好率，加强与物资部门的协作配合以及行车安全，确保运输顺利进行。

（二）拖挂运输

拖挂运输是指由牵引车或载运货车与挂车组成的汽车列车进行运输的一种运行方式，也称为汽车运输列车化。根据汽车列车的特点和装卸组织工作的不同要求，一般有定挂运输和甩挂运输两种。无论是哪一种方式，拖挂运输在提高车辆核定吨位、增加车辆载质量等方面是提高车辆生产率的有效途径；在减少劳动消耗、节约运行成本方面，有着显著的经济性。开展拖挂运输时，由于增加了载质量，汽车列车在运输中汽车的牵引性能低于单车，导致整个汽车列车的平均技术速度有所下降，增加驾驶员的操作困难，运行中的安全性能也不如单车，对道路的宽度、转弯半径及调车场面积要求高。因此，在组织拖挂运输时，为了提高运输效率，应注意以下几个方面的问题：

①改善货物装卸条件，提高货物装卸效率，最大限度地压缩汽车列车停歇时间；

②装卸现场应具备平坦而宽阔的调车场地和畅通的出入口；

③装卸现场调度指挥，实现装卸作业合理化；

④尤其要注意汽车列车行驶的安全性。

（三）甩挂运输

甩挂运输是指牵引车按照预定的运行计划，在货物装卸作业点甩下所拖的挂车，换上其他挂车继续运行的运输组织方式。牵引车与挂车的组合不受地区、企业、号牌不同的限制,但牵引车的准牵引总质量应与挂车的总质量相匹配。发展甩挂运输,对于降低物流成本,推动现代物流和综合运输发展,促进节能减排,提升经济运行整体质量,具有重要意义。

甩挂运输的优点:

①甩挂运输增加了牵引车的有效运行时间,提高单车利用率,提高车辆运输生产率;

②完成同等运输量,可以减少牵引车的数量,降低牵引车的购置费用和运行费用,同时减少车辆对道路的占用,减轻交通压力,降低能源消耗,减少汽车排放污染;

③企业可以尽可能减少雇用驾驶员的数量,节约相应支出;

④可以促进汽车运输与铁路运输、水路运输多式联运的发展,实现以汽车甩挂运输为基础的铁路驮背运输、水运滚装等方式的联合运输,充分发挥各种运输方式的技术经济优势,减少货物装卸作业,提高铁路车辆和轮船的装卸效率;

⑤合理协调货物运输与装卸作业时间,提高运输效率;

⑥可以促进物流配送中心和货物站场等物流节点的建设,促进汽车运输行业实现网络化经营,不断提高物流服务能力与水平。

装货点和卸货点之间的距离以及装卸作业的条件是决定甩挂运输经济效果的重要因素。常采用的甩挂运输组织形式有如下三种。

1. "一线两点甩挂"的甩挂运输组织形式

这是在短途往复式运输线路上常采用的一种运输形式,牵引车往复运行于两装卸作业点之间,在整个运输系统中,通过配备一定数量的挂车,牵引车在线路两端将根据具体条件进行甩挂作业,可组织"一线两点,一端甩挂"和"一线两点,两端甩挂"。

2. "一线多点,循环甩挂"的甩挂运输组织形式

这是指在一个循环的路线上进行甩挂运输作业,在闭合路线上的每个装卸点上,配备一定数量的挂车或者周转的集装箱,当

牵引车到达每个装卸点的时候，甩下所挂的挂车，挂上完成装卸的挂车继续完成运输。

3. "一线多点，沿途甩挂"的甩挂运输组织形式

这是指牵引车在沿途有货物装卸作业的站点，甩下挂车或挂上预先准备好的挂车继续运行，直到终点站。汽车列车在终点站整列卸载后，沿原路返回，经由先前甩挂作业点时，挂上预先准备好的挂车或甩下挂车，继续运行直到返回始点站。

国务院办公厅关于进一步推进物流降本增效促进实体经济发展的意见

国办发〔2017〕73号

（四）直达行驶法与分段行驶法

1. 直达行驶法

直达行驶法是指车辆装载货物后从起运地出发，经过全程连续运行后直抵终点；卸载后重新装载货物或放空返回起点。每次运输任务由同一辆车承担，途中不发生换载作业。直达行驶法的驾驶员劳动组织可采用单人驾驶制、双人驾驶制、换班驾驶制等形式。

2. 分段行驶法

分段行驶法是将整条线路分成若干区段，每一路段上分别固定配备相应的汽车运行，车辆装载货物后从起运地出发，由各区段的驾驶员相继驾驶抵达终点；货物卸载后车辆重新装载货物或放空，按同样方法返回起点。

采用分段行驶法，被运货物在相邻区段的衔接地点发生交接，其形式一般有三种：将装载于车辆上的货物连同集装箱或挂车等一起转交；将装载于车辆上的货物直接换载于另一辆车上；将装载于车辆上的货物卸货入库，再装载于另一辆车上起运。

分段行驶法组织工作较直达行驶法复杂，但易于进行车辆维修，驾驶员工作、休息、生活也有保证。采用分段行驶法时，需要注意的问题是区段长度的确定应合理。

（五）定时运输与定点运输

1. 定时运输

定时运输是指车辆按运行计划中所拟定的行车时刻表来进行工作。采用定时运输组织形式，一般要确定货车运行时刻。

由于车辆是按预先拟定的行车时刻表进行工作的，加强了各方面工作的计划性，提高了工作效率。组织定时运输，必须做好各项定额检查工作，包括：车辆出车前的准备工作时间定额，车辆在不同路线的里程定额、空载时间定额及装卸工作时间定额等。同时还应合理制定驾驶员的休息和用餐等生活时间，加强货源调查和组织工作，加强车辆调度、日常工作管理以及装卸工作组织等。

2. 定点运输

定点运输是按发货点固定车队，专门完成固定货运任务的运输组织形式。在组织定点运输时，除了根据任务固定车队外，还实行装卸工人和设备固定与调度员固定等形式。定点运输适于集散地比较固定集中的货物运输任务。

技能练习

B物流公司的经办人张某与A公司签订"货物运输合同"一份，该合同的有效期自××年6月30日至××年12月30日。××年11月7日，A公司委托B物流公司将一组共6吨的机器从广州市运往深圳市C公司，张某作为B物流公司的市场代表在运输合同上签名。

A公司要求尽快完成机器运输，并且要求机器从A公司的仓库运输至C公司的仓库。

分组讨论：B物流公司应该选择哪种运输方式？为什么？

单元2　道路货物运输设施设备

道路货物运输设施设备由道路及其相关构造物（桥梁、隧道、互通式立体交叉）、道路交通设施设备、道路运输车辆和道路运输场站等组成。

一、道路及其等级划分

道路是一种线形构造物，是道路运输主要的基础设施。道路横断面组成包括：行车道、路肩、边坡、边沟、截水沟、护坡道、中间带和其他设施等。

1. 按照技术等级划分

我国道路按照技术等级划分为高速公路、一级公路、二级公路、三级公路、四级公路5个等级。

高速公路是专门为汽车分向、分车道行驶，并全部控制出入（全部立体交叉）的多车道公路，并设有中央分隔带，具有完善的交通安全设施、管理设施、服务设施。主要用于连接重要的经济、政治、文化城市和地区，是国家公路干线网中的骨架。

一级公路为供汽车分向、分车道行驶，根据需要部分控制出入、部分立体交叉的多车道公路，主要连接重要政治、经济、文化中心，通往重点工矿区，是国家的干线公路。

二级公路主要连接政治、经济中心或大工矿区等地的干线公路或运输繁忙的城郊公路，是双车道公路。

三级公路为主要沟通县或县级以上城镇一般干线的公路，通常是能适应各种车辆行驶的双车道公路。

四级公路通常为沟通县、镇、乡的支线公路，是可以适应各种车辆行驶的双车道或单车道公路。

根据《公路工程技术标准》（JTG B01—2014），不同等级的公路有其相应的年平均日设计交通量，见表2-5。

公路等级与其相适应的交通量　　　　　表2-5

路　　级		年平均日设计交通量（辆）
高速公路		>15000
一级公路		>15000
二级公路		5000~15000
三级公路		2000~6000
四级公路	双车道	<2000
	单车道	<400

2. 按照行政等级划分

根据道路在国民经济、社会生活、国防建设以及国际交往中的地位和管理需要划分为：国家干线公路，省、自治区、直辖市干线公路，县级干线公路，乡村公路，村道，专用公路。

国家干线公路，简称国道，是指具有全国性政治、经济意义的主要干线公路，包括：重要的国际公路，国防公路，连接首都与各省、自治区省会城市和直辖市的公路，连接各大经济中心、港站枢纽、商品生产基地和战略要地的公路。

省、自治区、直辖市干线公路，简称省道，是指具有全省、自治区、直辖市政治、经济意义、连接省内中心城市和主要经济区的公路，以及不属于国道的省际间的重要公路。

县级干线公路，简称县道，是指具有全县（旗、县级市）政治、经济意义，县城和县内主要乡（镇）、主要商品生产和集散地的公路，以及不属于国道、省道的县际间的公路。

乡村公路，简称乡道，是指主要为乡（镇）内部经济、文化、行政服务的公路，以及不属于县道以上公路的乡与乡之间及与外部联络的公路。

村道，是指直接为农村生产、生活服务，不属于乡道及以上公路的建制村之间和建制村与乡镇联络的公路。

专用公路，是指专供或主要供厂矿、林区、油田、农场、旅游区、军事要地等与外部联络的公路。

二、道路构造物

桥梁、隧道、涵洞、互通式立体交叉都是为车辆通过自然障碍（河流、山体）或跨越其他立体交叉的交通线而修建的构造物。

1. 桥梁

桥梁就是供车辆（汽车、列车）和行人等跨越障碍（河流、山谷、海湾或其他线路等）的工程建筑物。按照受力特点的不同，桥梁结构可以分为5大类：梁式桥、拱式桥、悬索桥、斜拉桥、刚构桥。

2. 涵洞

涵洞是指在道路工程建设中，为了使道路顺利通过水渠不妨碍交通，设于路基下修筑于路面以下的排水孔道（过水通道），通过这种结构可以让水从道路的下面流过。

3. 隧道

隧道是埋置于地层内的工程建筑物，是利用地下空间的一种形式。根据其所在位置可分为山岭隧道、水下隧道和城市隧道三大类。对于道路运输而言，使用更多的是山岭隧道。

4. 互通式立体交叉

互通式立体交叉一般用于高速道路和其他道路相交。互通式立体交叉与城市立交不同。立体交叉起着交通枢纽的作用，具有通行大量交通流和车辆转道行驶的功能。同时，也是高速公路和汽车专用道路控制车辆出入、收费的重要设施。通常立体交叉的建设对于发展地区经济，促进周围土地的开发和利用，绿化美化环境等都起着举足轻重的作用。

三、道路交通设施设备

道路交通设施设备主要是为了保证人及货物在道路上安全、平稳、快速运行的设施设备。按功能可分为三类：交通管理设施设备、交通安全设施、交通服务设施。

1. 交通管理设施设备

交通管理设施设备包括：交通标志、交通标线、物理隔离装置、交通信号控制设备、交通违法监控设备等。

2. 交通安全设施

交通安全设施包括：防撞护栏及防撞柱、防眩装置、视线诱导设施、颠簸路面（减速带）、道路反光镜等。

3. 交通服务设施

交通服务设施包括：停车场、加油站、紧急电话等。

中国国家高速公路网

2004年12月，中华人民共和国交通部（现交通运输部）出台了国家高速公路网规划，提出中国国家高速公路网采用放射线与纵横网格相结合布局方案，由7条首都放射线、9条南北纵线和18条东西横线组成，简称为"7918"网，总规模约8.5万公里，其中主线6.8万公里，地区环线、联络线等其他路线约1.7万公里，是世界上规模最大的高速公路系统。国家高速公路网提供高效、快捷的运输服务。为加快建设综合交通运输体系、促进物流业发展，构建布局合理、功能完善、覆盖广泛、安全可靠的国家公路网络。

根据2013年《国家公路网规划（2013年—2030年）》，国家高速公路网由7条首都放射线、11条北南纵线、18条东西横线，以及地区环线、并行线、联络线等组成，约11.8万公里，另规划远期展望线约1.8万公里。按照"实现有效连接、提升通道能力、强化区际联系、优化路网衔接"的思路，补充完善国家高速公路网：保持原国家高速公路网规划总体框架基本不变，补充连接新增20万以上城镇人口城市、地级行政中心、重要港口和重要国际运输通道；在运输繁忙的通道上布设平行路线；增设区际、省际通道和重要城际通道；适当增加有效提高路网运输效率的联络线。

知识链接

1. 首都放射线（7条）

北京—哈尔滨、北京—上海、北京—台北、北京—港澳、北京—昆明、北京—拉萨、北京—乌鲁木齐。

2. 北南纵线（11条）

鹤岗—大连、沈阳—海口、长春—深圳、济南—广州、大庆—广州、二连浩特—广州、呼和浩特—北海、包头—茂名、银川—百色、兰州—海口、银川—昆明。

3. 东西横线（18条）

绥芬河—满洲里、珲春—乌兰浩特、丹东—锡林浩特、荣成—乌海、青岛—银川、青岛—兰州、连云港—霍尔果斯、南京—洛阳、上海—西安、上海—成都、上海—重庆、杭州—瑞丽、上海—昆明、福州—银川、泉州—南宁、厦门—成都、汕头—昆明、广州—昆明。

此外包括6条地区性环线以及若干条并行线、联络线等。

国家高速公路网编号规则

四、道路货物运输工具

道路货物运输工具主要是汽车。汽车是由动力驱动，具有四个或四个以上车轮的非轨道承载的车辆，其种类丰富，车型较多。汽车作为道路货物运输的主要载运工具，按照用途可分为货车、牵引车和挂车。

1. 货车

货车是一种主要为载运货物而设计和装备的车辆，分为普通货车和特种货车。

（1）普通货车

一种在敞开（平板式）或封闭（厢式）载货空间内载运货物的货车。

普通货车按照其载货量可分为以下四种类型：

微型货车：最大总质量在1.8t以下，主要用于城市配送、集货运输，见图2-2。

轻型货车：最大总质量为 1.8~6t 之间，常用于市内运输以及城市之间、城乡之间的支线运输，见图 2-3。

图 2-2　微型货车　　　　图 2-3　轻型货车

中型货车：最大总质量为 6~14t 之间，主要用于货物长途运输，见图 2-4。

重型货车：最大总质量在 14t 以上，主要用于长途大宗货物运输，见图 2-5。

按照设计和技术特性分为厢式、平板式、罐式、冷藏等用于运输特殊物品的专用货车。

图 2-4　中型货车　　　　图 2-5　重型货车

厢式载货汽车。厢式载货汽车是国际货车市场上的主要运输工具，该种车型主要特点是载货容积大，货厢密封性能好，特别是目前出现的由轻质合金和增强合成材料制造的厢式载货汽车，其自重更轻，更好地提高了有效载质量，见图 2-6。

平板式货车。平板式货车无顶、无侧栏板，主要用于装载钢材、木材、集装箱等长大笨重货物，见图 2-7。

图 2-6　厢式货车　　　　图 2-7　平板式货车

罐式车。罐式车主要用于载运流体，如液体、粉末、颗粒等货物，见图 2-8。

冷藏车。冷藏车主要用于载运需控制温度的货物，见图2-9。

图2-8　罐式车　　　　　图2-9　冷藏车

此外，还可以按照车头分为平头式和长头式；按照车辆整体结构分为单车（整体式）、拖挂车、汽车列车。

（2）特种货车

是在其设计和技术特性上用于特殊工作的货车。例如：消防车、救险车、垃圾车、应急车、街道清洗车、扫雪车、清洁车等。

2. 牵引车

牵引车也称为拖车，是专门用于拖挂或牵引挂车的汽车，没有车厢，不具有装载能力。见图2-10。

图2-10　牵引车

3. 挂车

挂车自身没有动力驱动装置，独立承载，半挂车见图2-11，全挂车见图2-12。按照一定的要求与汽车（货车或牵引车）进行组合、搭配，构成各类汽车列车。

图2-11　半挂车　　　　　图2-12　全挂车

常见的组合形式有货车与挂车组成的汽车列车和牵引车与挂车组成的汽车列车。货车和半挂牵引车是道路运输中重要的货运载运工具。

五、道路货物运输场站

（一）道路货物运输场站概念

道路货物运输场站，是指以场地设施为依托，为社会提供有偿服务的具有仓储、保管、配载、信息服务、装卸、理货等功能的综合货运场站，包括整车货运站、零担货运站、集装箱中转站、物流中心等经营场所。其规模可大可小，功能有的比较完善、有的比较简单。

（二）道路货物运输场站分类

以公路货运站承担的主要业务功能作为分类依据，分类如下。

综合型道路货运站主要业务功能应体现运输和仓储等物流多环节服务的功能。

运输型道路货运站主要业务功能应体现以运输为主的中转服务功能。

仓储型道路货运站主要业务功能应体现以道路运输为主的仓储服务功能。

信息型道路货运站主要业务功能应体现以道路运输为主的信息服务功能。

（三）道路货物运输场站构成

道路货物运输场站主要由生产设施、生产辅助设施和生活辅助设施组成。

生产设施包括：业务办公设施（主要包括货运站站房、生产调度办公室和信息管理中心）、库（棚）设施（包括中转库、零担库、集装箱拆装箱库、仓储库）、场地设施（主要包括集装箱堆场、装卸场或作业区、货场和停车场）、道路设施（包括铁路专用线和站内道路）。

生产辅助设施包括：设备、车辆维修维护设施，动力设施，供水供热设施，环保设施。

生活辅助设施包括：食宿设施、其他服务设施。

（四）道路货物运输场站功能

货运场站主要有以下六大功能。

1. 运输组织功能

运输组织功能是指进行货物运输市场的管理和站内运力与货流组织及管理。具体包括以下方面：

①货运生产组织管理：主要包括承运货物的发送、中转、到达等项作业，组织与其他运输方式的换装运输和联合运输及货物的装卸、分发、保管、换装作业，进行运力的调配和货物的配载作业，制订货物运输计划，进行货物运输全过程的质量监督与管理等项工作。

②货源组织与管理：货源是运输市场中的基本要素，是货运经营者在市场中竞争的焦点。货运站通过货运生产组织与管理、货源信息和货流变化规律等资料，及时掌握货源的分布、流向、流量、流时等特点，实现货物的合理运输。货运站应加强与物资单位联系、洽商，承揽货运业务，并协助物资单位选择合理的运输方式和运输线路，签订有关运输合同和运输协议，为货运业务的有序运作提供可靠的保证。

③运力组织与管理：货运站通过向社会提供货源、货流信息，组织各种类型的车辆从事货物运输，运用市场机制协调货源与运力之间的匹配关系，使运力与运量始终保持相对平衡。

④运行组织与管理：根据货流特点确定货运车辆行驶的最佳线路和运行方式，制订运行作业计划，使货运车辆有序运转。

⑤参与货运市场管理：货运站应协同行业管理部门，通过运输管理把货主、货运经营者和道路运输管理部门有机地联系起来，运用经济杠杆和有效的管理手段，充分满足货主的需求，促使分散的社会车辆物流组织化，运输秩序正常化，能源和资金利用合理化，使货物运输各个环节和储运、装卸工具协调灵活地运转，从而达到管理的目的。

2. 中转换装功能

货运站不仅要完成道路、水运、铁路集装箱和零担货物运输的中转换装，而且在不同的运输方式、不同企业之间的货物联合运输过程中，也会产生货物中转换装的需求。货运站利用内部装卸设备、仓库、堆场、货运受理点以及相应的配套设施，保证货物中转和因储运需要而进行的换装运输提供服务，确保中转货物安全可靠地完成换装作业，及时运达目的地。

3. 装卸储存功能

道路货运站应面向社会开放，为货主提供仓储、保管、包装服务，代理货主销售、运输所仓储的货物，并在货运场站内进行各种装卸搬运作业，以利于货物的集、疏、运。

4. 多式联运和运输代理功能

货运站除从事道路货物运输外，还应与其他运输方式开展联合运输，充分发挥各种运输方式的特点和优势，逐步完善综合运输体系。货运站应通过交通信息中心和自身的信息系统，与其他运输方式建立密切的货物联运关系，协调开展联合运输业务。运输代理是指货运站为其服务区域内的各有关单位或个体，代办各种货物运输业务，为货主和车主提供双向服务，选择最佳运输线路，合理组织多式联运，实行"一次承运，全程负责"，达到方便货主，提高社会效益和经济效益的目的。

5. 通信信息功能

建立通信信息中心，通过计算机及现代通信设施，使货运站与本地区有关单位，乃至与周围省、市，以及与全国各省、市、区的货运场站形成信息网络，从而获取和运用有关信息，进行货物跟踪、仓库管理、运输付款通知、运费核算、托运与承运事务处理和运输信息交换等。通过网络系统，使货运站与港口、码头等交通设施有机联系，相互衔接，实现联网运输与综合运输。同时面向社会提供货源、运力、货流信息和车、货配载信息等服务。

6. 综合服务功能

货运站除开展正常的货运生产外，还可提供与运输生产有关的服务。如为货主代办报关、报检、保险等业务；提供商情信息等服务；开展商品的包装、加工、展示等服务；代货主办理货物的销售、运输、结算等服务。另外，还可为货运车辆提供停放、清洗、加油、检测和维修服务；为货主和司机等人员提供食、宿、娱乐服务等。

家住上海市的某夫妇从事家禽蛋鸡养殖，养殖的蛋鸡产的蛋主要销往江苏省南京市等地，某年中秋过后，该夫妇将价值约20万元的鸡蛋交由某运输公司运输至南京市交给客户，本次运输，该运输公司选择了道路运输。途中经过一条双向八车道，全长274km的道路，从上海到南京只需两个多小时。

请查阅沪宁道路相关资料，回答以下问题：

该段道路的名称是什么？属于什么等级？道路设计交通量和控制方式是什么？

技能练习

单元3 道路整车货物运输组织

一、整车货物运输概念和特点

（一）整车货物运输概念

根据道路货物运输的规定，按整车办理承托手续、组织运送和计费的货物为整车货物运输。需要注意的是以下货物必须按整车运输：

①需要用专车运输的货物，如石油等危险货物、粮食等散装货物。
②易于污染其他货物的不洁货物，如黑墨、垃圾等。
③鲜活货物，如冻肉、冻鱼、鲜鱼，活的牛、羊、猪、兔、蜜蜂等。
④不易于计数的散装货物，如矿砂、矿石等。
⑤一件质量超过2t、体积超过3m^3、长度超过9m的货物。

（二）整车货物运输特点

1. 货源相对单一，特殊货物需要押运

一般情况下，托运人整车（批）托运的同一类且运往同一个收货点的货物，或者是部分货物如活的动植物和贵重物品的运输等需要押运。

2. 运输过程中出现差错的可能性小

整车货物运输途中没有或很少有装卸搬运、入库储存等中间环节，送达时间短，货物损坏、丢失的概率大为降低，货运集散成本也较低。

3. 运输组织工作较简单，运费较低

整车货物运输的组织工作，主要有货源组织与计划、车型选择、装货、开单、运输、目的地卸货、交接等几个环节。在组织过程中，只要在装货点和卸货点交接清楚即可，有时甚至仅由驾驶员一人就可以完成整个运输过程。相比之下，整车货物运输成本要比零担运输成本低。

二、整车货物运输的作业流程

道路整车货物运输作业流程包括托运与承运、验收货物、调度车辆、货物监装、货物运输（押运）、运输结算与统计和货物交付七个环节,见图 2-13。当发生货损、货差时,需要进行道路运输货物事故处理。

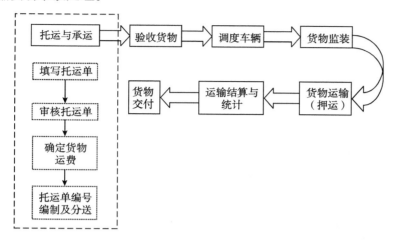

图 2-13　道路整车货物运输作业流程

(一) 托运与承运

在道路整车货物运输中,货物托运人向道路运输部门提出运送货物的要求,这个过程称为托运。道路运输部门根据托运人的需求,接受货物运输的行为,称为受理,也称承运。基本工作流程见图 2-13。

1. 道路整车货物运单填写

托运人根据承运人的资质、业务往来、信用记录等选择合适的承运人后,托运人填写道路货物托运单,见表 2-2。填写托运单时,托运人、收货人、相关人员联系方式、装货地址、卸货地址等信息要填写详细。货物名称、包装、件数、体积、件重等货物属性信息要填写准确。

2. 审核托运单

道路运输部门收到托运人运输委托后,应该检查并确定货物相关情况。具体审核内容如下:

(1) 货物包装

为了保证货物在运输过程中的完好和便于装卸,发货人在托运货物之前,应按照《水路、公路运输货物包装基本要求》(JT/T 385—2008)等有关规定进行包装。道路运输部门对发货人托运的货物,应认真检查其包装情况,发现货物包装不符合要求时,应建议并督促发货人按有关规定改变其货物的包装,然后再进行运输。

(2) 货物的详细信息名称、体积、质量等具体情况

货物有实重货物与轻泡货物之分。平均每立方米质量不足 333kg 的货物为轻泡货物,否则为实重货物。不同种类货物计算方式不同。

学习笔记

(3) 有关运输凭证

审核有无特殊要求，如运输期限、押运人数或托运方议定的有关事项。

3. 确定货物运费

整车货物运费计算公式是：

整批货物运费 = 整批货物运价 × 计费里程 × 计费质量 + 吨次费 × 计费质量

①整批货物运价：指整批普通货物在等级道路上运输的每吨公里运价。

②确定计费里程：货物运输计费里程以 km 为单位，尾数不足 1km 的，四舍五入。货物运输的营运道路里程按交通运输部核定颁发的《中国道路营运里程图集》确定。《中国道路营运里程图集》未核定的里程，由承、托运双方共同测定或者经协商按车辆实际运行里程计算。货物运输的计费里程按装货地至卸货地的营运里程计算。城市市区里程按照实际里程计算，或者按照当地交通运输主管部门确定的市区平均营运里程计算，具体由各省、自治区、直辖市交通运输主管部门确定。

③吨次费：对整批货物运输在核算运费的同时，按货物质量加收吨次费。

④计费质量：整批货物运输以吨为单位。整批货物吨以下计至 100kg，位数不足 100kg 的，四舍五入。如 6538kg 货物，计费质量为 6.5t。装运整批轻泡货物的高度、长度、宽度，以不超过有关道路交通安全规定为限度，按车辆核定载质量计算质量。散装货物，如砖、瓦、砂、石、矿石、木材等，按质量计算或者按体积折算。

例题 ☞

长沙南湖建材批发市场张某托运一批瓷砖，重 6538kg（按照整车运输），承运人公布的一级普货费率为 1.2 元/t·km，吨次费为 16 元/t，该批货物运输距离为 360km，瓷砖为普货三级计价加成 30%，途中通行收费 145 元。请核算货主应支付的运费。列出运算公式，写出运算步骤和运算结果。

解： 6538kg = 6.5 吨　吨次费：16 元/t　运输距离：360km

运价：1.2 ×（1 + 30%）= 1.56 元

公式：整批货物运费 = 吨次费 × 计费质量 + 整批货物运价 × 计费质量 × 计费里程 + 附加费和代收费 = 16 × 6.5 + 1.56 × 360 × 6.5 + 145 = 3899.4 元

答： 货主应支付 3899.4 元的运费。

4. 托运单编号编制及分送

托运单认定后，编制托运单的号码，并将结算通知交托运人（货主）。托运单的编号由道路运输企业自行编制。托运单编号便于整车货物运输单证管理和运费核算。

（二）验收货物

验货内容包括：托运单上的货物是否已处于待运状态、货物的包装是否符合运输要求、货物的数量准确与否、发运日期有无变更、装卸场地的机械设备和通行能力是否充足、运输路线畅通情况等，连续运输的货物是否准备充足。

（三）车辆调度

道路运输企业在接收到发货信息后，由调度员安排适宜车辆到发货地点装运货物，按照车辆的流程调派车辆。

1. 调度员工作职责

调度员工作十分重要，良好的调度可以全面平衡运力、运量以及优化车辆组织，从而减少道路运输企业成本。调度员具体职责包括：

①科学合理调配车辆，分配停车场或车辆的使用以及司机的作业，以完成载货任务。

②根据车辆运行状态和技术状况，动态调度车辆，对特殊运输情况进行临时调整，提高车辆运用水平。

③记录各车辆在途信息。

④与客户进行有关货物特征的交流。

⑤经济合理地使用运能，保证重点，安全、迅速、准确和便利地输送货物。

⑥督促检查运输计划执行的情况，发现问题，及时解决。

⑦汇总货物运输的有关资料。

⑧通过 GPS 或者北斗系统等定位导航系统对运输车辆进行追踪与服务。

2. 调度流程

调度流程包括发布调度命令、登记调度命令、交付调度命令等，见图 2-14。

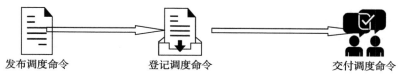

图 2-14 整车货物车辆调度流程

(1) 发布调度命令

指挥汽车运行的命令和口头指示。在信息化的社会里发布调度命令，多数是在填写调度命令后，通过电话（手机）联系落实，汽车的加开、停运、折返、变更线路及车辆甩挂的命令，由调度员发布。调度指令应保留1年纸质记录，见表2-6。登记调度命令：调度命令必须直接发布给司机。

调 度 指 令 记 录　　　　　表2-6

发令时间	发令人	监护人	受令人		指令内容	完成时间	备注
			单位	姓名			

(2) 交付调度命令

调度员在向司机发布调度命令时，如果司机不在，应发给所属车队班组负责转达，并且认真执行确认和回执制度。

（四）货物监装

车辆到达装货地点，监装人员应根据运单填写的内容、数量与发货单位联系交货办法，保证货物完好无损和计量准确，核对无误后进行装车。装车完毕后，应清查货物，检查有无错装、漏装，并与发货人员核实实际装车的件数，确认无误后，办理交接签收手续。

（五）货物运输

货物装车后，即可出发。驾驶人员应及时做好货运途中的行车检查，既要保持货物完好无损、无漏失，又要保持车辆技术状况完好。

在货物起运前后如遇特殊原因托运方或承运方需要变更运输时，应及时由承运和托运双方协商处理，填制"汽车运输变更申请书"，见表2-7，所发生的变更费用，需按有关规定处理。

汽车运输变更申请书　　　　　表2-7

原运单号码	
提出日期	
受理变更序号	
变更事项及原运单记载事项	
托运人记事及特约事项	
承运人记事及特约事项	

申请变更人名称：　　　　　　经办人：

电话：　　　　　　　　　　　地址：

托运人在货物起运前，或是在合同约定的期限内，需变更运输货物的名称、数量、起讫地点、运输时间、收发货人时，可通过电话、网络等多种方式向承运人提出申请。但是，货物起运后，在可能的条件下，只允许变更货物到达地或收货人。

如承运人要求变更运输日期、车辆种类和运行路线的，应及时通知托运人并协商一致。

有部分货物整车运输是需要押运的。货物押运是指在运输货物过程中，为了保证货物完好，对某些性质特殊的货物，如活鱼、家畜等，派人跟随，在运输过程中予以特殊照料与防护。

（六）运输统计与结算

同道路货物运输作业流程。

（七）货物交付

货物运达收货地点，应正确办理交付手续和交付货物。收货人应凭有效单证提（收）货物，无故拒提（收）货物，应赔偿承运人因此造成的损失。收货人不明或者收货人无正当理由拒绝受领货物的，依照《中华人民共和国合同法》的相关规定，承运人可以提存货物。货物交付时，承运人与收货人应当做好交接工作，发现货损货差，由承运人与收货人共同编制货运事故记录，交接双方在货运事故记录上，签字确认。货物交接时承托双方对货物的质量和内容有质疑均可提出查验与复磅，查验和复磅的费用由责任方负担。

某年9月5日，长虹公司业务员找到了B物流公司，要求托运一批设备，重7t，体积为5m×2m×2m，从济南运往青岛，运距为375km，其托运的货物种类、数量、流向及相关要求见表2-8。

托运的货物相关要求汇总表　　　　表2-8

托运人	收货人	货物品名、数量	要　　　求	起点—终点	运输方式
A公司	C公司	设备7t	以最经济的办法，尽快送达	济南运往青岛	

本案例中，长虹公司为托运人，B公司为承运人。承运人负责组织汽车将7t设备（需要整辆车）从济南运往青岛。已知该批货物为贵重货物，计价加成60%，整车货物运价为0.27元/(t·km)，吨次费为3元/t。

思考：承运方应选择何种运输组织方式？核算该批货物运费。

学习笔记

单元4　道路零担货物运输组织

一、道路零担货物运输概念

道路零担货物运输，是按零散货物办理承托手续、组织运送和计费的货物运输。各类危险货物，易破损、易污染和鲜活货物，一般不能作为零担货物办理托运。

道路零担货物运输是集零为整、站到站或市场到市场的一种运输方式，一辆零担货运汽车可以同时载有几十家甚至上百家的零星货物，既可直达运送又可沿途停靠分送，非常适宜城市间、城市与农村集镇间的多品种、小批量货物长短途运输，并能开展与其他不同运输方式间的联合运输。

二、道路零担货物运输的特点和分类

（一）零担货物运输特点

1. 优点

①灵活方便，适应商品经济发展的需要。不仅具有以车就货、穿街走巷、取货上门、送货到家、手续简便的灵活性，而且经营方式灵活多样，可以托运多至吨、少至千克，一次托运，一次收费，全程负责，一车多主，集零为整，运送及时，方便生产生活，能有效地缩短货物送达时间，加速资金周转等，能较好地满足千家万户的需求，促进商品经济的发展。

②运输安全、迅速、经济。零担货车一般会有零担专用车厢，具有防淋、防晒、防火、防盗、防尘的"五防"性能；商务作业也是专人专职专责，运送是定车定人，商务事故少，安全系数高。零担货班班期短，周转快，货源增加可以随时加班；农村集市贸易，时令鲜货还可以自行集组货源，调用不定期零担货车。通常，汽车零担的运转速度较铁路、水路更快捷。

③有利于建立货运网络，实现货畅其流。道路零担运输为建立四通八达的货运网络，提升物流速度，打下了良好的基础。

④有利于提高运输工具效率，节约运力与能源。零担运输的货源、车辆、人员相对稳定，往返配载概率大，有利于提高车辆运用效率，降低行车消耗，提高经济效益。

道路零担货物运输作为道路货运的一种主要运输方式,为搞活经济、促进城乡物资交流、满足人民物质文化生活的需求以及为增加道路收入发挥着重要作用。

2. 缺点

①货源不确定,随机性强。零担货物运输的货物流量、货物数量、货物流向具不确定性,特别是不同地区产品的差异性、价格的差异性等原因,加之受季节性影响和国家政府部门的宏观政策影响而具有一定随机性,难以通过运输合同方式将其纳入计划管理范围。

②组织工作复杂。零担货物运输的货物品种多样,规格不一,作业工艺细致,从办理托运手续、验货、入库保管到组织装运等作业环节多、作业程序复杂,对货物配载和装载要求也相对较高,比整车货物运输要求更为细致。因此,零担货物运输作业的主要执行者——货运站,完成零担货物质量的确认,货物的积配载等大量的业务组织工作要相对复杂。

③单位运输成本较高。为了适应零担货物运输的要求,货运站要配备一定的仓库、货栈、站台以及相应的装卸、搬运、堆置的机具和专用箱式车;同时,在承运、保管、组织方面的手续复杂,占用人力、物力和财力较多。此外,相对于整车货物运输而言,零担货物周转环节多,更易于出现货损、货差,赔偿费用相对较高,因此零担货物运输成本较高。

(二)道路零担货物运输分类

1. 根据零担货物的性质分类

根据零担货物的性质分为普通零担货物、笨重零担货物和危险零担货物三种。

普通零担货物指普通成件包装,无危险性或危险性极小的,并容易和其他货物拼装,件重、体积、长度均不足整车装运。

笨重零担货物指一件货物质量超过1t,体积大于$2m^3$或长度在5m以上,其性质适宜用敞车装运和吊装吊卸的货物。

危险零担货物指在运输过程中,具有易燃爆炸、腐蚀、毒害和放射性等特性,并能按零担办理的危险货物。

2. 根据运输车辆发送时间不同分类

道路零担货物运输车辆按照发送时间的不同可分为固定式和非固定式。

(1) 固定式零担车

通常称为汽车零担货运班车,这种一般是以营运范围内零担货物流量、流向,以及货主的实际要求为基础组织运行。运输车辆主要以厢式车为主,实行定车、定期、定线、定时运行。零担货运班车主要采取以下三种方式运行:

①直达式零担班车运输,在起运站将各个发货人托运到同一站点,并且性质允许配装的零担货物,同车装运后直接送达目的地,见图2-15。

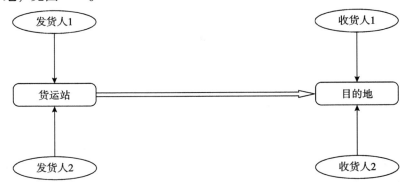

图2-15 直达式零担班车运输

②中转式零担班车运输,指在起运站将各个发货人托运的同一线路、不同到达站,但性质允许配装的各种零担货物,同车装运至规定中转站,卸货后复装,重新组成新的零担班车运往目的地,见图2-16。

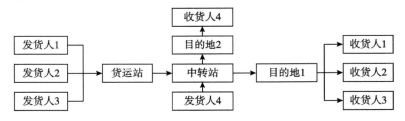

图2-16 中转式零担班车运输

货物中转有如下三种方法。

落地法:将到达车辆上货物全部卸下入库,再按照方向或到达站在货位上重新集结,再重新配装。

坐车法:将到达车辆上运往前面同一站,且中转数量较多或装卸困难的核心货物留在车上,将其余卸下再加装一同到站的其他货物。

过车法:当几辆车同时在到达站进行中转作业时,将车内部分中转货物由一辆车直接换装到另一辆车上。

③沿途式零担班车运输,指在起运站将各个发货人托运的同一线路、不同到达站,但性质允许配装的各种零担货物,同车装卸后,在沿途各计划停靠站卸下或装上零担货物继续前进,直至最后终点站,见图2-17。

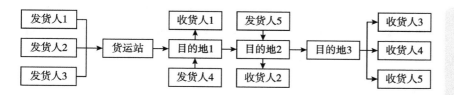

图 2-17 沿途零担班车运输

（2）非固定式零担车

指按照零担货流的具体情况，临时组织而成的一种零担车，通常在新开辟的零担货运线路或季节性零担货运线路上使用。

三、道路零担货运企业的组织方式

道路零担货运企业的组织方式有三种：联运协作型、资本控制型以及单个线路型。

（一）联运协作型

指联运企业间通过横向（提供合同服务）及纵向（通过协议）联合形成的协作型企业群体，可以使零担快运货物集零为整，提高车辆生产效率，降低共同的成本。

（二）资本控制型

指通过资本控股，由几家企业共同投资某一道路零担快运企业，共同对经营负责，并取得相应的收益。

（三）单个线路型

这种类型一般由个体业户投资，承担起讫地之间快速货运专线。其他形式还包括国有控股道路零担快运公司，隶属于长途汽车站的客车捎载快运货物，或第三方物流企业开设的零担快运班线等。

四、道路零担货物运输的基本作业流程

零担货运的基本流程由货物受理、发货站装卸分拣作业、干线货物运输、收货站装卸分拣作业、货物送达五个环节构成。它与整车运输方式相比，呈现出运输两端货物的多品种少批量，信息处理繁杂的特点。它与邮政快递包裹企业相比，具有单件货物体积质量相对较大，单件货物所能承担的运资费率较低等特点。

道路零担货运企业的业务运作模式主要分为集货流程与配货流程两部分,见图 2-18,虚线左边部分为集货流程,右边部分为配货流程,也就是说在干线运输两端分别存在一个集货与配送的环节。

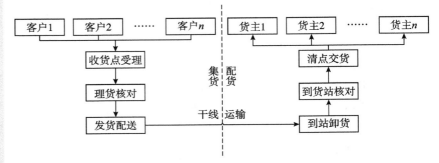

图 2-18　道路零担货运企业采取的业务运作流程

(一)货物受理

托运人将所托运的货物种类、运量、体积以及运输要求等信息通知货运站或受理点,货运站或受理点在接到货运服务要求后,派出取货车辆上门受理,完成取货业务手续。货物受理包括托运单填写、检货司磅与起票、验收入库、开票收费、配载装车等作业环节。托运单填写参照整车货物运输。

零担货物受理人员在收到托运单后,审核托运单填写内容与货物实际情况是否相符,检查包装,过磅量方,扣、贴标签和标志。检查步骤见图 2-19。

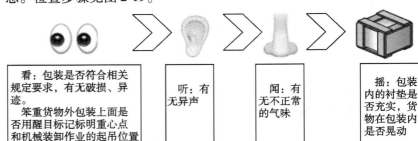

图 2-19　零担货物受理检查步骤

受理货物后受理人员应及时验货过磅,并将质量或体积填入托运单内,按托运单编号填写标签及有关标志,填写零担货物运输货票,收取运杂费。一张托运单的货物分批量方时,应将每批质量和长、宽、高体积尺寸记在托运单内,以备查验。将总质量和总体积填入托运单并告知货主。零担货物过磅后,司磅、收货方应在托运单上签字证明并指定货位将货物搬入仓库,然后在托运单上签注货位号,加盖承运日期戳,将托运单留存一份备查,另一份交还货主向财务核算付款开票。

零担标签、标志，见表2-9。零担标签、标志是建立货物本身与其运输票据间的联系，是标明货物性质，也是理货、装卸、中转、交付货物的重要识别凭证。标签的各栏必须认真详细填写，在每件货物的两端或正、侧两面明显处各扣（贴）一张。

道路汽车行李、包裹零担标签示例　　　　表2-9

车次	
起站	
到站	
运单号	
总件数	
年　月　日	

零担货物验收入库是车站对货物履行责任运输、保管的开始。验收入库必须做到：凡未办理托运手续的货物，一律不准进入仓库；认真核对运单、货物，照单验收入库；货物必须按流向堆码在指定的货位上；一批货物不要堆放两处，库内要做到层次分明，留有通道，互不搭肩，标签向外，箭头向上；露天堆放的货物要注意下垫上盖；不可将有碍货物安全的物品堆放在仓库周围，保持仓库内外整洁；货物在仓库待运期间，进行检视核对，以票对货、票票不漏。

零担货物运输的开票收费作业，是在零担货物托运收货后，根据司磅人员和仓库保管人员签字的零担货物托运单进行的。道路汽车零担运输货票见表2-10。

道路汽车零担运输货票示例　　　　表2-10

起点站		中转站		到达站		千米		备注	
托运人				详细地点					
收货人				详细地点					
货名	包装	件数	体积（m³）			实际质量	计费质量	每百千克运价	小计
			长(m)	宽(m)	高(m)				
合计金额（大写）：									
备注						托运人签盖章			

车站：　　填票人：　　复核人：　　经办人：　　时间：　年　月　日

零担货物装车是起运的开始。装车准备工作包括：

①按车辆容积、载重和货物的形状、性质进行合理配载，填制配装单和货物交接清单。填单时应按货物先远后近、先重后轻、先大后小、先方后圆的顺序进行，以便按单顺次装车，对不同到达站和中转站的货物要分单填制；

②将整理后的各种随货单证分别附于交接清单后面，见表2-11；

③按单核对货物堆放位置，做好装车标记。

（二）发货站装卸分拣作业

货运站汇集并查验所收到的货物，利用站内的装卸分拣设施，按照货物的流向进行分拣处理，并将货物装入干线运输车辆。装车发运应遵循的原则：急件先运、先托先运、合同先运；尽量采用直达式，如必须中转，则合理安排流量；充分利用载货量和容积；加强预报中途各站的待运量，尽可能地使用同站装卸的货物在质量和体积上相适应。

（三）干线货物运输

干线运输车辆装载货物后，按规定营运线路、班次安排按期发车，将货物由发货站运到收货站。

（四）收货站装卸分拣作业

收货站接到干线运输车辆送达的货物后，查验货物，并利用站内装卸和分拣设备设施，按照货物的分类区域进行分拣处理。检验货物情况，无异常在交接单上签字盖章。其他问题及处理：有单无货，双方签注情况后，在单上注明，将原单返回；有货无单，确认货物到站后，由仓库人员签发收货清单，双方盖章，清单寄回起运地；货物到站错误，将货物原车返回；货物短缺、破坏、受潮、污染、腐烂时，双方共同签字确认，填写事故清单。

（五）货物送达

货物到达（入库）后，按照对应的配送区域将货物送到收货人手中。收货点受理的业务处理方式主要采用上门提货的业务形式，也就是所谓"门到门"服务。收货人收到货应在提货单上加盖印章，到达站交付货物后也应在提货单上加盖"货物付讫"戳记，以备存查。

××物流公司汽车零担货物交接清单

表2-11

本次	起运站												车号（自编号）			司机（随车理货员）				备注
	到达站																			
	里程												车属单位							
序号	受理站	中转站	终点站	运单号	货票号	托运单位	收货单位	货物名称	货物类别	包装	件数	质量（kg）		备注
												实际质量	计费质量	
1														
2														
3														
4														
5														
6														
7														
8														
9														
10														
11														
12														
13														
14														
合计					票						件			

制单：　　　　　　　　到站：　　　　　　　　收货人：

起运站发货人：　　　　　年　月　日　　　　　　年　月　日

说明：零担货物交接清单一式四联；第一联起运站存；第二联报核；第三联运费结算随车同行，到达站收货人签收后财务结算依据；第四联到达站存查。

若遇有货物短损、标签脱落的，经双方清点（有的复磅），做好记录，由责任方赔偿；有标签脱落的货物必须慎重查明，方可交付；若提货单丢失，收货人应及时联系到达站挂失。经确认后，可凭有效证件提货，若挂失前货物已被他人持单领走，到达站配合查找，但是不负责赔偿；"到货通知"发出一个月内无人领取货物或收货人拒收，到达站应向起运站发出"货物无法交付通知书"。

根据发货人、收货人和货运站（承运方）的关系及业务先后顺序，道路零担货物运输的业务基本流程见图2-20。

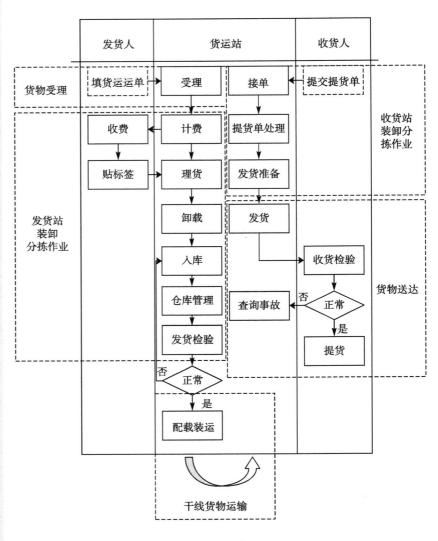

图2-20 道路零担货运的基本业务流程

某年5月24日，发货人陈某委托CX运输公司托运一批货物，从J市某仓库到L市某仓库。托运单编号：xb87654421。双方约定于同年5月26日上午装运，并在同年5月26日下午运达L市某仓库，里程共计30km。货物储存于J市某仓库。

请根据表2-12所列回答以下问题：
1. 货物包括哪几种货物？每种货物有多少件？
2. 从J市到L市计费里程是多少公里？
3. 货物的包装形式是什么？
4. CX运输公司，在货物受理时包含哪些检查步骤？

技能练习

托 运 单 证　　　　　表2-12

货物名称及规格	包装形式	体积 长×宽×高 (cm³)	件数	实际质量 (t)	计费质量 (t)	计费里程 (km)	运价率 (元/吨公里)	运费 (元)
康师傅方便面	纸箱	62×35×30	100	1.5	2.2	30	2.0	132
娃哈哈矿泉水	纸箱	35×35×25	50	0.9	0.9	30	2.0	54
合计			150	2.4	3.1			186

货物名称及规格	包装形式	站务费 (元)	装车费 (元)	中转费 (元)	仓理费 (元)	路桥费 (元)	保险、保价费 (元)	货位
康师傅方便面	纸箱		110					
娃哈哈矿泉水	纸箱		45					
合计			155					

单元5　道路货物运输单证管理与运费核算

一、道路整车货物运输单证管理与运费核算

道路整车货物运输单证管理与运费核算相关内容见单元3（二、道路整车货物运输作业流程）。

二、道路零担货物运输单证管理与运费核算

（一）道路零担货物运输单证管理

1. 零担货物托运单

货物托运单是承、托双方订立的运输合同或运输合同的证明，其明确规定了货物承运期间双方的权利、责任。

学习笔记

零担货物托运单见表2-13。填写托运单时一式两份,第一联作受理存根,第二联作托运回执。由托运人本人或代理人填写。

道路零担货物托运单　　　　　表2-13

起运站		到达站		托运日期	年　月　日
托运人		详细地址		电话	
收货人		详细地址		电话	
货物名称	包装	件数（件）		单位质量（kg）	实际质量（kg）
合计					
计费质量（kg）					
托运人注意事项					
1. 托运单一式两份; 2. 托运货物必须包装好,捆扎牢固; 3. 不得瞒报货物名称,否则运输过程中发生一切损失,均由托运人负责赔偿; 4. 托运货物不得夹带易燃危险物; 5. 以上各栏,由托运人详细填写					
发运日期	年　月　日		到达日期		年　月　日
理货验收员			托运人		

托运人应按以下要求填写运单:

①准确表明托运人和收货人的名称（姓名）和地址（住所）、电话、邮政编码;

②准确表明货物的名称、性质、件数、质量、体积以及包装方式;

③准确表明运单中的其他有关事项;

④一张运单托运的货物,必须是同一托运人、收货人;

⑤危险货物与普通货物以及性质相互抵触的货物不能用同一张运单;

⑥托运人要求自行装卸的货物,经承运人确认后,在运单内注明;

⑦纸质单据,应使用钢笔或圆珠笔填写,字迹清楚,内容准确,需要更改时,必须在更改处签字盖章;

⑧承运方对托运人填写的托运单须认真审核,审核托运单的要求是:检查核对托运单的各栏有无涂改,对涂改不清的应重新填写;审核到站与收货人地址是否相符,以免误运;

⑨对货物品名和属性进行鉴别,注意区别普通和笨重零担货物,普通物品与危险品的办理;

⑩对一批货物多种包装的应认真核对，详细记载，以免错提错交；

⑪对托运人在声明事项栏的内容应特别注意，货主要求是否符合有关规定，能否承担。

2. 零担货物到货登记表

零担货物的到达作业，与整车货物的到达作业基本相同，只是作业地点是在零担货物站台或仓库，卸车时要按批清点，堆放时也要按批堆放，以免发生错误，并便于交付。对于两站整装零担车，当到达第一到站时，对其中到达本站的货物，按零担货物的到达作业办理；同时，还要加装由本站发送或经本站中转，到达第二到站或经第二到站中转的货物，以免浪费车辆的载重和容积。零担货物到达货运站时，需要填写零担货物登记表，见表2-14。

零担货物到货登记表　　　　　　　　　表2-14

到站时间				本站站名			
始发站			驾驶员			是否中转	
货物编号	货物名称		包装	件数（件）	总质量（kg）		是否损坏
合计							

填写人：　　　　　复核人：　　　　　　　年　　月　　日

（二）道路零担货物运输运费核算

零担货物运费计算公式为：零担货物运费 = 计费质量 × 计费里程 × 零担货物运价 + 货物运输其他费用。

1. 零担货物运价

指在普通货物运价基础上，按货物的种类或等级增加或者减少。

2. 确定计费里程

零担运输确定计费里程与整车货物运输计算方式一致。

3. 计费质量

零担货物的起码计费质量是1kg。重量在1kg以上，位数不足1kg的，四舍五入。轻泡货物的计费质量计算方式与整车货物一致，但起码计费质量是1kg。质量在1kg以上，位数不足1kg的，四舍五入。

4. 其他费用

其他费用包括渡费、标签费、标志费、联运服务费、包装费、中转包干费、装卸费、退票费、保管费、快件费、保价（保险）费等。

例题☞

某商人托运两箱毛绒玩具,每箱规格为 1.0m×0.8m×0.8m,毛重210.3kg,该货物运费率为0.0025元/kg·km,运输距离120km,货物按照零担货物运输。(轻泡货物质量确定:按每立方米折合333kg计算质量。零担货物起码计费质量为1kg。重量在1kg以上,尾数不足1kg的,四舍五入)。请核算货主应支付的运费,列出运算方法或运算公式,写出运算步骤和运算结果。

解:运费率0.0025元/kg·km;运距120km

毛重:210.3kg;体积质量:1.0m×0.8m×0.8m×333kg/m^3 = 213.12(kg)

因为213.12>210.3,故货物是轻泡货物,选用体积质量计算。

公式:零担货物运费=零担货物运价×计费质量×计费里程+其他费用

0.0025×213×2×120=127.8(元)

答:货主应支付127.8元运费。

三、道路集装箱货运单证管理与运费核算

(一)道路集装箱货运单证

道路集装箱运输可作为集装箱多式联运的一部分,但其运输单证与多式联运单证不同。多式联运单证的发货人和收货人一般为实际发货人和收货人,承运人为多式联运经营人;而道路集装箱运输单证的发货人和收货人一般为多式联运经营人起运地和目的地(中转地)的代理人,承运人一般为道路运输实际承运人。集装箱基本知识将在单元7详述。

(二)道路集装箱运费核算

集装箱运费包括基本费、代收费和附加费。

集装箱运费计算公式为:重(空)集装箱运费=重(空)箱运价×计费箱数×计费单程+箱次费×计费箱数+货物运输其他费用。

1. 集装箱运价

集装箱运价是指运用集装箱运输货物时所规定的运价。集装箱运价一般有单独制定的集装箱运价和以整车或零担为基础计算的集装箱运价两种形式。集装箱运输价格一般低于零担运价,高于整车运价。

运价计算是以重箱为计价基础。

单程重箱：按各省、自治区、直辖市制定的集装箱汽车运输基本运价计算。

双程重箱：同一托运人托运去程和回程重箱时；回程对流运输的重箱运价，按基本运价减成20%；提供不属同一托运人的回程重箱，对各托运人均按对流运输部分的基本运价减成10%。

一程重（空）箱，一程空（重）箱：同一托运人托运重箱去，同时空箱回，或空箱去同时重箱回的，按一程重箱计费，遇有空箱运输里程超过重箱运输里程的非对流运输部分按重箱运价计算。

单程空箱：按基本运价收费。

双程空箱：同一托运人托运的双程空箱，其中较长一程的空箱按单程重箱计算，另一程捎运的空箱免收运费。

2. 箱次费

全国统一的箱次费标准：20ft 标准箱：15元/箱次；40ft 标准箱：25元/箱次。各省、自治区、直辖市交通主管部门，根据当地实际情况在全国统一的箱次费标准基础上，20%上下幅度内，制定本地区箱次费费率。

3. 代收费和附加费

道路集装箱运输的代收费和附加费与整车货物运输相似。

国际集装箱汽车运输费收规则、国内集装箱汽车运输费收规则

一批贵重货物，重2000t，长5m，高2m，宽2m，从L市运往Q市，计价里程为375km，零担货物运价为0.002元/kg·km。试计算其运费。与用5吨的整车运输相比哪个更加划算？（假设整车货物运价为0.27元/t·km，吨次费为3元/t。）

一、填空题

1. 在我国，道路按照技术等级分类，通常分为五个等级，即_____、_____、_____、_____、_____。

2. 道路整车货物运输作业流程包括_____、_____、_____、_____、_____、_____、_____七个环节。

3. 道路零担货运企业的组织方式有三种：_____、_____、_____。

二、单项选择题

1. （   ）也称汽车运输列车化，它是以汽车列车形式参加生产活动的一种运行方式。一般可分为定挂运输和甩挂运输两种。

  A. 甩挂运输　　　　　　　B. 拖挂运输
  C. 双班运输　　　　　　　D. 整车运输

2. （   ）是指联运企业间通过横向（提供合同服务）及纵向（通过协议）联合形成的协作型企业群体，可以使零担快运货物集零为整，提高车辆生产效率，降低共同的成本。

  A. 联运协作型　　　　　　B. 资本控制型
  C. 单个线路型　　　　　　D. 联运衔接型

3. （   ）是指具有全国性政治、经济意义的主要干线道路，包括重要的国际道路，国防道路，连接首都与各省、自治区、直辖市首府的道路，连接各大经济中心、港站枢纽、商品生产基地和战略要地的道路。

  A. 国道　　　B. 省道　　　C. 乡道　　　D. 县道

4. （   ）是承、托双方订立的运输合同或运输合同的证明，其明确规定了货物承运期间双方的权利、责任。

  A. 货物保险单证　　　　　　B. 货物托运单
  C. 零担货物到货登记表　　　D. 货物费用单证

三、多项选择题

1. 道路运输特点包括（   ）。

  A. 机动灵活　　　　　　　B. 可以实现"门到门"运输
  C. 适宜长途运输　　　　　D. 能源消耗大

2. 在我国，通常把道路分为5个等级，分别是高速道路、一级道路、（   ）。

  A. 二级道路　　　　　　　B. 三级道路
  C. 四级道路　　　　　　　D. 等外道路

3. 道路特种货物运输可分（   ）和贵重货物运输等。

  A. 普通清洁货物　　　　　B. 长大、笨重货物运输
  C. 危险货物运输　　　　　D. 鲜活易腐货物运输

4. 道路运输的附加费包括（　　）等。

A. 调车费　　　　　　　　B. 延滞费

C. 道路阻塞停运费　　　　D. 车辆处置费

四、判断题

1. 只有当托运方一次托运货物在3t及3t以上的货物采用道路运输，才是整车货运运输。（　　）

2. 甩挂运输是指当一批货物的质量或容积不够装一车的货物（不够整车运输条件）时，与其他几批甚至上百批货物共享一辆货车的运输方式。（　　）

3. 运输方式一共有5种，其中道路运输是可以实现"门到门"的运输方式。
（　　）

4. 道路整车货物运输作业流程包括托运与承运、验收货物、调度车辆、货物监装、货物运输（押运）、运输结算与统计和货物交付七个环节。（　　）

五、名词解释

道路货物运输；甩挂运输；整车货物运输；快件货物运输；零担货物运输

六、简答题

1. 道路货物托运单在运输中有什么作用？
2. 绘制道路货物运输作业流程图并说明各作业环节的注意事项有哪些？
3. 道路货物运输设施设备主要有哪些？

实训任务

一、实训资料

本次运输的各种货物信息见表2-15。

货 物 信 息　　　　　　表2-15

序号	货品编号	货品名称	规格型号	单位	价格（元/箱）	数量	外包装尺寸（mm×mm×mm）
1	D001	农夫山泉矿泉水	550ml×24	扎	20	200	350×220×220
2	F001	统一干脆面	35g×48	箱	15	200	250×410×130
3	F002	康师傅桶面	119g×12	箱	35	240	390×260×220
4	F002	乐事薯片	(68g×16)×4	箱	150	50	320×230×260
5	D001	汉斯小木屋果啤	620ml×9	扎	25	50	250×250×280
6	S002	联想显示器	4.5kg×1	台	650	100	492×380×148
7	D003	美汁源果粒橙	1.25L×12	箱	27	200	370×300×280
8	D004	康师傅冰红茶	500ml×15	箱	31	200	340×200×220

续上表

序号	货品编号	货品名称	规格型号	单位	价格（元/箱）	数量	外包装尺寸（mm×mm×mm）
9	E005	双汇香肠	45g×60	箱	45	50	330×240×120
10	S001	隔离电风扇	9.5kg×1	台	200	50	500×400×220
11	S003	九阳豆浆机	2.5kg×1	台	250	50	600×300×200
12	W003	六神花露水	255ml×12	箱	56	50	400×200×200
13	F003	金龙鱼玉米油	2.5L×6	箱	120	20	800×600×400

1. 车辆信息

公司可调度车辆有：

货车A型，普通封闭式厢车，内部尺寸规格（m×m×m）：2.5×1.8×1.6，承重<3t

货车B型，普通敞口式货车，内部尺寸规格（m×m×m）：3.9×2.0×1.8，承重<8t

货车C型，保温厢车，内部尺寸规格（m×m×m）：2.5×1.8×1.6，承重<2t

货车D型，普通封闭式厢车，车厢内有缓冲防护层（保护货物免受外部撞击受损），内部尺寸规格（m×m×m）：2.4×1.6×1.4，承重<2t。

2. 货运运费信息

（1）通行费，货物运输需支付的过渡、过路、过桥、过隧道等通行费由托运人负担，承运人代收代付。通行费预收标准，A型车0.3元/车·km，B型车0.5元/车·km，C型车0.3元/车·km，D型车辆0.3元/车·km。

（2）车辆使用附加费，A型车200元/车，B型车500元/车，C型车300元/车，D型车300元/车。

3. 货运信息

（1）通过查询《中国公路营运里程图集》，发货地和收货地之间的运输里程为906.6km。

（2）运输过程，产生一次装货、一次卸货。

（3）运输期间，车辆在指定地点装车，未产生空驶。

（4）货物运输过程中，应保证货物的安全，防止货物受损或变质。

二、实训要求

1. 本案例中选择哪种道路运输方式更适合？
2. 制作托运单并完成填写。
3. 尽可能节省运输费用的情况下，应该选择哪些车型完成运输？

模块三　铁路货物运输

知识目标

1. 掌握铁路货物运输的基本概念。
2. 了解铁路货物运输的技术、设施与设备。
3. 掌握铁路货物运输的业务流程。
4. 了解铁路货物运输相关单证的作用及流转。
5. 掌握铁路货物运输费用计算方法。

能力目标

1. 能根据货物特点选择适合的铁路货物运输方式及车辆。
2. 能画出铁路货物运输业务流程图。
3. 能认识铁路货物运输的相关设备与设施。
4. 能填写铁路货物运输相关单证。
5. 能计算货物运费。

案例导入

中欧班列："一带一路"的中国贡献

2014年，着眼于服务国家"一带一路"倡议，中国铁路总公司结合深化货运组织改革，进一步优化中欧班列运输组织，提高铁路国际联运服务质量，促进了中欧沿线各国间经贸交流发展。

中欧班列将已有的欧亚交通运输干线串了起来。依托新亚欧大陆桥和西伯利亚大陆桥，中欧班列已初步形成西、中、东3条中欧铁路运输通道，拥有五大出入境口岸，并形成了以"渝新欧""郑欧班列""汉新欧""蓉欧快铁"和"长安号"为主体的五大班列运输系统。

铁路部门按照统一品牌标志、统一运输组织、统一全程价格、统一服务标准、统一经营团队、统一协调平台的"六统一"原则，推进"快捷准时、安全稳定、绿色环保"的中欧班列国际物流品牌建设；加强运行组织，确保按图正点运行，全面提升中欧班列运行品质；组建中欧班列专属服务团队，优化完善服务流程，为客户提供信息查询、订制服务，及时受理客户投诉，提升服务质量；简化受理程序，安排专人为客户办理货物国际联运有关单证预审、制单、打单等手续，提供全程物流服务。

中欧班列的常态化运营为中欧之间的物流提供了一条便捷的陆路通道，弥补了海运时间长和空运费用高的不足，已成为拉动我国与欧洲各国经济共同提升的重要方式。

中欧班列推动了中国与亚欧各国的贸易往来。其成本低、时间短、受天气影响小，优势非常明显。以"郑—新—欧"线路为例，该线整合了周边省市的货源，弥补了沿途货物贸易的不足。而从欧洲带回中国的红酒、橄榄油等产品，其售价可以下降15%~20%。同时，长距离、大运量、常态化铁路贸易通道的建立有助于中国市场的拓展和沿途资源的开发。由此，铁路运输的优势是显而易见的。

（资料来源：中国新疆网《中欧班列助推"一带一路"新发展》）

思考

新时代背景下铁路货物运输面临哪些机遇与挑战？

单元1 铁路货物运输概述

铁路运输是综合运输体系中的一部分，在一个地域辽阔、地形复杂的国家，铁路运输具有不可替代的作用。铁路运输具有适应性强、运输能力大、安全性高、运输速度快、能耗小、环境污染小、运输成本低等特点。经济社会的持续发展，将有力地刺激和促进全社会货物运输需求的增长，铁路将继续发挥大宗货物运输的主力作用和跨区域中长距离运输的优势。

一、铁路货物运输概念

铁路货物运输是指货物经由铁路实现有目的变更或位移其空间或场所的运输。即铁路作为承运人接受托运人委托，将货物从始发地经由铁路运至目的地交付给收货人。

学习笔记

"公转铁""公转水"，全国货运系统为何这样大调整？

为推进环境治理，中国计划用三年的时间将货运系统进行一次大规模的调整，调整的范围涉及全国范围内的铁路、公路和水运系统。京津冀、长三角以及汾渭平原被明确圈定为"主战场"。

国务院办公厅印发的《推进运输结构调整三年行动计划

知识链接

(2018—2020年)》（以下简称《三年行动计划》）中，到2020年，全国货物运输结构将呈现明显优化，铁路、水路承担的大宗货物运输量显著提高，港口铁路集疏运量和集装箱多式联运量大幅增长，重点区域运输结构调整取得突破性进展，将京津冀及周边地区打造成为全国运输结构调整示范区。

伴随保卫蓝图行动的推进，针对货运系统的结构调整和治理已经展开，其中，公路转铁路（简称"公转铁"）尤为引人关注。铁路依然是货运结构转型的重中之重。

《三年行动计划》的出台，一是基于打好三大攻坚战中的污染防治攻坚战，二是交通运输系统本身转型升级的需要。铁路、水路的节能减排性能相对更好，运输结构调整、增铁减公是打好污染防治攻坚战的主战场，再者，交通运输点、线、面、体四个层次多年来衔接不畅，例如港口与公路之间、公路与铁路之间等的衔接，很多资源消耗在接合部，这也是需要解决的问题。

在这场业已展开的全国性货运结构大调整中，铁路将取代公路，成为大宗货物运输的最主要方式。

二、铁路货物运输的分类

（一）按运输条件的不同分

铁路货物运输方式按运输条件的不同分普通货物运输和特殊货物运输。

1. 普通货物运输

普通货物运输是指在铁路运送过程中，按一般条件办理的货物运输业务，如煤、粮食、木材、钢材、矿建材料等的货物运输业务。

2. 特殊货物运输

特殊货物运输包括超长/集重/超限货物、危险货物、鲜活货物等需要特殊运输条件的货物运输业务。

（1）阔大货物运输

阔大货物运输包括超长货物、集重货物和超限货物，是一些长度长、重量重、体积大的货物运输业务。

（2）危险货物运输

危险货物运输是指在铁路运输中，凡具有爆炸、易燃、毒蚀、放射性等特性，在运输、装卸和储存保管过程中，容易造成人身伤亡和财产毁损而需要特殊防护的货物运输业务。

(3) 鲜活货物运输

鲜活货物运输是指在铁路运输过程中需要采取制冷、加温、保温、通风、上水等特殊措施，以防止腐烂变质或死亡的货物，以及其他托运人认为须按鲜活货物运输条件办理的货物运输业务。鲜活货物分为易腐货物和活动物两大类。易腐货物主要包括肉、鱼、蛋、奶、鲜水果、鲜蔬菜、鲜活植物等；活动物主要包括禽、畜、蜜蜂、活鱼、鱼苗等。

(4) 灌装货物运输

灌装货物运输是指用铁路罐车运输业务。

(二) 按一批货物的重量、体积、性质、形状分

铁路货物运输方式按一批货物的重量、体积、性质、形状分为整车运输、零担运输和集装箱运输。

"一批"是铁路运输货物的计数单位，铁路承运货物和计算运输费用等均以批为单位。按一批托运的货物，其托运人、收货人、发站、到站和装卸地点必须相同。

对于整车运输来说每车为一批，对于跨装、爬装及使用游车的货物每一车组为一批，对于零担货物或使用集装箱运输的货物，每张货物运单为一批。

由于货物性质、运输方式和要求不同，下列货物不能作为同一批进行运输：易腐货物和非易腐货物；危险货物和非危险货物；根据货物的性质不能混装的货物；投保运输险的货物和未投保运输险的货物；按保价运输的货物和不按保价运输的货物；运输条件不同的货物。

不能按一批运输的货物，在特殊情况下，如不致影响货物安全、运输组织和赔偿责任的确定，经铁路有关部门承认也可按一批运输。

1. 整车货物运输

(1) 定义

凡一批货物的重量、性质、体积、形状需要以1辆或1辆以上货车装运的，均按整车条件运输。托运人托运同一到站的货物数量不足1车而又不能按零担办理时，要求将同一线路上2个或最多不超过3个到站的货物装一车时，按整车分卸办理。货车装车或卸车地点不在公共装卸场所，而在相邻的两个车站站界间的铁路沿线时称为途中作业。装车和卸车地点不跨及两个车站或不越过装

车地点车站的站界，这种运输称为站界内搬运。整车分卸和途中作业只限按整车托运的货物。危险货物不办理站界内搬运和途中作业。

（2）整车运输的条件

①货物的重量与货种。我国现有的货车以棚车、敞车、平车和罐车为主。标记载质量大多为50t和60t，棚车容积在100m³以上，达到这个质量或容积条件的货物，即应按整车运输。

②货物的性质与形状。有些货物，虽然其重量、体积不够一车，但按性质与形状需要单独使用一辆货车时，应按整车运输。如：需要冷藏、保温、加温运输的货物；规定限按整车运输的危险货物；易于污染其他货物的污秽品；蜜蜂；不易计算件数的货物；未装容器的活动物。

（3）整车分卸

整车分卸的目的是为解决托运人运输的数量不足一车而又不能按零担办理的货物运输。这类货物又常是工农业生产中不可缺少的生产资料，为了方便货主，可按整车分卸运输。其条件为：

①运输的货物必须是不得按零担运输的货物，但蜜蜂、使用冷藏车装运需要制冷或保温的货物以及不易计算件数的货物不能按整车分卸办理；

②到站必须是同一径路上两个或三个到站；

③必须在站内卸车；

④在发站装车必须装在同一货车内作为一批运输。

注意：按整车分卸办理的货物，除派有押运人外，托运人必须在每件货物上拴挂标记，分卸站卸车后，对车内货物必须整理，以防偏重或倒塌。

（4）途中装卸以及站内搬运

途中装卸是指在两个货运营业站之间的区间或不办理货运营业的车站所进行的装车或卸车作业。途中装卸货物的发站或到站，是以托运人指定的途中装卸地点后方或前方办理货运营业的车站作为发站或到站。货物的装卸作业均在同一车站内进行的运输，称为站内搬运。

途中装卸以及站内搬运应符合的条件：

①按整车运输的货物；

②必须经货运计划核准；

③只限在铁路局管内办理；

④危险货物不得办理。

（5）准、米轨直通运输

所谓准、米轨直通运输是指使用一份运输票据，跨及准轨（轨距1435mm）与米轨（轨距1000mm）铁路，将货物从发站直接运至到站。

不办理直通运输的货物有鲜活货物及需要冷藏、保温或加温运输的货物；罐装运输的货物；每件重量超过5t（特别商定者除外）、长度超过16m或体积超过米轨装载限界的货物。

2. 零担货物运输

（1）定义

一批货物的质量、体积、性质或形状不需要一辆铁路货车装运（用集装箱装运除外），即属于零担运输，简称为零担。

（2）零担运输的条件

为了便于装卸、交接和保管，有利于提高作业效率和货物安全，除限按整车办理的货物外，一件体积最小不得小于$0.02m^3$（一件重量在10kg以上的除外）、每批件数不超过300件的货物，均可按零担运输办理。

下列货物由于性质特殊或在运输途中需要特殊照料或受到铁路设备条件的限制，尽管数量没有达到整车运输条件，也不能按零担托运：

①需要冷藏、保温或加温运输的货物；

②规定限按整车运输的危险货物；

③易于污染其他货物的污秽品；

④蜜蜂；

⑤不易计算件数的货物；

⑥未装容器的活货物；

⑦一件货物重量超过2t、体积超过$3m^3$或长度超过9m的货物（经发站确认不影响中转站和到站装卸作业的除外）。

（3）零担货物的分类

①普通零担货物。简称普零货物或普零，即按零担办理的普通货物；

②危险零担货物。简称危零货物或危零，即按零担办理的危险货物；

③笨重零担货物。简称笨零货物或笨零，是指：一件重量在1t以上，体积在$2m^3$以上或长度在5m以上，需要以敞车装运的货物；或是货物的性质适宜敞车装运和吊装吊卸的货物；

④零担易腐货物。简称鲜零货物或鲜零，即按零担办理的鲜活易腐货物。

（4）整零车的种类

装运零担货物的车辆称为零担货物车，简称为零担车。零担车的到站必须是两个（普零）或三个（危零或笨零）以内的零担车，称为整装零担车（简称为整零车）。由上述两种分法的组合，则有一站（两站或三站）直达整零车和一站（两站或三站）中转整零车。

危零货物只能直接运至到站，不得经中转站中转。

（5）整零车的组织条件

①一站整零车。车内所装货物不得少于货车标重的或容积的90%。

②两站整零车。第一到站的货物不得少于货车标重的20%或容积的30%，第二到站的货物不得少于货车标重的40%或容积的60%，两个到站必须在同一径路上且距离不得超过250km，但符合下列条件之一可不受距离限制：

第二到站的货物重量达到货车标重的50%或容积的70%；

两个到站为相邻中转站；

第一到站为中转站，装至第二到站的货物符合第一到站的中转范围。

③三站整零车。危零、笨零货物不够条件组织一站或两站整零车时可以组织同一径路上三个到站的整零车，但第一到站与第三到站间的距离使用集装箱装运货物或运输空集装箱的除外。

（6）零担货物的组织原则

零担货物的运输组织工作应贯彻"多装直达、合理中转、巧装满载、安全迅速"的原则。从这一原则出发，凡具备直达整零车条件的货物，应组织直达整零车装运，绝不组织某一中转站中转；不够组织直达整零车条件的，则组织中转整零车装运，且应将货物装运至《全路零担车组织计划》规定的中转站进行中转。

3. 集装箱货物运输

集装箱货物运输将在本教材模块七中进行详细介绍。

（三）快运货物运输

为加速货物运输，提高货物运输质量，适应市场经济的需要，铁路开办了快速货物运输（简称快运），在全路的主要干线上开行了快运货物列车。

托运人按整车、集装箱、零担运输的货物，除不宜按快运办理的煤、焦炭、矿石、矿建等品类的货物外，托运人都可要求铁路按快运办理，经发送铁路局同意并切实做好快运安排，货物即可按快运货物运输。

学习笔记

托运人按快运办理的货物应在"铁路货物运输服务订单"内用红色戳记或红笔注明"快运"字样,经批准后,向车站托运货物时,须提出快运货物运单,车站填写快运货票。

(四) 班列运输

货运五定班列(简称班列)是指铁路开行的发到站间直通,运行线和车次全程不变,发到日期和时间固定,实行以列、组、车或箱为单位报价、包干办法,即定点、定线、定车次、定时、定价的货物列车。班列按其运输内容分为集装箱货物班列、鲜活货物班列、普通货物班列。班列的开行周期实行周历,按每周多少列开行。

中国铁路总公司正在着力提升各班列运行质量和效益,特别是要降低空载率;促进去程、回程均衡运输,大力开发粮食、棉花等回程货物;提高口岸运行效率,开辟新的运输线路,以缓解口岸拥堵问题;加快信息平台建设,在实现国内货运票据电子化基础上,推进与其他国家的信息共享。

知识链接☞

中欧班列线路介绍

中欧班列铺划了西、中、东3条通道运行线:西部通道由我国中西部经阿拉山口(霍尔果斯)出境,中部通道由我国华北地区经二连浩特出境,东部通道由我国东南部沿海地区经满洲里(绥芬河)出境。中欧班列线路运行情况见表3-1。

中欧班列线路运行情况　　　　　　　　　　表3-1

序号	线　路	途　经	里程及运行时间
1	重庆—杜伊斯堡	重庆团结村站始发,阿拉山口出境,途经哈萨克斯坦、俄罗斯、白俄罗斯、波兰	11000km,15天
2	成都—罗兹	成都城厢站始发,阿拉山口出境,途经哈萨克斯坦、俄罗斯、白俄罗斯	9965km,14天
3	郑州—汉堡	郑州圃田站始发,阿拉山口出境,途经哈萨克斯坦、俄罗斯、白俄罗斯、波兰至德国汉堡站	10245km,15天
4	苏州—华沙	苏州始发,满洲里出境,途经俄罗斯、白俄罗斯	11200km,15天
5	武汉—捷克、波兰	武汉吴家山站始发,阿拉山口出境,途经哈萨克斯坦、俄罗斯、白俄罗斯到达波兰、捷克斯洛伐克等国家的相关城市	10700km,15天

续上表

序号	线 路	途 经	里程及运行时间
6	长沙—杜伊斯堡	"一主"为长沙至德国杜伊斯堡，通过新疆阿拉山口出境，途经哈萨克斯坦、俄罗斯、白俄罗斯、波兰、德国；"两辅"一是经新疆霍尔果斯出境，最终抵达乌兹别克斯坦的塔什干；经二连浩特（或满洲里）出境后，到达俄罗斯莫斯科	
7	义乌—马德里	义乌铁路西站出发，阿拉山口口岸出境，途经哈萨克斯坦、俄罗斯、白俄罗斯、波兰、德国、法国、西班牙	13052km，21天
8	哈尔滨—俄罗斯	哈尔滨—俄罗斯	10天
9	哈尔滨—汉堡	经满洲里、俄罗斯贝加尔到赤塔，转入俄西伯利亚大铁路，经俄罗斯的叶卡捷琳堡和莫斯科到波兰的马拉舍维奇	9820km
10	冀欧班列（保定—白俄罗斯明斯克）	保定始发，由满洲里出境，途经俄罗斯	9500km，12~14天
11	西宁—安特卫普	青海省西宁市双寨铁路物流中心发出	12天
12	广州—莫斯科	广州大朗站始发，由经满洲里出境	11500km
13	青岛—莫斯科	青岛多式联运海关监管中心出发，经满洲里口岸出境	7900km，22天，比海运节省约30天
14	长春—汉堡	途经俄罗斯、白俄罗斯、波兰、比利时、德国等欧洲国家的多个城市	12~15天
15	南昌—莫斯科	南昌向塘铁路口岸发出	
16	唐山—比利时	由唐山港京唐港区始发，经北京、呼和浩特、包头、哈密、乌鲁木齐，由阿拉山口口岸出境，途经哈萨克斯坦、俄罗斯、白俄罗斯、波兰、德国	11000km，16天
17	成都—维也纳	穿越亚欧6国	9800km
18	武汉—德国汉堡	湖北襄阳北站运出，阿拉山口出关	12000km
19	内蒙古自治区—伊朗东南部城市巴姆		9000km，15天
20	乌鲁木齐—德国杜伊斯堡	从亚欧大陆桥桥头堡阿拉山口口岸出境，经哈萨克斯坦、俄罗斯、波兰	8000km，10天
21	景德镇—莫斯科	江西景德镇东站发出	—
22	郑州—比利时列日	比利时列日车站驶出，到达郑州	1.1万km

> 📖 知识链接

三、铁路货物运输的发展趋势

随着我国综合运输体系的逐步发展和完善，以多式联运为主要方式的综合运输网络逐步形成。为实现中国铁路货物运输以崭新的业态跨越式发展，铁路货物运输呈现出了集中化、重载化、集装运输、直达化和快速化发展的趋势。

（一）集中化

货运作业集中化是铁路实行集约经营，与其他运输方式开展竞争的有效途径。货运作业集中化的主要做法是重新调整路网布局，封闭运量不足、经营亏损的线路和车站，将货运作业集中到少量技术整备先进，货物装卸和运输能力大，劳动生产率高的大型货运站和技术站上进行，实现规模经营，以利于发展重载运输、集装化运输和直达运输，加速实现铁路货物运输现代化。

（二）重载化

重载运输是以开行超常规的长大列车为主要特征，以提高列车牵引重量为主要标志，充分发挥铁路集中、大宗、长距离、全天候的运输优势，大幅度增加运输能力，提高运输效率和降低运输成本。重载运输是现代世界铁路在大宗、散装货物运输领域所取得的最重要的技术成就，是铁路扩能提效、形成强大的生产能力的有效途径。由于重载运输集中了铁路牵引动力、大型运输车辆、列车制动、多机牵引操纵和遥控、线路结构、站场配置、装卸机械、供电设备和行车指挥自动化等领域的高科技成果，因此成为衡量一个国家铁路技术水平的重要标志。

（三）集装运输

集装运输包括集装箱运输和集装化运输。它是先进的散杂件货物运输方式。对适箱货物采用集装箱运输，对非适箱货物则采用集装化运输。

集装箱和集装化运输都具有方便承运、装卸、搬运和交付，充分利用车辆载重力，加速车辆周转、保证货物运输质量，提高货物运输效率，实现多式联运和门到门运输等一系列优点。是实现铁路货物运输现代化的重要途径。尤其是集装箱运输，已经成为各种运输方式之间乃至国际间办理货物联运的主要运输工具。集装箱运输的发展，不仅促进了集装箱的标准化和系列化，而且促进了集装箱专用车、公铁两用车等各种新型专用车辆的研制和发展。

（四）直达化

直达运输以追求重车从发送地到目的地之间的运输全过程中，货车的装卸、调移、集结时间和途中中转停留时间以及相关作业的成本最小化为目标，是一种先进的铁路货物运输组织方式。直达运输对于减少车辆在运输途中的改编作业，加速车辆周转和货物送达，效益十分显著。直达化是货物运输体系改革、运输组织优化、装卸基地建设以及运输设备现代化的综合体现。

（五）快速化

快速货物运输适合高附加值货物的运输，不仅货物通过运输易地而产生较大增值，而且运输企业也从中获得更高的效益，历来是运输市场竞争的焦点。国外货运快速化的主要标志是：开行速度100km/h以上满足不同需求的多样化的货物列车，如快速鲜活货物列车、快速集装箱列车、快速普通货物列车、快速行李包裹列车和高速邮政列车等。国外的运营数据表明，快速货物列车的运营效益一般都高于高速旅客列车。我国也已开通试运营的高铁电商专列，其运行时速分120km和160km两类，铁路货物运输快速化已是大势所趋。

四、高铁快递

（一）定义

高铁快递即高铁快运（CRH Express）由中铁快运组织，利用的主要是日常开行的高铁列车，货物的运送时限包括当日达、次日达等方式，能抵达的城市较多。

（二）高铁快递现状

2014年初，高铁快递在京沪高铁上试运行，最快产品是当天寄货当天抵达，资费首重130元/kg，续重25元/kg。2014年4月1日起，高铁快递正式运营。

2018年11月10日，京广高铁北京至长沙G83和G506次列车首次推出快递车厢，推出京湘快递定时达服务。同时北京到上海、北京到成都间也是首次推出了铁路冷链快递，多种快运服务应对物流高峰。

学习笔记

（三）发展高铁快递的意义

利用高铁运输资源发展高铁快运业务，能够使经济发展中流通环节的物流成本和时间成本大大缩减，对于快递行业发展来说是一次新的创新和机遇。

①有利于促进不同区域间快件的流通，降低快件的运输成本。高速铁路的建设，极大地缩短了空间和时间的距离，对于快递行业来说，两地间的快件可以更加快速的流通，节省大量时间成本的同时也极大地降低了快件流转的运输成本。

②有利于缓解快递行业快速发展和干线运能紧张的矛盾，达到高铁与快递行业共赢的目的。受机场数量、飞机起落架次等方面的限制，航空货运供应量的增长速度已无法满足快递行业的需求，中长距离干线运力不足的问题越来越成为阻碍快递业进一步发展的因素，高铁快运业务的开展，能够有效缓解这一矛盾，降低快递行业的物流运输成本。

③有利于构建快递行业的绿色物流。因为高速铁路利用电力进行牵引，减少了有害气体的排放，与飞机、汽车相比，高铁二氧化碳排放量最低。因此，高铁运输属于低碳经济，是最节能环保的一种绿色交通工具，对于快递行业来说是一个既经济又可持续发展的途径，减少了快递企业对于运费、油耗、人工等方面的支出。

（四）高铁快递优势

运输方式极大影响着快件的寄递效率，快递业的发展依托于航空、公路等快捷交通工具和信息技术的发展普及。可以预见高铁的出现，将会给快件运输带来革新性的改变。相较于其他运输方式，高铁运输可以全天候运行，基本不受雨雪雾天气的影响，准点率高；采取公交化的列车开行模式，开行频率高，能够保证快件的运输时要求；高铁车站一般离城市中心较近，有利于快件的快速转运。

技能练习

1. 托运人在某火车站托运摩托车100辆，每件重量85kg，托运人在运单"托运人记载事项"栏内写明体积为$2m \times 0.6m \times 0.9m$，要求按照零担运输。请问火车站能否受理该项运输业务，为什么？

2. 某食品冷藏库委托烟台市某果品供销公司与烟台站签订了铁路货物运输合同（即货物运单）。约定由烟台站承运苹果一整车2500件（箱装，重50t），发往北京站，收货人为某大型超市。问：苹果的运输应选择何种铁路货物运输方式最为合适？

单元2 铁路货物运输设施设备

一、铁路货物运输线路

（一）概念

铁路线路（railway line）是指在路基上铺设轨道，供机车车辆和列车运行的土工构筑物。铁路线路是机车车辆和列车运行的基础，由轨道、路基、桥涵、隧道建筑物组成。

1. 轨道

它是引导列车行驶方向，支撑其载重并传递给路基或桥面的线路上部建筑物。由钢轨、轨枕、道床、联接零件、防爬设备等部分组成。见图3-1。

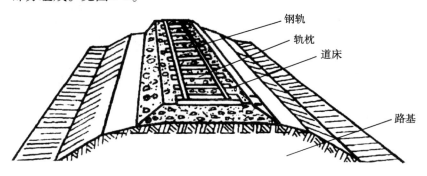

图3-1 铁路轨道示意图

同样是轨道，为什么火车轨道要铺一层碎石而高铁却不用？

经常坐火车的人都会看到这样一种现象，那就是铁轨下面，都铺着很多碎石，这让人很不解。为什么平整的路面要铺上碎石呢？

有砟轨道是传统的铺枕木和石子的轨道。建设周期短，成本低。铺上碎石有增强地基的作用，还有一个作用就是防震，这两个作用合在一起，最经济的做法就是铺上碎石了。铁轨间铺碎石，是有砟轨道的标配，因为普通火车在行驶的时候，会产生相当大的震动，而铺上了碎石，使得地基承受了更大的重量，地面震动就会见效了。所以，在铁轨间铺上碎石，虽然看

知识链接

起来不那么好看,但这种简单粗暴的解决办法,却是最实用的。

而高铁是速度非常快的列车,速度达到每小时300km,如此快的列车,如果在中间铺上碎石,一旦高铁碰到碎石,不仅有可能引发颠覆事故,而且还有可能把碎石像子弹一样射出去,对沿途的行人或者车辆造成威胁。高铁采用的是无砟轨道,这种轨道是采用混凝土等整体基础材料取代散粒碎石道床的轨道结构,这样就消除了钢轨上数不尽的接口,车轮平稳地滚动,列车行驶不再大幅度震动,能平稳全速前进。无砟轨道修建成本较高,但维修成本较低。有砟轨道和无砟轨道见图3-2。

图3-2 有砟轨道(上)和无砟轨道(下)示意图

2. 路基、桥涵、隧道建筑物

是轨道的基础,是铁路线路的下部建筑。

(1) 路基

由天然土、石、沙筑成,由路基本体、排水设施和防护加固设备组成。

(2) 桥涵

是铁路穿越沟谷障碍、河流等的设施。

(3) 隧道

穿越山岭、湖泊、城市的设施。它可以克服高程障碍,缩短铁路建筑长度。

(二) 种类

1. 正线

正线是指连接车站并贯穿或直股伸入车站的线路,可分为区间正线和站内正线,连接车站的部分为区间正线,贯穿或直股伸入车站的部分为站内正线。

2. 站线

站线是车站内除正线外的线路，包括到发线、调车线、牵出线、货物线及站内指定用途的其他线路。

3. 段管线

段管线是指机务、车辆、工务、电务、供电等段专用并由其管理的线路。

4. 岔线

岔线是指在区间或站内接轨，通往路内外单位的专用线路。如工业企业线、专用线、支线等。

5. 安全线

安全线是为防止列车或机车车辆从一进路进入另一列车或机车车辆占用的进路发生冲突的一种安全隔开设备。

6. 避难线

避难线是在长大下坡道上能使失控列车安全进入的线路。

铁路线路应当经常保持完好状态，使列车能按规定的最高速度安全、平稳和不间断地运行，以保证铁路运输部门能够质量良好地完成客、货运输任务。

二、铁路运输场站

（一）概念

铁路运输场站，是位于铁路运输线路上的结点，是旅客和货物的集散地、运输工具的衔接点、办理客货运输业务和运输工具（包括车辆和装卸搬运设备）作业的场所，是运输企业对运输工具进行保养、修理的技术基础，是铁路运输网络的重要组成部分。

（二）分类

1. 按车站任务量，以及在国家政治、经济方面的地位划分

车站可分为特等站、一等站、二等站、三等站、四等站、五等站共六个等级，划分标准见表3-2。

铁路车站等级划分标准　　　　表3-2

等级	客运		货运	编解
	日上、下及换乘人数	日行包到发及中转件数	日平均装卸车数	日平均办理作业车数
特等	60000以上	20000以上	750以上	6500以上
一等	8000以上	8000以上	8000以上	8000以上

续上表

等级	客运		货运	编解
	日上、下及换乘人数	日行包到发及中转件数	日平均装卸车数	日平均办理作业车数
二等	4000 以上	4000 以上	4000 以上	4000 以上
三等	2000 以上	2000 以上	2000 以上	2000 以上
四等	不具三等站条件的车站			
五等	只办理列车会让或越行的中间站			

2. 按车站技术作业的不同划分

可分为编组站、区段站和中间站。编组站和区段站又统称为技术站。

中间站：中间站是为沿线城乡人民及工农业生产服务，提高铁路区段通过能力，保证行车安全而设的车站。主要办理列车到发、会让、越行作业，以及客货运业务。

区段站：区段站多设在中等城区和铁路网上牵引区段（机车交路）的起点或终点。区段站的主要任务是为邻接铁路区段供应及整备机车，为无改编中转货物列车办理规定的技术作业，并办理一定数量的列车解编作业及客货运业务。

编组站：编组站在路网上办理货物列车解体、编组作业，并为此设有比较完善的调车设备。

3. 按业务性质划分

可分为客运站、货运站和客货运站。

客运站：铁路部门办理客运业务、供旅客上下车之用的场所。

货运站：是铁路运输物资集散、列车停靠的场所，专门办理货物装卸、联运或换装等作业。

为提高铁路运输效率与运输能力，在铁路货物运输场站，除了办理货物运输的各项作业外，还要办理与列车运行相关的各项作业，如列车的接发、会让与越行、车站列车解体与编组、机车的换挂与车辆的检修等。

（三）主要设备

货运站一般应具有下列主要设备：

①运转设备，包括各种用途的股道，如到发线、调车线、牵出线、货物线、走行线及存车线等；

②场库设备，包括仓库、雨棚、站台、堆放场以及去送货物的道路及停车场；

③装卸设备，包括各种装卸机械和搬运机械等。

（四）铁路货运站场管理

1. 计划管理

（1）加强货源调查，合理安排发送运量

①加强与重点企业和稳定货源客户的联系，推行合同运输（协议运输）；

②分析货源货流特点，结合货场实际，提月度建议运量；

③月度计划下达后，应进一步落实货源，拟定实现运输计划的措施。

（2）日常货源组织

①考虑旬间运量平衡，采取适应运量波动的措施；

②认真核定日要车计划，兑现月度装车计划。

（3）到货调查

①从局批准的月计划中了解管内自装到达的货流情况；

②从月计划中了解外局到达的货流情况；

③了解货主需要、库存及卸车和搬运能力，分析到货规律，研究卸车和搬运办法。

（4）编制卸车方案

①接运能力有限时，适当调整货物到站，货物调到较近的车站卸车；

②分析到货卸车矛盾，有重点采取对策；

③制定卸车方案。

2. 作业管理

（1）货场出车安排

①定点（到站）、定线（运行线）、定编组内容（编组计划）整列或成组出车；

②按阶段定时、定内容出车；

③按指定作业列车的要求出车。

（2）卸车和出货组织

合理运用货场设备，科学安排卸车计划。按照货场固定线路、固定货位，以便于出货搬运作业，加强出货组织。

（3）进货和装车组织

按列车编组计划组织货流、安排货位，减少调车，按方案列出车时间组织挂线装车，压缩停时。

（4）取送车安排

①大宗挂线到达货物，保证装卸时间和不影响出车，优先安

排取送时间；

②挂线装车车辆，根据空车来源，按列车运行线发车组织出车，重点安排取送时间；

③零星分散车辆，集中定点取送；

④货场定时取送，注意上一班为下一班留好作业车，打好基础。

3. 设备管理

（1）货场分区管理

包括散堆装货区、长大笨重和集装箱货区、粗杂品货区、成件包装货区、危险货区、鲜活易腐货区，不同货区的划分以及货区的排列。

（2）货位管理

货位是指暂时存放一辆车或是集结某一方向的货物所需要的场地面积，由站调或货运值班员（货区计划货运员）掌握货位。发送货位由内勤计划货运员掌握。

$80\sim100m^2$ 为一个整车货位。零担货位根据仓库设备和运量情况，可一车一位，可一车数位。

①一线分段装卸货位。一侧有货位，一段装车、一段卸车，卸后即可装车；

②一线两侧货位。一侧固定为装车，一侧固定为卸车，卸后空车无需移动可装车；

③间隔货位。装车和卸车货位间隔固定；

④一线装卸平列货位。线路一侧外边为装车货位，里边为卸车货位。

（3）装卸机械的运用和管理（略）

（4）其他货运设备的运用和管理（略）

4. 安全管理

包括货运事故的种类和等级管理、货运记录管理、货运事故的调查和处理等。

5. 质量管理

对货场作业实行全面质量管理，即"三全"TQC：产品全面质量管理、全过程管理、全体员工参加管理，同时还要加强仓库（站台）货物管理，避免场内治安不良，被盗、丢失、货物包装不符合要求、托盘货件没按规定堆码、仓库漏雨或车体不良等情况发生。

6. 作业信息和全面质量管理

整车计划管理子系统、发送制票子系统、到达作业管理子系统、集装箱动态追踪子系统、货调作业管理系统等的管理。

三、铁路货物运输工具

（一）铁路机车

机车是牵引或推送铁路车辆运行，而本身不装载营业载荷的自推进车辆，俗称火车头。

1. 机车按运用划分

（1）客运机车。牵引客车的机车，一般来说，客运机车的牵引力相对货运机车要小，但速度要快。因为客车的编组较少，一般多为15节左右，载质量也比货车小，没有必要"大马拉小车"造成浪费。

（2）货运机车。牵引货车的机车，一般货运列车编组为60节左右，载质量约为3500t。货运机车的牵引力要比客运机车大得多。

（3）调车机车。主要是用于列车编组、解体、转线及车辆取送等调车作业的机车。其特点是机动灵活，因此车身较短，能通过较小的曲线半径，速度相对要求不高。

2. 机车按牵引方式划分

（1）蒸汽机车，见图3-3。这是早期的铁路机车类型。它利用燃煤将水加热成水蒸气，再将水蒸气送入气缸，借以产生动力，来推动机车的车轮转动。

（2）内燃机车，见图3-4。以柴油作燃料让内燃机运转发电机产生电流，在有电流驱动电动机使其带动车轮转动。

图3-3　蒸汽机车　　　　图3-4　东方红21型内燃机车

（3）电力机车，见图3-5和图3-6。利用机车上的受电弓将高压电流自轨道上空的接触电线网直接输入至机车内的电动机，以电流驱动电动机，使之带动机车车轮转动。

图3-5　韶山9型电力机车　　　　图3-6　和谐型电力机车

以上三种不同类型的机车比较见表3-3。

三种不同类型机车比较 表3-3

机动特性	蒸汽机车	内燃机车	电力机车
构造与造价	简单、低廉	复杂、高效	复杂、高效
运行速度	最小	较高	最高
功率	最小	较大	最大
热能效率	最低	较高	最高
空气污染度	最容易	轻微	没有
维护难易度	容易	困难	容易

（二）铁路货物运输车辆

铁路货物运输车辆是运送货物的工具，它本身没有动力装置，需要把车辆连挂在一起由机车牵引，才能在线路上运行。按照车辆的用途或车型可分为通用货车和专用货车。

车号，包括型号及号码，是识别车辆的最基本的标记。型号又有基本型号和辅助型号两种。基本型号代表车辆种类，用字母表示。我国部分铁路货车的种类及基本型号见表3-4。

我国部分货车的种类及基本型号 表3-4

顺序	车种	基本型号	顺序	车种	基本型号
1	棚车	P	8	集装箱专用车	X
2	敞车	C	9	家畜车	J
3	平车	N	10	罐车	G
4	矿砂车	A	11	水泥车	U
5	煤车	M	12	长大货物车	D
6	矿石车	K	13	活鱼车	H
7	保温车	B	14	特种车	T

1. 通用货车类型

（1）棚车（图3-7）。棚车是铁路上主要的封闭式车型。较多采用侧滑开门，采用小型叉车、手推车、手车等进入车厢内装卸。也有车顶滑动顶棚式，拉开后和敞车类似，可采用吊车从上部装卸。棚车用于运送需防晒、防潮、防雨雪的货物和防止丢失、散失等较贵重的货物，包括各种粮谷，日用工业品及贵重仪器设备等。一部分棚车还可以运送人员和马匹。

图 3-7　棚车

（2）敞车（图 3-8）。敞车是铁路上一种主要的车型。敞车车顶设有车厢挡板（槽帮），主要用于装运建材、木材、钢材、袋装或箱装杂货和散装的矿石、煤炭等货物。

图 3-8　敞车

（3）平车（图 3-9）。平车是铁路上大量使用的一种车型。平车无车顶和车厢挡板，车体自重较小，装运吨位可相应提高，无挡板制约，装卸较方便，必要时可装运超宽、超长的货物，主要用于装运大型机械、集装箱、钢材、大型建材等。在平车的基础上，采用相应的技术措施，发展成集装箱车、车载车、袋鼠式车等，以满足现代物流运输的要求，提高载运能力。

图 3-9　平车

2. 专用货车的类型

（1）保温及冷藏车（图 3-10）。

图 3-10　冷藏车

保温及冷藏车是指能够保持一定温度并能进行冷冻运输的车辆。目前我国以成列使用机械保温车为多，车内装有制冷设备，可自动控制车内温度。保温及冷藏车主要用于运送新鲜蔬菜、鱼、肉等易腐货物。

（2）罐车（图3-11）。

罐车是铁路上用于装运气、液、粉等货物的专用车型。有横卧圆筒形、立置筒形、槽形、漏斗形。罐车分为装载轻油用罐车、黏油用罐车、酸类罐车、水泥罐车、压缩气体罐车多种。罐车主要运送液化石油气、汽油、盐酸、酒精等液体货物。

图 3-11　罐车

（3）特种车。

特种车是装运特殊货物的车型。有长大货物车、牲畜装运车、煤车、矿石车、矿砂车、漏斗车（图 3-12）等。

图 3-12　漏斗车

四、铁路货物运输信号设备

（一）概念

铁路信号是铁路信号系统或设备的简称，即铁路上为保证行、调车作业安全，提高车站、区间通过能力及列车解编能力，改善作业人员劳动条件的技术设备的总称。

（二）设备构成

铁路信号的基础设备有：信号继电器、信号机、轨道电路、转辙机等。

（1）信号继电器是铁路信号中所用各类继电器的统称。安全型继电器是信号继电器的主要定型产品，采用24V直流系列的重弹力式直流电磁继电器，其基本结构是无极继电器。电磁原理使其吸合，依靠重力使其复原。利用其接点控制相应的电路。

（2）信号机和信号表示器构成信号显示，用来指示列车运行和调车作业的命令。

（3）轨道电路用来监督列车对轨道的占用和传递行车信息。站内采用25Hz反映列车占用情况。移频轨道电路是移频自动闭塞的基础，通过它发送各种行车信息。

（4）转辙机用于完成道岔的转换和锁闭，是关系行车安全的最关键设备。

技能练习

1. 李先生将60t煤炭从鄂尔多斯运输到淄博，如果你是货运站工作人员，你该如何为李先生选择运输车辆？

2. 天天新鲜果品公司要从云南昆明批发芒果1000kg，如何选择铁路运输车辆？

单元3 铁路货物运输组织

铁路货物运输作业是铁路运输部门为运输货物所从事的自受理承运至交付过程的一系列业务活动。货运作业按照货物运输过程的阶段性，一般分为货物的发送作业、途中作业和到达作业。中国铁路现行的货运作业按照《铁路货物运输规程》的有关规定办理。作业流程见图3-13。

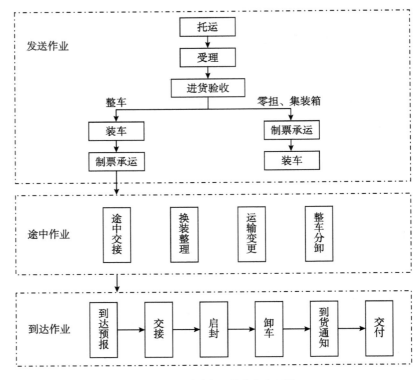

图 3-13 铁路货物运输作业流程图

铁路货物运输规章

铁路是现代化运输系统，运输生产组织严密，规章制度周全。托运人、收货人和承运人除了要遵守《中华人民共和国铁路法》外，还要共同执行《铁路货物运输规程》《国际铁路货物联运协定》及其引申的一些规则和办法，如《铁路货物运价规则》《铁路危险货物运输规则》《铁路鲜活货物运输规则》《铁路超限货物运输规则》《铁路货物装载加固规则》《铁路货物运输计划管理办法》《铁路集装箱运输规则》《铁路货物保价运输办法》《铁路货物运输杂费管理办法》《统一过境运价规程》《铁路和水路货物联运规则》等。这些规章办法，规定了托运、承运货物的程序、办理手续，与承托双方的切身权益有直接联系。

（一）货物发送作业

铁路货物发送作业又称货物在发站的货运作业，主要包括托运人提出托运要求、货物受理承运、装车作业、核算运输费用和填制货运票据等业务活动。

1. 托运

托运是指货物托运人向承运人提出要求运输货物的行为。除法律法规明令禁止运输的货物，对托运人提出的所有物流需求，不区分货物品类、体积、重量、批次、运到时限、装载要求、运载工具，全部纳入铁路物流服务范围，敞开受理。铁路开辟有互联网、移动通信、电话、人工等多种业务受理平台，可通过95306中国铁路货运网上营业厅、95306手机App、95306客服电话以及货运营业网点等渠道进行货物相关业务办理。95306网上办理货物托运流程见图3-14，具体不同的铁路运输组织形式托运流程根据其特点有所差异。

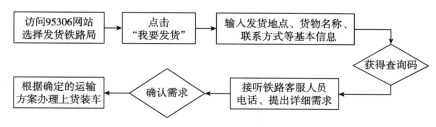

图3-14 货物托运流程图

网上办理发货托运人只需选择相应的发货种类，录入简要的运输需求信息，由货运客服帮助补充录入运输需求信息进行办理，办理的状态反馈至网上营业厅，供托运人查询。托运人直接在网上营业厅主界面上进行"我要发货"的需求提报，填写托运人名称、发站、联系方式、装车地点、货物名称、货物特征、最大单件重量、收货人名称、到站、卸车地点、吨数、装运日期等信息，信息填写完毕后提交即完成托运申报了。

（1）签订货物运输协议

托运人以铁路运输货物，可按年度、半年度、季度或月度签订货物运输协议，也可以签订更长期限的运输协议；在协议期内，托运人可与承运人按阶段确定需求，交运货物时，向承运人按批提出货物运单，作为运输合同的组成部分。其他货物使用货物运单作为运输合同。

货物运输计划的编制按《铁路货物运输计划编制管理暂行办法》的规定办理。

（2）填写货物运单

托运货物时，托运人可通过电子平台等渠道向车站按批提出货物运单一份，运单见表3-5。托运人所托运的货物应符合一批的要求，不得将不能按一批托运的货物作为一批托运。托运人在网上填好运单下单后，货运员不需要输入任何内容，只需核对后即可完成。同时，电子货票具有信息共享和货物追踪功能，机车乘务员也不用交接货票，到站只需输入货票号码，用户即可凭证件提货。

表 3-5

铁 路 货 物 运 单

○5 ××铁路局

货物运单

托运人→发站→到站→收货人

承运人/托运人装车 承运人/托运人施封

货物约定于 年 月 日交接 运单号： 货票号：

发站		专用线名称		专用线代码		
到站（局）		专用线名称		专用线代码		
托运人	名称				车种车号	
	地址		邮编		货车标重	
	经办人姓名		经办人电话	Email	货车施封号码	
收货人	名称		邮编		货车篷布号码	
	地址			Email		
	经办人姓名		经办人电话			
选择服务	□门到门运输：□上门装车 □上门卸车	取货地址			电话	
	□门到站运输：□上门装车	取货联系人				
	□站到门运输：□装载加固材料 □上门卸车	送货地址			电话	
	□站到站运输：□装载加固材料	送货联系人				
	□保价运输					
	□仓储					

· 124 ·

续上表

货物名称	件数	包装	集装箱型	集装箱号	集装箱施封号	货物价格	托运人填报重量（kg）	承运人确定重量（kg）
合计								
托运人记载事项					承运人记载事项			
托运人盖章或签字	发站承运日期戳				承运货员签章		到站交付日期戳	交付货员签章
年 月 日	年 月 日				年 月 日		年 月 日	年 月 日

注：本单不作为收款凭证，托运人签约须知和收货人领货凭证须见领货凭证背面。托运人自备运单的认为已确知签约签约须知内容。

（3）凭证明文件运输的货物

根据中央或省（市）、自治区法令，需凭证明文件运输的货物，发货人应将证明文件与货物运单同时提出，并在货物运单由发货人记载事项一栏内注明文件名称、号码、车站，在证明文件背面注明货物托运数量。

2. 受理

车站对托运人提出的货物运单，经审查符合运输要求，在货物运单上签上货物搬入或装车日期后，即为受理。包括包装、标记、进货与验货等关键环节。

（1）包装

对于托运的货物，发货人应根据货物的性质、重量、运输要求以及装载等条件，使用便于运输、装卸，并能保证货物质量的包装。对有国家包装标准或专业标准的应按其规定进行包装。对没有统一规定包装标准的货物，车站应会同发货人研究制定货物运输包装暂行标准。

（2）标记

发货人托运零担货物时，应在每件货物上标明清晰、明显的标记，在使用拴挂的标记（货签）时，应用坚韧材料制作，在每件货物两端各拴挂、粘贴或钉固一个。不宜使用纸制货签的托运货物，应使用油漆在货件上书写标记，或用金属、木制、布、塑料板等材料制成的标记。标签上填写的内容必须与运单相应内容一致。

发货人托运有特殊储运要求的货物时，应在包装上标记包装储运图示标志。对于危险货物，还应在包装上按规定标记危险货物包装标志。

（3）进货与验货

①进货。托运人凭车站签证后的货物运单，按指定日期将货物搬入货场指定的货位即为进货。托运人进货时，应根据货物运单核对是否符合签证上的搬入日期，品名与现货是否相等。经检查无误后，方准搬入货场。

②验货。进货验收是为了保证货物运输安全，划清承运人与托运人之间的责任，避免因托运人检查疏忽使不符合运输要求的货物进入运输过程，造成或扩大货物的损失。检查的内容主要有以下几项：

货物的名称、件数是否与货物运单的记载相符；

货物的状态是否良好；

货物的运输包装和标记及加固材料是否符合规定：托运人托运货物，应根据货物的性质、重量、运输种类、运输距离、气候以及货车装载等条件；使用符合运输要求，便于装卸和保证货物安全的运输包装；

货物的标记（货签）是否齐全、正确；

货件上的旧标记是否撤换或抹消；

装载整车货物所需要的货车装备物品或加固材料是否齐备。

3. 制票和承运

零担和集装箱货物由发运站接收完毕，整车货物装车完毕，托运人应向车站货运室交付运输费用，办理制票和承运作业。

（1）承运前的保管

托运人将货物搬入车站，经验收完毕后，一般不能立即装车，需在货场内存放，这就产生了承运前保管的问题。

整车货物，发站实行承运前保管的，从收货完毕填发收货证起，即负责承运前保管责任。零担货物和集装箱运输的货物，车站从收货完毕时即负保管责任。

（2）制票

制票是根据货物运单填制货票。铁路货票是一种财务性质的票据。它是铁路运营的主要票据之一，是铁路部门运输统计、财务管理、货流货物分析的原始信息，也是运输调度指挥作业不可缺少的基础依据。在车站，货票具有货物运输合同运单副本的性质，是处理货运事故向收货人支付运到逾期违约金和补退运杂费的依据；在运输过程中货票又是货物运输凭证。

2018年以前，铁路部门一直使用纸质货票。纸质货票一式四联，甲联为黑色，留发站存查；乙联为黑色，为报告联；丙联为红色，为承运证，发站收清运输费用后叫托运人报销用；丁联为黑色，作为运输凭证，随同运单和货物递至到站，由到站存查。货票是有价证券，并带有号码，必须妥善保管不得遗失。制票后并核收运费后，货运员在运单和货票上加盖发站承运日起戳，并将领货凭证和货票丙联交给托运人。托运人应将领货凭证及时交给收货人，收货人据此向到站领取货物。

2018年春节之后，铁路部门统一改为电子货票。全国各大铁路局电子货票系统略有差异，以成都铁路局为例，电子货票制票系统见图3-15。

（3）承运

承运是货物运输合同的成立，从承运起承托双方就要分别履行运输合同的权利、义务和责任。因此，承运意味着铁路负责运输的开始，是承运人与托运人划分责任的时间界线。同时承运标志着货物正式进入运输过程。

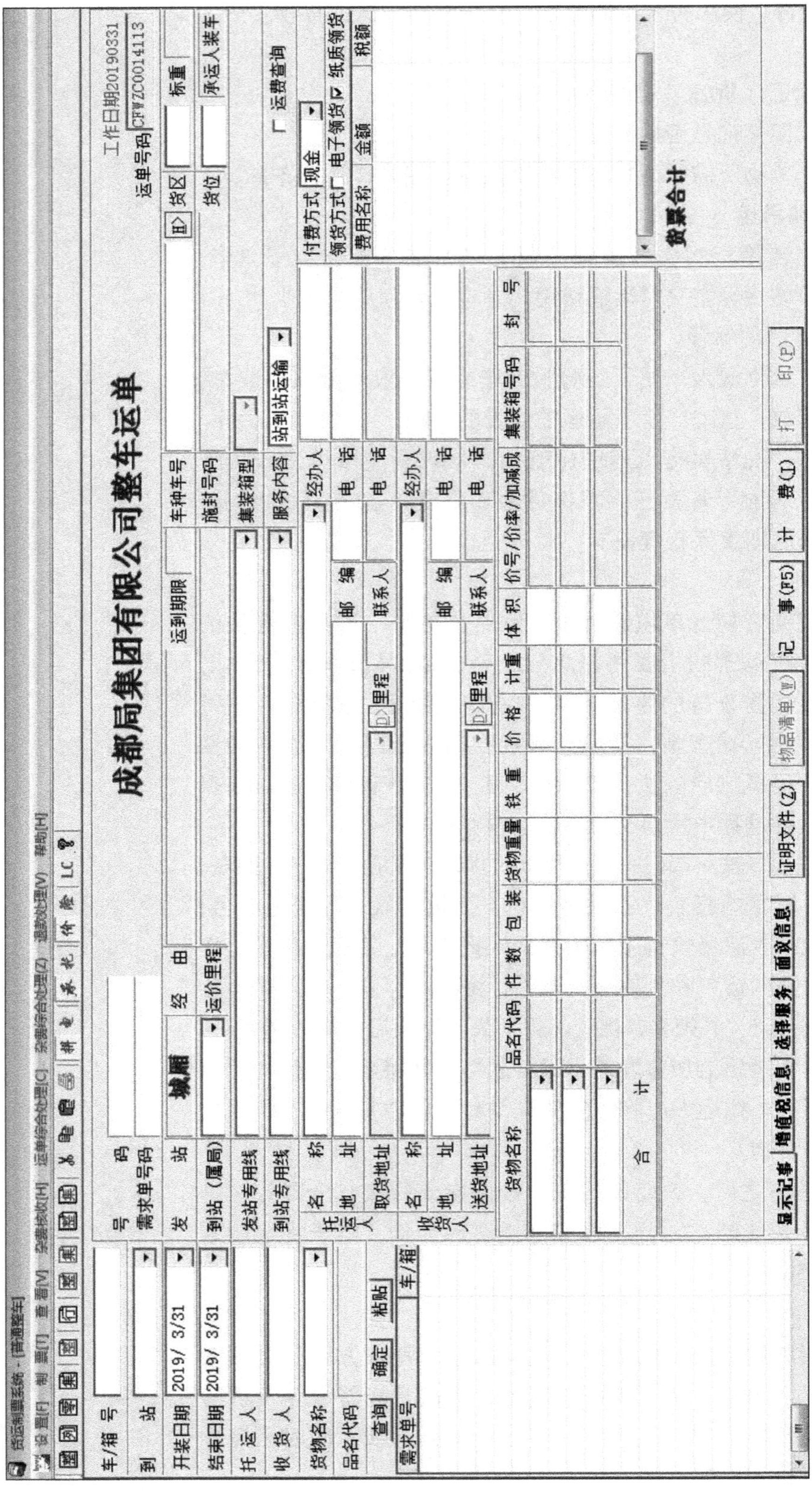

图 3-15　电子货票制票系统

4. 铁路货物的装卸

铁路车站装车的货物，发货人应在铁路指定的日期将货物运至车站，车站在接收货物时，应对货品、件数、运输包装、标记等进行检查。对整车运输的货物如发货人未能在铁路指定的日期将货物运至车站，则自指定运至车站的次日起至再次指定装车之日或将货物全部运出车站之日止由发货人负责。

铁路货物的装车或卸车的组织工作，凡在公共装卸场所内由承运人负责。有些货物虽然在车站公共装卸场所内进行装卸作业，由于在装卸中需要特殊的技术或设备、工具，仍由托运人或收货人负责组织。

在车站公共装卸场所以外进行的装卸作业，装车由托运人、卸车由收货人负责。此外，前述由于货物性质特殊，在车站公共装卸场所也由托运人、收货人负责。此类货物有：罐车运输的货物；冻结的易腐货物；未装容器的活动物、蜜蜂、鱼苗等；一件重量超过 1t 的放射性同位素；用人力装卸带有动力的机械和车辆。

其他货物由于性质特殊，经托运人或收货人要求，并经承运人同意，也可由托运人或收货人组织装车和卸车。此类货品有：气体放射性物品、尖端保密物资、特别贵重的展览品、工艺品等。

货物装卸不论由谁负责，都应在保证安全的条件下，积极组织快装、快卸，以缩短货车停留时间，加快货物运输。

由托运人装车或收货人卸车的货车，车站应在货车调到之前，将时间通知托运人或收货人，托运人或收货人在装卸作业完成后，应将装车或卸车结束时间通知车站。由托运人、收货人负责组织装卸的货车，超过规定的装卸车时间标准或规定的停留时间标准时，承运人向托运人或收货人核收规定的货车使用费。

漫解铁路货物运输装车作业流程

（二）铁路货物的途中作业

货物在运输途中发生的各项货运作业，称为途中作业。货物的途中作业包括货物的交接与检查、货物的换装整理、托运人或收货人提出的运输合同的变更与解除、运输阻碍的处理。

1. 货物的交接与检查

主要检查货物的装载、加固状态，车辆篷布苫盖状态，施封及门、窗、盖、阀的关闭情况，货车票据完整情况。

2. 货物的换装整理

货物的换装整理是指装载货物的车辆在运输过程中，发生可能危及行车安全和货物完整情况时，所进行的更换货车或货物整理作业。

在运输途中发现货车装载偏重、超载、货物撒漏以及因车辆技术状态不良，经车辆部门扣留，不能继续运行，或根据站车交接检查的规定需换装整理时，由发现站及时换装整理。

3. 货物运输合同的变更和解除

货物运输合同的变更：托运人在货物托运后，由于特殊原因需要变更的，经承运人同意，对承运后的货物可以按批在货物所在的途中站或到站办理变更到站和收货人。

货物运输合同的解除：整车货物和大型集装箱在承运后挂运前，零担和其他型集装箱在承运后装车前，托运人可以向发站提出取消托运，经承运人同意，运输合同即告解除。

4. 运输阻碍的处理

因不可抗力（如风灾、水灾、雹灾、地震等）的原因致使行车中断，货物运输发生阻碍时，铁路局对已承运的货物，可指示绕路运输；或者在必要时先将货物卸下，妥善保管，待恢复运输时再装车继续运输，所需装卸费用，由装卸作业的铁路局负担。因货物性质特殊（如动物死亡、易腐货物腐烂、危险货物发生燃烧、爆炸等）绕路运输或卸下再装，可造成货物损失时，车站应联系托运人在要求时间内提出处理办法。

（三）铁路货物的到达、交付

1. 到货通知

承运人在车站公共装卸场所内组织卸车的货物，到站应不迟于卸车完了的次日内，用电话、短信或邮件等，向收货人发出领货通知或送货通知，并在货票内记明通知的方法和时间。收货人也可与到站商定其他通知方法。

2. 货物交付

货物的交付工作包括票据交付（内交付）和现货交付（外交付）两部分。

收货人应于铁路发出或寄发催领通知的次日（不能实行催领通知或会同收货人卸车的货物为卸车的次日）起算，在两天内将货物提走，超过这一期限将收取货物暂存费。从铁路发出催领通知日起（不能实行催领通知时，则从卸车完毕的次日起）满30天仍无人领取的货物（包括收货人拒收，发货人又不提出处理意见的货物），铁路按无法交付货物处理。

（1）票据交付

收货人要求领取货物时，到货运室办理提货手续，同时须向铁路提出提货凭证（若提货凭证未到或遗失，则应出示单位的有效证明文件），经与货物运单和货票核对后，由收货人在货票丁联上盖章或签字，收清一切费用，在运单和货票上加盖交付日期戳。

（2）现货交付

收货人持货运室交回的运单到货物存放点领取货物。交付货运员凭收货人提出的加盖了交付日期戳的货物运单向收货人点交货物，然后在货物运单上加盖"货物交讫"戳记，并记明交付完毕的时间，将运单交还收货人，凭此将货物搬出货场。

在传统的货物运输组织方式中，铁路运输是无法实现"门到门"服务的。在铁路运输市场化改革的形势下，铁路总公司依托了中铁快运平台，将物流服务延伸到门到门，提供了从托运人在交运货物地点装车开始、接运至发站、运输至到站、送达卸货至收货人接收货物地点为止的全过程运输服务。

（四）运到期限

铁路在现有技术设备条件和运输工作组织水平基础上，根据货物运输种类和运输条件将货物由发站运至到站而规定的最长运输限定天数，称为货物运到期限。

1. 货物运到期限的计算

货物运到期限按日计算。起码日数为3天，即计算出的运到期限不足3天时，按3天计算。

运到期限由下述三部分组成：

①货物发送期间（$T_发$）为1天。货物发送期间是指车站完成货物发送作业的时间，它包括发站从货物承运到挂出的时间；

②货物运输期间（$T_运$）。每250运价公里或其未满为1天；按快运办理的整车货物每500运价公里或其未满为1天。货物运输期

间是货物在途中的运输天数；

③特殊作业时间（$T_{特}$）。特殊作业时间是为某些货物在运输途中进行作业所规定的时间，具体规定如下：

a. 需要中途加冰的货物，每加冰 1 次，另加 1 天；

b. 运价里程超过 250km 的零担货物和 1t、5t 型集装箱另加 2 天，超过 1000km 加 3 天；

c. 一件货物重量超过 2t、体积超过 3m³ 或长度超过 9m 的零担货物另加 2 天；

d. 整车分卸货物，每增加一个分卸站，另加 1 天；

e. 准、米轨间直通运输的货物另加 1 天。

对于上述五项特殊作业时间应分别计算，当一批货物同时具备几项时，累计相加计算。

若运到期限用 T 表示，则：

$$T = T_{发} + T_{运} + T_{特}$$

式中：$T_{发}$——货物发送期间；

$T_{运}$——货物运输期间；

$T_{特}$——特殊作业时间。

2. 班列运到期限

班列运输的运到期限，按列车开行天数（始发日和终到日不足 24 小时按 1 天计算）加 2 天计算，运到期限自班列始发日开始计算。

3. 货物运到逾期的处理

所谓货物的运到逾期，是指货物的实际运到天数（用 $T_{实}$ 表示）超过规定的运到期限时，即为运到逾期。货物的实际运输天数是指从起算时间到终止时间的这段时间。

（1）起算时间

从承运人承运货物的次日（指定装车日期的，为指定装车日的次日）起算。

（2）终止时间

到站由承运人组织卸车的货物，到卸车完了时止；由收货人组织卸车的货物，货车调到卸车地点或货车交接地点时止。

若货物运到逾期，不论收货人是否因此受到损害，铁路均应向收货人支付违约金。违约金的支付是根据逾期天数和运到期限天数，按承运人所收运费的百分比进行支付违约金。

①快运货物运到逾期，除按规定退还快运费外，货物运输期间按 250 运价公里或其未满为 1 天，计算运到期限仍超过时，还应按上述规定，向收货人支付违约金。

②超限货物、限速运行的货物、免费运输的货物以及货物全部灭失时,若运到逾期,承运人不支付违约金。运到逾期违约金比例见表3-6。

运到逾期违约金比例表　　　　　表3-6

逾期总天数占运到期限天数	违约金
不超过1/10时	运费的5%
超过1/10,但不超过3/10时	运费的10%
超过3/10,但不超过5/10时	运费的15%
超过5/10时	运费的20%

1. 供应商A企业与生产商B企业有一份贸易合同,需运送货物到B企业,经协商后采用铁路运输方式来完成这次运输,请你为A企业制定正确的运输流程方案并进行详细讲解。

2. 甲站于7月2日承运一批4件笨零货物至乙站,其中2件各重80kg,体积1.5m³,长9.01m;另2件各重90kg,体积1.6m³,长10m。途中由于山洪暴发滞留3天。试问这批货物最迟何时到达才不超过运到期限?(甲到乙站的运价里程为906km)

单元4　铁路货物运输单证管理与运费核算

一、铁路货物运输单证的分类和作用

(一)铁路货物运输服务订单

货物运输服务订单在铁路运输企业办理货物运输和运输服务时使用,是铁路货物运输合同的组成部分,分为整车货物运输和零担、集装箱、班列运输两种。

1. 铁路整车货物运输服务订单

①铁路整车货物运输服务订单(以下简称订单)是托运人和承运人双方关于铁路货物运输的要约和承诺。它主要包括货物运输的时限、发站、到站、托运人、收货人、品名、车种、车数、吨数等以及相关的服务内容。

订单取代了传统的要车计划表,使承、托运人双方的权利、义务和责任更加明确,使用更加方便。

②填制要求。整车货物订单一式两份,由托运人正确填写,内容完整,字迹清楚,不得涂改。铁路货物运输计划人员受理,

并经审定合格后加盖人名章,返还托运人1份,留存1份。与铁路联网的托运人,可通过网络直接向铁路提报订单。

2. 零担、集装箱、班列运输服务订单

托运人在办理零担、集装箱、班列货物运输时,将填写好的零担、集装箱、班列服务订单一式两份,提报给装车站,车站随时受理并根据货场能力、运力,安排班列开行日期和在订单上加盖车站日期戳,交与托运人1份,留存1份。铁路部门据此安排运输,并通知托运人将货物搬入仓库或集装箱内。

(二) 国内铁路货物运单

1. 概念

国内铁路货物运单(以下简称铁路运单)是承运人与托运人之间,为运输货物而签订的一种运输合同。

铁路运单一律以目的地收货人作记名抬头,一式两份。正本随货物同行,到目的地交收货人作为提货通知;副本交托运人作为收到托运货物的收据。在货物尚未到达目的地之前,托运人可凭运单副本指示承运人停运,或将货物运给另一个收货人。

托运人按货物运单填记的内容向承运人交运货物,承运人按货物运单记载接收货物,核收运输费用,并在运单上盖章后,运输合同即告成立。托运人和承运人双方即开始负有法律责任。托运人对其在运单和物品清单内所填记事项的真实性,应负完全责任。

2. 运单的种类

(1) 现付运单:黑色印刷;

(2) 到付或后付运单:红色印刷;

(3) 快运货物运单:黑色印刷,将"货物运单"改为"快运货物运单"字样;

(4) 剧毒品专用运单:黄色印刷,并有剧毒品标志图形。

3. 运单填写方法

(1) 第一部分:托运人填写单表3-7。

托 运 人 填 写 单   表3-7

托运人填写				
发站		到站(局)		
到站所属省(市)自治区				
托运人		名称		
		住址		电话
收货人		名称		
		住址		电话

①"发站"栏和"到站（局）"栏，应分别按《铁路货物运价里程表》规定的站名完整填记，不得简称。到达（局）名，填写到达站主管铁路局名的第一个字，例如：（哈）、（上）、（广）等，但到达北京铁路局的，则填写（京）字。

②"到站所属省（市）、自治区"栏，填写到站所在地的省、直辖市、自治区名称。

③托运人填写的到站、到达局和到站所属省（市）、自治区名称，三者必须相符。

④"托运人名称"和"收货人名称"栏应填写托运单位和收货单位的完整名称，如托运人或收货人为个人时，则应填记托运人或收货人姓名。

⑤"托运人地址"和"收货人地址"栏，应详细填写托运人和收货人所在省、市、自治区城镇街道和门牌号码或乡、村名称。托运人或收货人装有电话时，应记明电话号码。如托运人要求到站于货物到达后用电话通知收货人时，必须将收货人电话号码填写清楚。

（2）第二部分：货品名称单见表3-8。

货 物 名 称 单　　　　　表3-8

货 物 名 称	件数	包装	货物价格	托运人确定重量（kg）
合计				

"货物名称"栏应按《铁路货物运价规则》附表二"货物运价分类表"或国家产品目录，危险货物则按《危险货物运输规则》附件一"危险货物品名索引表"所列的货物名称完全、正确填写。托运危险货物并应在品名之后用括号注明危险货物编号。"货物运价分类表"或"危险货物品名索引表"内未经列载的货物，应填写生产或贸易上通用的具体名称。但须用《铁路货物运价规则》附件一相应类项的品名加括号注明。

按一批托运的货物，不能逐一将品名在运单内填记时，须另填物品清单一式三份，一份由发站存查，一份随同运输票据递交到站，一份退还托运人。

需要说明货物规格、用途、性质的，在品名之后用括号加以注明。

对危险货物、鲜活货物或使用集装箱运输的货物，除填记货物的完整名称外，并应按货物性质，在运单右上角用红色墨水书写或用加盖红色戳记的方法，注明"爆炸品""氧化剂""毒害品""腐蚀物品""易腐货物""X吨集装箱"等字样。

"件数"栏，应按货物名称及包装种类，分别记明件数，"合计件数"栏填写该批货物的总件数。

承运人只按重量承运的货物，则在本栏填记"堆""散""罐"字样。

"包装"栏记明包装种类，如"木箱""纸箱""麻袋""条筐""铁桶""绳捆"等。按件承运的货物无包装时，填记"无"字。使用集装箱运输的货物或只按重量承运的货物，本栏可以省略不填。

"货物价格"栏应填写该项货物的实际价格，全批货物的实际价格为确定货物保价运输保价金额或货物保险运输保险金额的依据。

"托运人确定重量"栏，应按货物名称及包装种类分别将货物实际重量（包括包装重量）用公斤记明，"合计重量"栏，填记该批货物的总重量。

（3）第三部分：托运人记载事项见表3-9。

托运人记载事项 表3-9

托运人记载事项：	保险：	

"托运人记载事项"栏填记需要由托运人声明的事项。

①货物状态有缺陷，但不致影响货物安全运输，应将其缺陷具体注明。

②需要凭证明文件运输的货物，应将证明文件名称、号码及填发日期注明。

③托运人派人押运的货物，注明押运人姓名和证件名称。

④托运易腐货物或"短寿命"放射性货物时，应记明容许运输期限；需要加冰运输的易腐货物，途中不需要加冰时，应记明"途中不需要加冰"。

⑤整车货物应注明要求使用的车种、吨位、是否需要苫盖篷布。整车货物在专用线卸车的，应记明"在××专用线卸车"。

⑥委托承运人代封的货车或集装箱，应标明"委托承运人代封"。

⑦使用自备货车或租用铁路货车在营业线上运输货物时，应记明"××单位自备车"或"××单位租用车"。使用托运人或收货人自备篷布时，应记明"自备篷布×块"。

⑧国外进口危险货物，按原包装托运时，应注明"进口原包装"。

⑨笨重货件或规格相同的零担货物，应注明货件的长、宽、高度，规格不同的零担货物应注明全批货物的体积。

⑩其他按规定需要由托运人在运单内记明的事项。

（4）第四部分："托运人盖章或签字"栏，托运人于运单填记完毕，并确认无误后，在此栏盖章或签字。

（5）第五部分：领货凭证见表3-10。

领 货 凭 证　　　　　　　　　　表3-10

发站	
到站	
托运人	
收货人	

货物名称	件数	重量

托运人盖章或签字
发站承运日期戳

①正确：要求填记的内容和方法符合规定。

②完备：要求填记的事项，必须填写齐全，不得遗漏。如危险货物不但填写货物的名称，而且要填写其编号。

③真实：要求实事求是地填写，内容不得虚假隐瞒。如不能错报、匿报货物品名。

④详细：要求填写的品名应具体，有具体名称的不填概括名称，如双人床、沙发、立柜不能填写为家具。

⑤清楚：填写字迹清晰，应使用钢笔、毛笔、圆珠笔或加盖戳记、打字机打印或印刷等方法填写，不能用红色墨水填写，文字规范，以免造成办理上的错误。

⑥更改盖章：运单内填写各栏有更改时，在更改处，属于托运人填记事项，应由托运人盖章证明；属于承运人记载事项，应由车站加盖站名戳记。

学习笔记

实行网上申报之后系统根据相关规则生成电子领货凭证，托运人据此领货。货物领取完毕后，电子领货凭证自动标注，不可再次使用。发货人在"我的运单"中设置电子领货方式，发货人需自行设置领货密码并告知收货人，无须再寄送纸质领货凭证。收货人通过领货密码、动态短信验证方式，实现在到端自助打印领货凭证并办理领货。

（三）铁路货票

1. 概念

铁路货票是一种财务性质的票据。在车站，货票具有货物运输合同运单副本的性质，是发站向托运人核收运输费用的收款收据，也是处理货运事故，向收货人支付运到逾期违约金和补退运杂费的依据；在运输过程中，货票是货物运输凭证。

作为铁路运营的主要票据之一，铁路货票是铁路部门运输统计、财务管理、货流货物分析的原始信息，也是运输调度指挥作业不可缺少的基础依据。

2018年春运之后，全国铁路货运已完全实现货票电子化，原先货票上的所有信息都已在网络实现数据共享，托运人只需要在网上填好运单就可以直接下单。

知识链接

铁路货票电子化让运输再"提速"

随着铁路货物运输快速发展，作为货物信息"身份证"的铁路货票即将进入电子化时代。2018年春运期间，是电子货票与纸质货票同时使用的过渡期，也是纸质货票最后一个春运期。一张小小车票的变化，折射出货物运输的飞速发展。

铁路货票在出发站是向托运人核收运输费用的收款收据，在到站是收货人办理交付手续的一种凭证。以前，铁路纸质货票流转都采用人工传递、交接签认。这种方式容易造成货票的错漏、毁损和传递不及时，并且浪费人力和纸张，效率低下。

为适应国内物流"一单制"运输需求，进一步改善客户体验，推进铁路货物运输应用技术创新，规范铁路运输信息采集，简化作业环节，降低铁路成本。中国铁路总公司于2017年底开始推行货运票据电子化改革。

货票实现电子化后，通过电子货票综合管理系统，货票可以在车站间以及车站各岗位之间进行电子化传递，取代了以往的纸质货票随车人工传递的方式，能大大提高运输效率，既节约了铁路运营成本，也降低了客户的物流成本。货票上的所有信息也将在互联网上实现数据共享，货主只需要在网上就可以办理所有的流程和审批，而在客户取货环节以前是必须要领货凭证，现在可以凭手机的领货密码，就可以便捷领取货物。

铁路是国民经济的大动脉，铁路货物运输更被称为国民经济的"晴雨表"。铁路在实行货运改革之后，正以积极的态度面对市场、适应市场。铁路货改以来，持续推出95306网站、"一口报价、一张货票核收""门到门"等服务，再到如今的"铁路货票电子化"，铁路的服务正与社会接轨，并积极融入"互联网+"这一重大战略。这为铁路货物运输运量的大幅增长和实施"融合、创新、绿色、智慧"发展奠定了基础。

> 知识链接

2. 内容

铁路货票票面上所记载的内容基本上包括了货物的运输、流向、货物名称、数量、包装、重量、计费等信息。传统运单填制的货票（表3-11）是印有固定号码为四联复写式票据。目前使用的电子货票见图3-16。

铁路运输货票　　　　　表3-11

××铁路局货票

计划号码或运输号码

货物运到期限日货票甲联发站存查 A00001

发站		到站（局）		车种车号		货车标重		承运人/托运人装车
托运人	名称			施封号码				承运人/托运人施封
	住址		电话	铁路货车篷布号码				
收货人	名称			集装箱号码				
	住址		电话	经由			运价里程	
货物名称	件数	包装	货物重量（公斤）	计费重量	运价号	运价率	现付	
			托运人确定	承运人确定				费别	金额

> 学习笔记

学习笔记

续上表

					运费	
					装费	
					取送车费	
					过秤费	
合计						
记事					合计	

发站承运日期戳　　　　　　　　　　　　经办人盖章

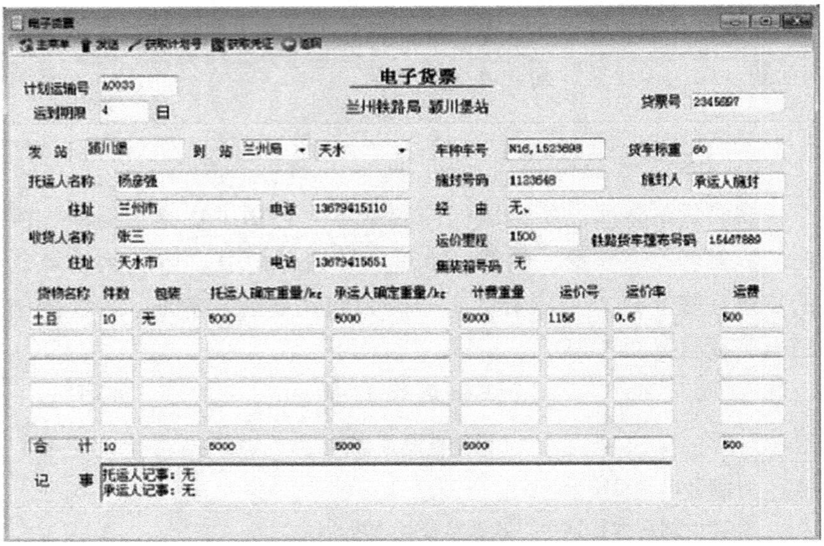

图3-16　电子货票

甲联为发站存查联；乙联为报告联，由发站按顺号装订，定期上报铁路局；丙联为承运证，交托运人凭以报销。后（到）付货票丙联随货物递交到站。由到站上报到局，作为发、到（及通过局）局间清算运费的依据；丁联为运输凭证，随货物送交到站存查。

（四）承运货物收据

承运货物收据是专用于内地对港、澳贸易的单证，既是承运人出具的货物收据，也是承运人与托运人签订的运输契约的证明。中国内地通过铁路运往港、澳地区的货物，一般委托中国对外贸易运输公司承办。当出口货物装车发运后，对外贸易运输公司即签发承运货物收据交给托运人，作为对外办理结汇的凭证。承运货物收据只有第一联为正本，反面印有"承运简章"，载明承运人的责任范围。

二、铁路货物运输运费核算

(一) 计算货物运输费用的步骤

①按《铁路货物运价规则》(铁运【2005】46号)中《货物运价里程表》(附件四)计算出发站至到站的运价里程。

②根据货物运单上填写的货物名称查找《铁路货物运输品名分类与代码表》(附件一)、《铁路货物运输品名检查表》(附件三),确定适用的运价号。

③整车、零担货物按货物适用的运价号,集装箱货物根据箱型、冷藏车货物根据车种分别在"铁路货物运价率表"(附件二)中查出适用的运价率(即发到基价1和基价2,以下同)。

④货物使用的基价1加上基价2与货物的运价里程相乘之后,再与按本规则确定的计费重量(集装箱为箱数)相乘,计算出运费。

⑤杂费按《铁路货物运价规则》的规定计算。

(二) 铁路货物运价率

铁路货物运输费用是铁路运输企业所提供的各项生产服务消耗的补偿,包括车站费用、运行费用、服务费用和额外占用铁路设备等各项费用。该项费用由铁路运输企业依据《铁路货物运价规则》的规定,使用"货票"和"运费杂费收据"核收。整车运价是《价规》中规定的按整车运送的货物的运价,由按货种别的每吨的发到基价和每吨公里或每轴公里的运行基价组成;零担货物运价是铁路对按零担运送的货物所规定的运价,由按货种别的每10千克的发到基价和每10千克公里的运行基价组成;集装箱货物运价是铁路对按集装箱运送的货物所规定的运价,由每箱的发到基价和每箱公里的运行基价组成。铁路货物运价率见表3-12,该运价率表仅供参考,市场波动以实际为准。

铁路货物运价率表 表3-12

办理类别	运价号	基价 1		基价 2	
		单位	标准	单位	标准
整车	1	—	—	元/轴公里	0.525
	2	元/吨	9.50	元/吨公里	0.086
	3	元/吨	12.80	元/吨公里	0.091
	4	元/吨	16.30	元/吨公里	0.098
	5	元/吨	18.60	元/吨公里	0.103

学习笔记

续上表

办理类别	运价号	基价1 单位	基价1 标准	基价2 单位	基价2 标准
整车	6	元/吨	26.00	元/吨公里	0.138
	机械冷藏车	元/吨	20.00	元/吨公里	0.140
零担	21	元/10千克	0.22	元/10千克公里	0.00111
	22	元/10千克	0.28	元/10千克公里	0.00155
集装箱	20英尺箱	元/箱	500.00	元/箱公里	2.025
	40英尺箱	元/箱	680.00	元/箱公里	2.754

（1）整车货物每吨运价 = 基价1 + 基价2 × 运价公里

（2）零担货物每10千克运价 = 基价1 + 基价2 × 运价公里

（3）集装箱货物每箱运价 = 基价1 + 基价2 × 运价公里

知识链接

国家发改委发布的《深化铁路货物运输价格市场化改革等有关问题的通知》，对铁路集装箱、零担各类货物运输价格，以及整车运输的矿物性建筑材料、金属制品、工业机械等12个货物品类运输价格实行市场调节，由铁路运输企业依法自主制定，实行政府指导价的整车运输各货物品类基准运价不变，铁路运输企业可以国家规定的基准运价为基础，在上浮不超过15%、下浮不限的范围内，根据市场供求状况自主确定具体运价水平。

通知要求，铁路运输企业应当严格执行国家价格政策，自觉规范价格行为。要落实明码标价规定，在营业场所显著位置，区分政府指导价和市场调节价分别公示各类货物具体运价，主动接受社会监督。坚持用户自愿原则，不得强制服务、强行收费，不得采取价格欺诈等不正当手段，损害货运用户合法权益。

技能练习

2018年10月16日，山东烟台果品公司向内蒙古自治区呼和浩特市运送一批苹果，共240件，重3200kg，价值5800元，交由烟台火车站发往呼和浩特车站，收货人为美通批发市场。请从托运人的角度填写托运单。

一、填空题

1. _____ 和大型集装箱在承运后挂运前，_____ 和其他型集装箱在承运后装车前，托运人可以向发站提出取消托运，经承运人同意，运输合同即告解除。

2. 国内铁路货物运单是_____ 与_____ 之间，为运输货物而签订的一种运输合同。

3. 铁路运输的技术装备和设施主要包括铁路机车、_____ 及_____。

4. 铁路货物运到期限由货物发送期间、_____ 和_____ 三部分组成。

二、单项选择题

1. 铁路货物运输中，一批零担货物的件数不得超过（　　）。
   A. 200 件　　B. 250 件　　C. 300 件　　D. 400 件

2. 铁路货物运输五定班列不包括（　　）。
   A. 定点　　B. 定线　　C. 定车次　　D. 定货物

3. 按零担托运的货物，一件体积应不小于（　　）（一件重量在 10kg 以上的除外）。
   A. 0.2m³　　B. 0.02m³　　C. 0.1m³　　D. 0.01m³

4. 铁路专用货车包括下面哪一种（　　）。
   A. 棚车　　B. 平车　　C. 敞车　　D. 家畜车

5. 下列货物中，能使用集装箱运输的货物是（　　）。
   A. 水泥　　B. 化肥　　C. 生毛皮　　D. 麻袋

6. 下列各组货物中，可以按一批托运的是（　　）。
   A. 1 个 10t 集装箱和 1 个 5t 集装箱
   B. 2 个 10t 集装箱
   C. 8 个 10t 集装箱
   D. 2 个 40 英尺集装箱

7. 零担货物以（　　）为一批。
   A. 每一车组　　B. 每车
   C. 每张货物运单　　D. 每件

8. 铁路货物领货凭证的传递过程是（　　）。
   A. 托运人——发站——收货人——到站
   B. 托运人——发站——托运人——收货人——到站
   C. 发站——托运人——收货人——到站
   D. 托运人——发站——托运人——到站——收货人

9. 货物运到期限的起码天数为（　　）天。
   A. 1　　B. 2　　C. 3　　D. 4

10. 货票一式四联，其中（　　）是承运凭证。

　　A. 甲联　　　　B. 乙联　　　　C. 丙联　　　　D. 丁联

三、多项选择题

1. 铁路运输的优点有（　　）。

　　A. 运载量大，速度快，可靠性高

　　B. 准确性和连续性强

　　C. 运输费用低

　　D. 一般不受气候因素影响

　　E. 初期投资小

2. 铁路货物运输的基本作业包括（　　）。

　　A. 发送作业　　　　　　　　B. 装车作业

　　C. 途中作业　　　　　　　　D. 货运合同的变更

　　E. 货物的到达和交付

3. 下列各组货物中，不得按一批托运的有（　　）。

　　A. 易腐货物与非易腐货物

　　B. 货物性质不能混装运输的货物

　　C. 投保运输的货物与未保价运输的货物

　　D. 投保运输的危险货物与未投保运输的危险货物

4. 根据托运人托运货物的数量、体积、形状等条件，铁路货物运输的形式可分为（　　）运输。

　　A. 整车　　　B. 零担　　　C. 集装箱　　　D. 托盘　　　E. 特种

5. 下列关于货票说法正确的是（　　）。

　　A. 甲联为黑色，留发站存查

　　B. 乙联为黑色，为报告联

　　C. 丙联为红色，作为运输凭证，随同运单和货物递至到站，由到站存查

　　D. 丁联为黑色，为承运证，发站收清运输费用后交托运人报销用

四、判断题

1. 铁路运输蜜蜂时，若其数量不够一车，应按零担托运。　　　　　　（　　）
2. 铁路货物若运到逾期，承运人都必须支付违约金。　　　　　　　　（　　）
3. 按一批托运的货物，其托运人、收货人、发站、到站和装卸地点必须相同。

　　　　　　　　　　　　　　　　　　　　　　　　　　　　　　　（　　）
4. 铁路货物运输达到作业包括换装整理环节。　　　　　　　　　　　（　　）
5. 铁路货票中丙联为运输凭证，随货物送交到站存查。　　　　　　　（　　）

五、名词解释

一批；班列运输；编组站；运到期限

六、简答题

1. 简述铁路货物运输的基本流程。

2. 铁路货物运输的种类有哪些？
3. 铁路运单的填写有哪些要求？
4. 郑州东到包头东，零担运输粉剂农药一批，运价里程为1177km，求运到期限。
5. 简述铁路中间站和编组站有什么区别？

 实训任务

铁路货物运输组织

某建材公司（A公司）2017年10月15日和武昌站签订了一份运输合同，运输号码为00521。A公司想要将一批钢材（115t）和部分精密贵重配件（1kg×50）运往上海站，收货人为B公司。武昌站2017年10月15日承运，配给A公司2辆标记载重为60t的敞车，车种车号为C604623和C604624。装车后用篷布苫盖。A公司当即支付全部运杂费用，货票第12号。

要求：
1. 请查资料，确定哪些货物适合铁路运输，不适合铁路运输的适合哪种方式运输？
2. 根据以上资料，分析本次运输作业活动涉及哪些角色或岗位？各环节如何衔接？
3. 分别以托运人、承运人的角色填写货物运单，并填制货票。
4. 请计算本次铁路运输的运费。
5. 可分组分角色进行，各小组完成后互换比较，找出问题，教师做重点辅导。

模块四　水路货物运输

知识目标

1. 掌握水路运输的内涵与基本分类。
2. 了解水路运输技术装备和设施的构成。
3. 掌握水路运输主要特点。
4. 掌握江河货物运输的业务程序。
5. 了解远洋货物运输的业务程序。
6. 了解水路运输相关单证。

能力目标

1. 能应用水路运输基本业务流程。
2. 能填制和处理水路运输使用的各种单证。
3. 能组织水路货物运输。

案例导入

中国大陆最大的航运企业——中国远洋运输（集团）公司

中国远洋运输（集团）公司简称中远或COSCO，是中国大陆最大的航运企业，中国中央政府直管的特大型国有企业，全球排位靠前的海洋运输公司之一。中国远洋海运集团有限公司（以下简称中国远洋海运集团或集团）由中国远洋运输（集团）总公司与中国海运（集团）总公司重组而成，总部设在上海，是中央直接管理的特大型国有企业。

中国远洋海运集团完善的全球化服务筑就了网络服务优势与品牌优势。码头、物流、航运金融、修造船等上下游产业链形成了较为完整的产业结构体系。集装箱码头吞吐量居世界第一。全球船舶燃料销量居世界第一。集装箱租赁规模居世界第三。海洋工程装备制造接单规模以及船舶代理业务也稳居世界前列。

中国远洋海运集团，承载中国经济全球化使命，整合优势资源，打造以航运、综合物流及相关金融服务为支柱，多产业集群、全球领先的综合性物流供应链服务集团。围绕"规模增长、盈利能力、抗周期性和全球公司"四个战略维度，中国远洋海运集团着力布局航运、物流、金融、装备制造、航运服务、社会化产业和基于商业模式创新的互联网＋相关业务"6＋1"产业集群，进一步促进航运要素的整合，全力打造全球领先的综合物流供应链服务商。

航运产业集群

航运产业集群包括集装箱运输、码头投资经营、油轮运输、液化天然气运输、干散货运输和客轮运输业务构成了集团的航运产业集群。

物流产业集群

物流产业集群包括工程物流、货运代理、仓储网络、多式联运、船舶代理等业务。定位于全球领先的综合性第三方物流服务商，将成为海外市场优先选择的全球物流合作伙伴。

航运金融产业集群

金融产业集群包括船舶租赁、航运保险、供应链金融、物流园区投资、股权投资和以"一带一路"基础设施投资为主的资产投资。其发展目标是，成为中国第一的航运金融及物流金融产业集群，立足中国，逐步在全球范围内建立领先地位。

装备制造产业集群

装备制造产业集群包括船舶制造、海洋工程制造、船舶维修和集装箱制造等业务。作为集团重要产业集群，将继续巩固在海洋工程装备和船舶制造及相关领域的核心技术、市场份额等方面的领先优势。

航运服务产业集群

航运服务产业集群主要包括船舶管理、船员管理、船舶备件采购、通导技术管理和燃料、物料供应等业务，将为航运主业提供坚实的保障。

社会化产业集群

社会化产业集群包括地产资源开发、酒店管理、医院、学校等社会化服务业务，是打造新产业的孵化器，也是培育专业人才的基地。

互联网＋相关业务

基于商业模式创新的互联网＋相关业务将以大数据的高品质服务新业态，推动各业务转型升级，实现互联网资源与航运要素的集成应用。

（资料来源：中国远洋运输（集团）官方网站）

思考

水路运输为什么是物流非常重要的运输方式之一？

单元 1　水路货物运输概述

一、水路货物运输概念

水路货物运输是指利用船舶、竹筏和其他载运工具，在江、河、湖泊、人工水道及海洋运送货物的一种运输方式。水路货

> 学习笔记

运输适宜于运距长、对送达时间要求不高的大宗货物运输，也适合集装箱运输。

二、水路货物运输作业流程

水路货物运输基本作业流程包括确定航线、办理托运手续、交接货物、支付费用（预付）、办理保险、报关通关、装卸船作业、货物的领取与费用的支付（到付）等内容。水路货物运输货运作业基本程序见图4-1。

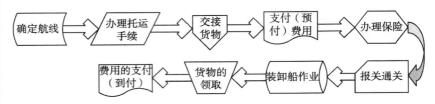

图4-1 水路货物运输作业流程

（一）确定航线

航线有广义和狭义的定义。广义的航线是船舶航行起讫点的线路。狭义的航线是船舶航行在海洋中的具体航行线，也包括画在海图上的计划航线。

1. 航线设置的影响因素

（1）有无保证船舶正常营运所需的充足且稳定的货源；

（2）航线上有无适合船舶安全航行的自然条件和地理环境；

（3）所拟航线上各个船公司的参与及其竞争能力情况；

（4）国家的外交、经贸政策及航线所在地区政局稳定情况。

2. 确定航线的步骤

航线设计是一项时间紧、任务重、繁忙而复杂的重要工作，航线设计做得合理与否，直接关系到船舶的航行安全及船舶与公司的经济效益。因此，重视和认真做好航线设计工作是每个船舶驾驶员和船长的重要责任。

（二）办理托运手续

货物的托运阶段主要包括托运人或其代理人办理托运手续、承运人检验并承运两部分业务。托运阶段的主要业务包括填写运输单据、提交托运的货物、支付运费。

1. 填写运输单据

填写水运货物运单的注意事项包括：一份货物运单填写一个

托运人、收货人、起运港、到达港；货物的名称填写具体品名，名称过繁的可以填写概括的名称；规定按重量或者体积计费的货物应当填写货物的重量和体积；填写各项内容应当准确、完整、清晰；危险货物应填制专门的危险货物运单。国家禁止利用内河以及其他封闭水域等航运渠道运输剧毒化学品以及交通部门禁止运输的其他危险化学品。危险化学品，只能委托有危险化学品运输资质的运输企业承运。水路货物运输单据见表4-1。

2. 提交托运的货物

提交托运的货物时要注意以下几点：

①货物的名称、件数、重量、体积、包装方式、标志等应当与运输合同的约定相符；

②对整船散装的货物，如果托运人在确定重量时有困难，则可要求承运人提供船舶水尺计量数作为其确定重量的依据；

③对单件货物重量或者长度超过标准的，应当按照笨重、长大货物运输办理，在运单内载明总件数、重量和体积；

④托运人应当及时办理港口、检验、检疫、公安和其他货物运输所需的各项手续的单证送交承运人；

⑤按双方约定的时间、地点将托运货物运抵指定港口暂存或直接装船；

⑥需包装的货物应根据货物的性质、运输距离及中转等条件做好货物的包装。

3. 支付运费

托运人或收货人按照约定向承运人支付运费。不同的贸易术语，支付运费的主体是不同的。各种贸易术语用法见《2010年国际贸易术语解释通则》。水运货物运费核算详见单元5。

（三）交接货物

承运人和港口经营人应按《中华人民共和国交通部水路货物运输规则》中的有关规定，审查货物运单和港口作业委托单填制的各项内容。通过港口库场装船的货物，由港口经营人在与作业委托人商定的货物集中时间和地点，按港口作业委托单载明的内容负责验收。船边直接装船或托运人自理装船的货物，由承运人或其代理人按货物运单载明的内容负责验收。

（四）办理保险

保险由发货人或者是收货人办理。根据中国人民保险公司制定的《海运货物保险条款》和《海运货物战争险条款》，我国海运

表 4-1

水路货物运单（示范文本）

本运单经承托双方签章后，具有合同效力，承运人与托运人、收货人之间的权利、义务和责任界限适用于《水路货物运输规则》及运价、规费的有关规定。

编号：

月度运输合同号码：

船名：　　　　航次：　　　　起运港：　　　　到达港：　　　　货物交接清单号码：

托运人	全称		收货人	全称		约定装船日期：	年 月 日
	地址、电话			地址、电话		约定运到期限：	
	银行、账号			银行、账号		费用结算方式：	
						应收费用：	

发货符号	货名	包装	件数	价值（元）	托运人确定		承运人确定		等级	运费计算		
					重量（吨）	体积（m³）	重量（吨）	体积（m³）		费率（元/计费吨）	金额（元）	

										费目	费率	金额（元）
										运费		
合计												
										合计		
										大写：		

特约事项：

核算员：　　　　收款章

复核员：

装船日期：　月　日　时至　月　日　时
运到时间：　月　日　时

船舶签章	收货人签章	托运人签章	承运人签章
年 月 日	年 月 日	年 月 日	年 月 日

· 150 ·

货物保险条款将承担的风险分为基础险和附加险两类,供被保险人选择其中一项基础险,再根据需要选择某一项或若干项附加险进行投保。

(五)通关、报关与报检

如果是国际货物运输,承运进出口货物的运输工具负责人或代理人应按规定向海关申报,于货物抵港后,按海关、商检、动植物检疫等有关部门的规定,办理进口报关、报验手续。

(六)装卸船作业

1. 装船作业

除承运人和港口经营人双方另有协议外,装船时应做到大票分隔,小票集中,每一大票货物应按单装船,一票一清,同一收货人的几票货物应集中在一起装船,每一大票货物或每一收货人的货物,装船开始及完成时,承运人应指导港口作业工人做好垫隔工作。

装船作业,承运人应派人看舱,指导港口作业人员按计划积载图(表)的装货顺序、部位装舱,堆码整齐。装货物时应按有关规定测定装前、装后水尺,并记录在货物交接清单上。

编制积载图(表)

编制船舶计划积载图(表),除应充分利用船舶装载能力,满足中途港卸货顺序的要求,正确、合理地进行甲板积载及缩短船舶在港停泊时间外,还应当遵守下列规定:

(1)危险货物不得违反《水路危险货物运输规则》有关配装条件的规定;

(2)易腐货物与一般货物,有气味、污秽、粉尘货物与易受感染货物,潮湿货物与怕湿货物,易生虫货物与怕虫蛀货物,易生锈货物与酸碱腐蚀性货物等相互有抵触的货物,不得配装在同一舱位;

(3)食品不得与有毒品、异味货物、污秽货物、粉尘货物、化工原料以及其他有碍食品卫生的货物配装在同一舱内;

(4)重货不压轻货,大件不压小件,木箱不压纸箱;

(5)易腐、易燃、易溶货物不得靠近机舱;

(6)怕湿、怕晒、怕冻货物不得装载在甲板上;

知识链接

(7) 同一张运单的货物，同一到达港或同一收货人的几票货物，原则上应配在同一舱内；船舶计划积载图（表）应注明装货顺序，装载位置。大宗货物应注明重量、体积、件数、收货人名称。

2. 卸船作业

卸船作业要注意以下几点：

①承运人应及时向港口经营人提供卸船资料。

②船舶到港后，承运人应及时将有关货运单证交给港口经营人，同时交代船舶记载图等情况、卸船注意事项和安全措施。

③承运人应指导卸货。

④承运人和港口经营人在卸船作业中，应随时检查舱内、舱面、作业线路有无漏卸货物或掉件，港口经营人应将漏卸、掉件和地脚货物按票及时收集归结到原批货物。卸船结束，港口经营人应将舱内、甲板、码头、作业线路、机具、库场的地脚货物清扫干净。

⑤卸船时，港口经营人应按规定的操作规程、质量标准操作，合理使用装卸机具。

⑥货物卸进港口库场，由承运人与港口经营人在船边进行交接。

⑦卸船完毕，承运人和港口经营人或者承运人和收货人应在货物交接清单上签字盖章，未完成交接手续，船舶不得离港。

（七）货物的领取与费用交付

1. 提交取货单证

收货人接到到货通知后，应当及时提货。接到到货通知，在限定期限，收货人不提取或托运人未来处理货物时，承运人可将该批货物作为无法交付货物处理。收货人应向承运人提交证明、收货人单位或者经办人有关身份证件及由托运人转寄的运单提货联或有效提货凭证，供承运人审核。如果货先到，而提货单未到或单证丢失的，收货人还需提供银行的保函。

2. 检查验收货物

收货人提取货物时，应当按照运输单证核对货物是否相符，检查包装是否受损、货物有无灭失等情况。发现货物损坏、灭失时，交接双方应当编制货运记录，确认不是承运人责任的，应编制普通记录。收货人在提取货物时没有提出货物的数量和质量异议，视为承运人已经按照逐单的记载交付货物。

3. 支付费用

在提货时支付运费，需付清滞期费、包装整修费、加固费用以及其他中途垫款等。因货物损坏、灭失或者迟延交付所造成的损害，收货人有权向承运人索赔，承运人可依据有关法规、规定进行抗辩。托运人或者收货人不支付运费、保管费以及其他费用时，承运人对相应的运输货物享有留置权，但另有约定的除外。查验货物无误并交清所有费用后，收货人在运单提货联上签收，取走货物。

> 某年1月20日，Z市T公司与S市Y公司签订购销合同，约定：Z市T公司向S市Y公司购买白砂糖3000t，单价4750元/t，总金额1475万元。同年6月5日，Z市T公司与Z市C公司签订运输协议，委托C公司将白砂糖3000t，自Z港发运至S港，运费每吨55元。C公司派"金牛山"轮承运，6月7日抵达Z港装载货物。"金牛山"轮于6月13日在S港卸货。
> 1. C公司在装卸货物时应该注意哪些问题？
> 2. 水路货物运单应该如何填写？

单元2 水路货物运输的设施设备

一、水路运输航道与港口

（一）航道

1. 航道定义

航道，是指中华人民共和国沿海、江河、湖泊、运河内船舶、排筏可以通航的水域。航道设置航行标志，以保证船舶安全航行。

2. 航道分类

（1）按管理归属分

可分为国家航道、专用航道和地方航道。

①国家航道是指：构成国家航道网、可以通航五百吨级以上船舶的内河干线航道；跨省、自治区、直辖市，可以常年通航三百吨级以上船舶的内河干线航道；沿海干线航道和主要海港航道；国家指定的重要航道。

②专用航道：是指由军事、水利电力、林业、水产等部门以及其他企业事业单位自行建设、使用的航道。

③地方航道：是指国家航道和专用航道以外的航道。

(2) 按位置和形成条件分

可划分为海上航道、内河航道、人工航道。

①海上航道：海上航道属自然水道，其通过能力几乎不受限制。

②内河航道：内河航道大部分是利用天然水道加上引航的导标设施构成的。

③人工航道：人工航道又称运河，是由人工开凿，主要用于船舶通航的河流。

3. 航道组成

现代的水上航道除了天然航道，还包括人工航道、进出港航道以及保证航行安全的航行导标系统和现代通信导航系统在内的工程综合体。航标即助航标志，是用以帮助船舶定位、引导船舶航行、表示警告和指示碍航物的人工标志，见图4-2。航标的主要功能是：①定位；②警告；③交通指示；④指示特殊区域。

图4-2 助航标志

（二）港口

1. 港口定义

港口是指具有船舶进出、停泊、靠泊，旅客上下，货物装卸、驳运、储存等功能，具有相应的码头设施，由一定范围的水域和陆域组成的区域。港口可以由一个或者多个港区组成。

2. 港口分类

(1) 港口按所在位置可分为河港、海港、河口港和水库港

河港：建在内陆水域中，包括江、河、湖和水库等岸线处，为内河运输服务。

海港：建在海岸线上，为海上运输服务。

河口港：建在江、河入海口的江、河岸线上，为内河和海上运输服务。

水库港：建于大型水库沿岸的港口。水库港受风浪影响较大，常建于有天然掩护的地区。水位受工农业用水和河道流量调节等影响，变化较大。

(2) 港口按用途可分为商港、军港、渔港、工业港和避风港

商港：供商船往来停靠、办理客货运输业务的港口，具有停靠船舶、上下客货、供应燃料和其他补给以及修理船舶所需的各种设备和条件。按其功能结构又分为综合性港口和专业性港口（如油港）。

军港：专供海军舰艇使用的港口。
渔港：供渔船停泊、卸下渔获物和进行补给修理的港口。
工业港：工矿企业专用港口。
避风港：供船舶躲避风浪的港口，也可由此取得补给、进行小修等。

（3）按货物进口是否需要报关分为报关港和自由港

报关港：要求进关的外国货和外国人需向海关办理报（入）关手续。

自由港：对来港装卸货物和货物在港内贮存与加工不需经过海关，也不交税。德国汉堡港、香港港和新加坡港均属于自由港。

3. 港口的主要设施

港口由水域和陆域两大部分组成。

（1）港口水域是供船舶进出港，以及在港内运转、锚泊和装卸作业使用的，因此要求有足够的水深和面积，水面基本平静，流速和缓，以便船舶的安全操作。港口水域主要包括码头前水域、进出港航道、船舶掉头水域、锚地以及安全作业区等几部分。

（2）港口陆域是指港界线以内的陆域面积，供旅客上下船、货物装卸、货物堆存和转载之用。一般要求有适当的高程、岸线长度、纵深以及预留发展余地。

（3）港口的水工建筑物是指建筑物的大部分处于水中，或经常与水接触。

二、水路货物运输工具

（一）船舶定义

船舶是能航行或停泊于水域进行运输或作业的交通工具，是水路运输的工具。

（二）船舶的构造

船舶必须有足够的强度，良好的航行性能和完善的设备与装置。机动船舶主要由船体、船舶动力装置、舵设备、船舶舾装及其他装置和设备等构成。

1. 船体

船体分为主体部分和上层建筑部分，一般用于布置动力装置、装载货物、储存燃油和淡水，以及布置其他各种舱室。

2. 船舶动力装置

保证船舶航行、作业、停泊及船员旅客正常工作和生活所需的机械设备的总和。包括推进装置、辅助机械设备和系统两大部分。

3. 舵设备

保证船舶安全航行并使船舶按照设定航线航行，主要由操纵机构、舵机、转舵机构以及舵等组成。

4. 船舶舾装

舱室内装结构（内壁、天花板、地板等）、家具和生活设施（炊事、卫生等）、涂装和油漆、门窗、梯和栏杆、桅杆、舱口盖等。

5. 其他装置和设备

锚设备与系泊设备，救生设备，消防设备，船内外通信设备，照明设备，信号设备，导航设备，起货设备，通风、空调和冷藏设备，海水和生活用淡水系统，压载水系统，液体舱的测深系统和透气系统，舱底水疏干系统，船舶电气设备等。

（三）船舶性能

1. 航行性能

船舶航行性能主要包括浮性、稳性、抗沉性、快速性、适航性和操纵性六大航行性能。

2. 重量性能

船舶的重量性能是表示船舶能装载多少货物的能力。船舶载重性能主要包括排水量、载重量、载重线。

（1）排水量：指船舶在静水中自由漂浮并保持静态平衡后所排开同体积水的重量，也等于该吃水时船舶的总重量。排水量一般可分为满载排水量、空船排水量及装载排水量三种。满载排水量：指船舶满载。空船排水量：即空船重量。装载排水量：指除满载及空船排水量外，任何装载水线时的排水量。

（2）载重量：指船舶在营运中所具有的载重能力，分总载重量和净载重量两种。

总载重量系指船舶在任一吃水情况下所能装载货物、燃润料、淡水、供应品及其他等总重量；净载重量指在具体航次中船舶所能装载的最大程度的货物重量。

（3）船舶载重线：绘制在船舷左右两侧船舶中央的标志，指明船舶入水部分的限度。

3. 容积性能

船舶容积性能是表示船舶装载多少体积货物的能力，其计量单位为立方米（m^3）。具体衡量指标有：舱柜容积、舱容系数及船舶登记吨位等。船舶登记吨位指依据登记尺度丈量出船舶容积后经计算得出的吨位,表示船舶具有空间的大小,又称容积吨。容积吨分总吨位、净吨位及运河吨位三种。

（四）运输船舶分类

运输船舶是指载运旅客和货物的船舶。通常又称为商船。

（1）按用途主要分为客船和货船：

①货船：据所运货物的不同可分为：杂货船、散货船、集装箱船、油船、冷藏船等。

②客船：客船分为海洋客船、旅游船、内河客船、车客渡船、小型高速客船等。

（2）按有无推进动力可分为机动船和非机动船,其中机动船按推进主机类型又分为蒸汽船、汽轮机船、柴油机船、燃气轮机船、联合动力装置船和核动力船。

（3）按国籍可分为国轮和外轮。

（4）按航程远近可分为近海轮和远洋轮。

（5）按目的和用途可分为军用船和民用船,其中民用船又分为商船、工作船、工程船、渔船、渡轮等。

（五）货船

1. 散装船

散装货船指专用于载运如散粮、煤炭、糖等密度较小的散装货物的船舶,见图4-3。一般散装船的吨位在25000~60000吨,也有150000吨的巨轮。

图4-3　散货船

2. 杂货船——普通货船

杂货船主要用于装载一般包装、带装、箱装和桶装的件杂货物,见图4-4。典型的杂货船载货量在10000~20000吨之间。新型的杂货船一般为多用途型,既能运载普通件杂货,也能运载散货、大件货、冷藏货和集装箱。

图 4-4　杂货船

3. 冷藏船

冷藏船最大的特点就是货舱具有冷藏功能，可保持适合货物久藏的温度，见图 4-5。冷藏船的吨位一般较小，航速较高，在 20 mile/h 以上。

图 4-5　冷藏船

4. 油轮

油轮是专门运送原油或者成品油的船舶，见图 4-6。一般分为原油船和成品油船两种。原油船运量巨大、载重量可达 70 多万吨，系船舶中的最大者；超大型油船的吃水可达 25m，难以靠岸且必须借助于水底管道来装卸原油；成品油船一般吨位较小，有很高的防火防爆要求。油轮在所有的船舶中吨位最大。

5. 集装箱船

集装箱船是专门运载集装箱的货船，见图 4-7。多数不装起货设备，需停靠专用集装箱码头。集装箱船运量按运输集装箱箱数计算，大致分为 1000TEU/2000TEU/3000TEU，有的可达 6000TEU 以上。集装箱船平均航速在 20n mile/h 左右，最高可达 33n mile/h。

图 4-6　油轮　　　　　　　图 4-7　集装箱船

6. 滚装船

滚装船也称滚上滚下船,主要用来运送汽车和集装箱,见图 4-8。滚装船本身无须装卸设备,设有斜坡码头。滚装船特点:装卸速度快,达普通货船的 10 倍,适于装特大、特重、特长的货物,但是舱容量较低、空船较重、造价高。

图 4-8　滚装船

7. 液化天然气船

液化天然气船简称 LNG 船,主要运输液化天然气,见图 4-9,是一种高技术高附加值船舶。随着绿色物流的发展,世界各国对液化天然气需求不断增加,高附加值的 LNG 船建造市场规模逐年扩大,并向 10 万 m^3 级以上大型船方向发展。

图 4-9　液化天然气船

8. 驳船、载驳船

驳船没有动力装置,由拖轮带动的船,见图 4-10。用于运输货物(如煤、油、木材或粮食);有时亦载客,通常由拖轮拖带。

图 4-10　驳船

载驳船是用于载运货驳的运输船舶,见图 4-11。载驳船用于河海联运。

图 4-11　载驳船

学习笔记

河海联运载驳船作业过程：先将驳船（尺度统一的船，又称为子船）装上货物，再将驳船装上载驳船（又称母船），运至目的港后，将驳船卸下水域，由内河推船分送至目的港装卸货物并待另一次运输。

9. 多用途船

多用途船可装运杂件货、散货、集装箱、重大件货和滚装货，见图 4-12。为方便这类船舶的货物装卸，多在舷侧配置大功率吊机，提高了港口装卸速率，增加了船舶航行时间比例，提高了经济效益。

图 4-12　多用途船

技能练习

中国第一本航标助航指南

我国航标历史源远流长，早在四千多年前，伴随着水上交通活动的兴起，出现了航标的雏形，见图 4-13。我国航标经历漫长的兴衰发展历程，已由最初的自然航标、人工航标，发展到自动化程度较高的助航标志。我国基本形成了多种手段的助航标志。航标的发展不仅为国内外船舶提供了可靠的航海保障，而且为同世界各国的贸易往来，促进国民经济的发展提供了有利条件。

图 4-13　航标

为服务台湾海峡水域船舶更加高效、便捷航行，交通运输部海事局出版发行了《台湾海峡西侧水域航标助航指南（2016）》一书。这是我国第一本航标助航指南，以台湾海峡西侧水域为研究对象，以航标配布和助航指南为核心要素，突出航标的定位、危险警告、确认以及指示交通功能，为进出厦门水域船舶提供更加全面、系统、准确的助航服务信息。

（资料来源：中国水运报）

1. 航标在水路运输中有哪些作用？
2. 在水路运输过程中，还需要哪些设施设备？

单元 3 内河货物运输组织

一、内河运输的定义

内河运输，是利用从事运输的船舶在江河、湖泊、水库及其他内河通航水域，但在与外界不通航的封闭性水域内进行运输的方式，是水上运输的重要组成部分，同时，它还是连接内陆腹地和沿海地区的纽带。

二、内河运输的分类

按照不同的分类依据，内河货物运输有各种不同的分类。

1. 按水路货物运输合同的承租期限分类

按水路货物运输合同的承租期限分为航次租船运输、定期租船运输、包运租船运输。

2. 按运输货物性质和特点分类

按运输货物的性质和特点分为普通大宗货物运输（如煤、砂、矿石等）和特种货物运输（如活植物，活动物，危险品货物，笨重、长大货物，易腐货物等）。

3. 按货物包装分类

按货物的包装状况分为散装货物（无包装）运输、件杂货运输、集装箱运输、单元滚装运输等。

4. 按货物运输组织形式分类

按货物运输组织形式分为直达运输、中转运输、多式联运等。

三、内河运输作业流程

内河运输作业包括水路货物运输合同签订、货物的托运和货物领取三个步骤，见图4-14。

1. 水路货物运输合同签订和管理

水路货物运输合同是指承运人收取运输费用，负责将托运人托运的货物经水路由一港（站、点）运至另一港（站、点）的书面合同。

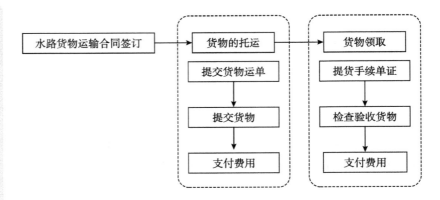

图 4-14 江河运输作业流程

以航次租船运输的运输合同为例的合同条款有：出租人和承租人名称、货物名称、件数、重量、体积（长、宽、高）、运输费用及其结算方式、船名、载货重量、载货容积及其他资料、起运港和到达港、货物交接的地点和时间、受载期限、运到期限、装货与卸货期限及其计算方法、滞期费率和速遣费率、包装方式、识别标志、违约责任、解决争议方法等。内河运输作业合同和水路运输作业合同相似。

2. 货物的托运

托运货物时，托运人任务包括，提交货物运单、提交货物、支付费用等。

（1）填写货物运单

填写要求：

①货物的名称、件数、重量、体积、包装方式等应当与运输合同的约定相符。

②对整船散装的货物，如果托运人在确定重量时有困难，则可要求承运人提供船舶水尺计量数作为其确定重量的依据。

③对单件货物重量或者长度（沿海为5t、12m，长江、珠江、黑龙江干线为3t、10m）超过标准的，应当按照笨重、长大货物运输办理，在运单内载明总件数、重量和体积。

④托运人应当及时办理港口、检验和其他货物运输所需的各项手续的单证送交承运人。

⑤已装船的货物，可由船长代表承运人签发运单。

（2）提交托运的货物

提交托运货物时应该注意：

①按双方约定的时间、地点将托运货物运抵指定港口暂存或直接装船。

②需包装的货物应根据货物的性质、运输距离及中转等条件做好货物的包装。

③在货物外包装上粘贴或拴挂货运标志、指示标志和危险货物标志。

④散装货物按重量或船舶水尺计量数交接，其他货物按件数电挂。

⑤散装液体货物由托运人装船前验舱认可，装船完毕由托运人会同承运人对每处油舱和管道阀进行施封。

⑥运输活动物，应用绳索拴好牲畜，备好途中饲料，派人随船押运照料。

⑦使用冷藏船运输易腐、保鲜货物，应在运单内载明冷藏温度。

⑧运输木（竹）排货物应按约定编排，将木（竹）排的实际规格，托运的船舶或者其他水上浮物的吨位、吃水及长、宽、高以及抗风能力等技术资料在运单内载明。

⑨托运危险货物，托运人应当按照有关危险货物运输的规定办理，并将其正式名称和危险性质以及必要时应当采取的预防措施书面通知承运人。

（3）支付费用

托运人按照约定向承运人支付运费。如果约定在装运港船上交货，运费由收货人支付，则应当在运输单证中载明，并在货物交付时向收货人收取。如果收货人约定指定目的地交货，托运人应交纳货物运输保险费、装运港口作业费等项费用。

3. 货物领取

收货人接到到货通知后，领取货物，包括提货手续单证、检查验收货物、支付费用等。

①提交取货单证。

②检查验收货物。收货人提取货物时，应当按照运输单证核对货物是否相符，检查包装是否受损、货物有无灭失等情况。

③支付费用，按照约定在提货时支付运费，并需付清滞期费、包装整修费、加固费用以及其他中途垫款等。因货物损坏、灭失或者迟延交付所造成的损害，收货人有权向承运人索赔，承运人可依据有关法规、规定进行抗辩。托运人或者收货人不支付运费、保管费以及其他费用时，承运人对相应的运输货物享有留置权，但另有约定的除外。查验货物无误并交清所有费用后，收货人在运单提货联上签收，取走货物。

知识链接

内河运输—— 一种古老的运输方式

内河运输是一种古老的运输方式，是水运的重要组成部分。中国分布有长江、珠江、黄河、淮河、辽河、黑龙江等七大主要水系，还有可贯通海河、黄河、淮河、长江、钱塘江等五大水系的南北向大运河。全国河流总长43万公里，内河通航里程10.4万公里。长江水系是内河运输的主体，长江轮船总公司是长江航运的骨干力量，是国内最大的内河运输企业。

上海长江轮船公司是以邮轮港口运营、滨水旅游和江海航运业务为主的多元经营企业。主要经营：邮轮港口运营，国内沿海、长江干线及其支流普通货船运输，国内沿海、长江外贸集装箱内支线班轮运输，长江中下游普通客船运输，黄浦江旅游客船运输，近洋国际货物运输业务，国际船舶管理业务，国际船舶普通货物运输，国际船舶集装箱运输，物流服务，游艇的销售，各项旅客服务，船舶修理，企业管理服务，商务信息咨询等。

技能练习

南京市S公司与青岛市L公司签订了包运租船合同。青岛市L公司在一年期间内至少提供40万吨液体散装危险货物，由南京市S公司4艘化工品船负责承运。合同履行期限为某年2月1日至次年7月31日，相同条件下，租船人有续约1年的优先权。

根据合同，租船人保证在一年租船期间内提供的货量总量至少40万吨。船东保证每个月提供至少1艘5500~5700吨的船舶和1艘3500~3700吨的船舶。

思考：
1. 按水路货物运输合同的承租期限分类，案例中运输属于什么类型的内河货物运输？
2. 按运输货物性质和特点分类，案例中运输属于什么类型的内河货物运输？
3. 按照租船合同的规定进行租船运输作业模拟。

单元4 海洋货物运输组织

海洋货物运输是指使用船舶通过海上航道在不同国家和地区的港口之间运送货物的一种方式。它是国际物流中最主要的运输方式。

海洋货物运输的特点：

（1）运输量大，通过能力强。海上运输是利用海上天然航道，能够四通八达，不像铁路和公路运输那样要受到道路和轨道条件的限制，通过能力很强。

（2）运输成本低。海上运输主要利用天然水域和航道，投资主要用于港口建设和船舶的购置；船舶经久耐用且节省燃料、载运量大，货物的单位运输成本相对低廉。

（3）对货物的适应能力强。海洋货物运输基本上能够适应各种货物运输的需要。如石油井台、火车、机车车辆等超重大货物，其他运输方式是无法装运的，船舶一般都可以。

（4）运输连续性差，风险较大。受自然条件尤其是季节、气候条件的影响很大，如河流航道冬季结冰和港口封冻、枯水期水位变低，都会影响船舶的正常航行。海洋环境复杂，气象多变，随时都有可能遭遇狂风巨浪、暴、雷电、海啸、浮冰等自然灾害的袭击，遇险的可能性较大。与其他运输方式相比，准确性、连续性和安全性相对较差。

（5）运输速度慢。由于商船体积大，受水流的阻力大，运输的距离长，加之运输中换装、交接等其他各种因素的影响，比其他运输方式慢。

（6）日期不易准确。由于海运的风险性和低速率性，增加了其航行日期准确性的难度。

海洋运输分为沿海运输、近海运输和远洋运输。本单元主要介绍远洋货物运输。

一、远洋货物运输定义

远洋货物运输（Ocean Shipping）是使用船舶跨越大洋的货物运输。最重要的远洋运输营运方式是租船运输和班轮运输。

二、租船运输

1. 概念

租船运输是货主或其代理人租赁其他人的船舶，将货物送达到目的地的水上运输经营方式。在租船运输业务中，没有预定的船期表，船舶经由航线和停靠的港口也不固定，有关船舶的航线和停靠的港口、运输货物的种类及航行时间等，都按承租人的要求，由船舶所有人确认而定，运费或租金也由双方根据租船市场情况在租船合同中加以约定。在国际贸易中，租船运输通常适用于大宗货物的运输。因此，我国进出口大宗货物如粮食、油料、矿产品和工业原料等，通常多采用租船运输方式。

2. 租船运输的方式及特点

租船运输方式主要包括航次租船、定期租船以及光船租船三种，不论是按航线或按期限租船，船、租双方都要签订租船合同，以明确双方的权利和义务。

（1）航次租船（Voyage Charter；Trip Charter）是指船舶所有人向租船人提供一艘船舶，或者船舶的部分舱位，在指定的港口之间或区域之间进行一个航次或数个航次承运租船人指定的货物，由租船人向船东支付相应运费的租船运输方式。

航次租船分类：航次租船就其租赁方式的不同可分为：

①单程航次租船（Single Voyage Charter）：即所租船舶只装运一个航次，航程终了时租船合同即告终止。

②来回程航次租船（Round Voyage Charter）：来回航次租船又称"往返航次租船"（Return Trip Charter），指的是出租人向承租人提供同一艘船舶装载货物从原装货港运至卸货港，再从该卸货港或附近港口装载回程货物运回原装货港或其附近港口，由承租人支付一定运费的一种船舶营运方式。

③连续单程航次租船（Consecutive Single Voyage Charter）：连续单程航次租船是指用一条船连续完成同一去向的、若干相同的程租航次，中途不能中断，一程运货，另一程放空，船方沿线不能揽载。

④连续来回程航次租船（Consecutive Round Voyage Charter）：连续来回程航次租船是所租船舶在完成一个航次的任务后，接着又在卸货港（或附近港口）装货中途不能中断。

（2）定期租船（Time Charter，Period Charter）是一种以时间为基础，由承运人（船舶所有人）将一艘特定的船舶租给租船人使用一个特定期限的方式。有关租期的长短，完全由船舶所有人和租船人根据实际情况洽商而定，少则几个月，多则几年或更长的时间。

（3）光船租船（Bareboat Charter or Demise Charter），在这种方式下，船舶所有人提供一艘特定的"裸船"，租船人在合同规定的租期内，按所确定的租金率支付租金并负责配备船员、管理和经营船舶；船舶从交给租船人处置时起，租船人负责船舶营运的全部责任。出租人需承担资本费用；承租人应承担租金、固定营运费用和航次费用。简述之，承租人应负担除船舶资本费用以外的其他一切费用和风险。

三、班轮运输

班轮运输是在固定的航线上，以既定的港口顺序，按照事先公布的船期表航行的水上运输经营方式。在班轮运输实践中，班轮运输可分为两种形式：一是定航线、定船舶、定挂靠港、定到发时间、定运价的班轮运输，通常称之为"五定班轮"；另一种通常称之为"弹性班轮"，也即所谓的定线不严格定期的班轮运输。

1. **班轮运输的特点**

船舶按照固定的船期表，沿着固定的航线和港口来往运输，并按相对固定的运费率收取运费。因此，具有"四固定"的基本特点。

2. **经营班轮运输必须具备的条件**

①需配置技术性能较高、设备齐全的船舶。
②需租赁专用码头和设备、设立相应的营业机构。
③需要给船舶配备技术和业务水平较高的船员。
④需要有一套适用于小批量接受货物托运的货运程序。

3. **班轮运输货运程序**

①揽货，是从事班轮运输经营的船公司为使自己所经营的班轮运输船舶能在载重量和舱容上得到充分利用，力争做到"满舱满载"，以期获得最好的经营效益而从货主那里争取货源的行为。

②订舱，是托运人或其代理人向承运人，即班轮公司或它的营业所或代理机构等申请货物运输，承运人对这种申请给予承诺的行为。

③装船，是托运人将其托运的货物送至码头承运船舶的船边并进行交接，然后将货物装到船上。

④卸货，是将船舶所承运的货物在卸货港从船上卸下，并在船舶交给收货人或代其收货的人，办理货物的交接手续。若卸货时，由于众多原因会发生误卸。关于因误卸引起的货物延迟损失或货物的损坏转让问题，一般在提单条款中都有规定，通常规定因误卸发生的补送、退运的费用由船公司负担，但因误卸造成的延迟交付或货物的损坏，船公司不负赔偿责任。

⑤交付货物，船公司凭提单将货物交付给收货人的行为。

⑥保函即为保证书，为了方便，船公司及银行都印有一定格式的保证书。其作用包括凭保函交付货物、凭保函签发清洁提单、凭保函倒签预借提单等。

知识链接

我国主要远洋运输航线

1. 地中海线——到地中海东部黎巴嫩的贝鲁特、的黎波里；以色列的海法、阿什杜德；叙利亚的拉塔基亚；地中海南部埃及的塞得港、亚历山大；突尼斯的突尼斯；阿尔及利亚的阿尔及尔、奥兰、地中海北部意大利的热那亚；法国的马赛；西班牙的巴塞罗那和塞浦路斯的利马索尔等港。

2. 西北欧线——到比利时的安特卫普；荷兰的鹿特丹；德国的汉堡、不来梅、法国的勒弗尔；英国的伦敦、利物浦；丹麦的哥本哈根；挪威的奥斯陆；瑞典的斯德哥尔摩和哥德堡；芬兰的赫尔辛基等。

3. 美国加拿大线——包括加拿大西海岸港口温哥华；美国西岸港口西雅图、波特兰、旧金山、洛杉矶；加拿大东岸港口蒙特利尔、多伦多；美国东岸港口纽约、波士顿、费城、巴尔的摩、波特兰和美国墨西哥湾港口的莫比尔、新奥尔良、休斯敦等港口。美国墨西哥湾各港也属美国东海岸航线。

4. 南美洲西岸线——到秘鲁的卡亚俄；智利的阿里卡；伊基克、瓦尔帕莱索、安托法加斯塔等港。

以上航线起点均为中国。

技能练习

托运人 M 所在的 X 公司出口一批雪地靴，由承运人 Q 公司班轮运输。货物装船后，承运人向托运人签发了海运提单。进口港、出口港分别为 J 港口和 C 港口。Q 物流公司的 1 月船期表见表4-2。

Q 物流公司的 1 月船期表　　　　表4-2

船名	进口港/出口港	预计到港时间	预计离港时间	码头泊位
C	J港口/C港口	01-21 20：45	01-22 12：30	11
M	J港口/C港口	01-25 21：00	01-26 22：00	3
N	J港口/C港口	01-29 21：00	01-30 13：00	12
K	J港口/C港口	02-21 21：00	02-22 08：00	4

思考：
1. 如果货物需要在 1 月前发货，选择哪个船舶比较合适？
2. 班轮运输有什么特点？

单元5 水路货物运输单证管理与运费核算

一、水路货物运输单证概述

（一）水路货物运输单证概念

1. 海运提单

海运提单，用以证明海上货物运输合同和货物已经由承运人接收或者装船，以及承运人保证据以交付货物的单证。海运提单样本见表4-3。

海 运 提 单 样 本　　　　　　表4-3

1. Shipper Insert Name, Address and Phone	B/L No.	
	××集装箱运输有限公司 ××CONTAINER LINES 　　　　　TLX：33057 COSCO CN 　FAX：+86（021）×××× ×××× 　　　　　　　　　　　ORIGINAL	
2. Consignee Insert Name, Address and Phone		
3. Notify Party Insert Name, Address and Phone （It is agreed that no responsibility shall attach to the Carrier or his agents for failure to notify）	Port-to-Port or Combined Transport BILL OF LADING RECEIVED in external apparent good order and condition except as other-Wise noted. The total number of packages or unites stuffed in the container, The description of the goods and the weights shown in this Bill of Lading are Furnished by the Merchants, and which the carrier has no reasonable means Of checking and is not a part of this Bill of Lading contract. The carrier has Issued the number of Bills of Lading stated below, all of this tenor and date, One of the original Bills of Lading must be surrendered and endorsed or sig-Ned against the delivery of the shipment and whereupon any other original Bills of Lading shall be void. The Merchants agree to be bound by the terms And conditions of this Bill of Lading as if each had personally signed this Bill of Lading. SEE clause 4 on the back of this Bill of Lading（Terms continued on the back Hereof, please read carefully）. 　＊Applicable Only When Document Used as a Combined Transport Bill of Lading.	
4. Combined Transport＊	5. Combined Transport＊	

续上表

Pre-carriage by		Place of Receipt		
6. Ocean Vessel Voy. No.		7. Port of Loading		
8. Port of Discharge		9. Combined Transport *		
		Place of Delivery		
Marks&Nos. Container/Seal No.	No. of Containers or Packages	Description of Goods (If Dangerous Goods, See Clause 20)	Gross Weight kgs	Measurement
		Description of Contents for Shipper's Use Only (Not part of This B/L Contract)		
10. Total Number of containers and/or packages (in words)				
Subject to Clause Limitation				
11. Freight&Charges	Revenue Tons	Rate	Per	Prepaid	Collect
Declared Value Charge					
Ex. Rate:	Prepaid at	Payable at		Place and date of issue	
	Total Prepaid	No. of Original B (s) /L		Signed for the Carrier, COSCO CONTAINER LINES	
LADEN ON BOARD THE VESSEL					
DATE		BY			

2. 无船承运人提单

无船承运人提单也叫货代提单，见表4-4。货运提单是指由货运代理人签发的提单。货运提单往往是货物从内陆运出并运至内陆时签发的。国际货代通常都使用此种提单。

无船承运人提单（示例）　　　表4-4

			BILL OF LADING（无船承运人提单）
			ABC LOGISTICS（GUANGZHOU）LIMITED
Phone：		Fax：	license number
Shipper/Exporter（provide complete name and address）		Booking NO：	Bill of Lading NO：
		Export References：	
Consignee（provide complete name and address）		Forwarding Agent/FMC NO：	
		Point and Country of Origin：	
Notify Party（provide complete name and address）		For Delivery of Goods Please Present Documents To：	
Mode of Initial Carriage	Place of Initial Receipt	Domestic Routing/Export Instructions	
Vessel Name	Port of Loading		
Port of Discharge	Place of Delivery By Carrier：	Freight Payable at	Type of Movement
Particulars Furnished By Shipper			
Marks&NOS/Cont. NOS	NO. of Packages	Description of Packages and Goods	Gross Weight	Measurement
Total Number of PKGS				

Freight Rates. Charges. Weights And/Or Measurements Subject To Corrections			RECEIVED FOR SHIPMENT from the MERCHANT in apparent good order and condition unless otherwise state herein, the goods mentioned above to be transported as provided herein, by any mode of transportation for all or any part of the carriage. SUBJECT TO All THE TERMS AND CONDITIONS appearing on the face and back hereof and in the Carrier s applicable tariff, to which the merchant agrees by accepting the BILL of LADING. Where applicable law requires and not otherwise, one of Bill of Lading must be surrendered, duly endorsed, in exchange for the GOODS or CONTAINER（S）or other PACKAGE（S）, the others to stand void. If aNon-Negotiable BILL of LADING is issued, neither an original nor a copy need be surrendered in exchange for delivery unless applicable law so requires.
	Prepaid	Collect	
			BY _____
			AS CARRIER
			DATED _____

（二）水路货物运输单证分类

1. 根据货物是否装船划分

根据货物是否装船可分为已装船提单和备运提单。

（1）已装船提单（On Board B/L or Shipped B/L），是指承运人已将货物装上指定的船只后签发的单证。在国际贸易中，一般都必须是已装船提单。

（2）备运提单（Received for Shipment B/L），是指承运人收到托运的货物待装船期间，签发给托运人的提单。这种提单上面没有装船日期，也无载货的具体船名。《跟单信用证统一惯例》（UCP600）规定，在信用证无特殊规定的情况下，要求卖方必须提供已装船提单。银行一般不接受备运提单。

2. 根据运输方式划分

根据运输方式分为直达提单、转船提单和联运提单。

①直达提单（Direct B/L），是指轮船装货后，中途不经过转船而直接驶往指定目的港，由承运人签发的提单。

②转船提单（Transhipment B/L），是指货物经由两程以上船舶运输至指定目的港，而由承运人在装运港签发的提单。转船提单内一般注明"在某港转船"的字样。

③联运提单（Through B/L），是指海陆、海空、海河、海海等联运货物，由第一承运人收取全程运费后并负责代办下程运输手续在装运港签发的全程提单。

转船提单和联运提单虽然包括全程运输，但签发提单的承运人一般都在提单上载明只负责自己直接承运区段发生货损，只要货物卸离其的运输工具，其责任即告终止。

3. 根据商业习惯划分

根据商业习惯分为舱面提单、过期提单、倒签提单和预借提单。

①舱面提单（On Deck B/L），又称甲板货提单，是指对装在甲板上的货物所签发的提单。在这种提单上一般都有"装舱面"（On Deck）字样。舱面货（Deck Cargo）风险较大，根据《海牙规则》规定，承运人对舱面货的损坏或灭失不负责任。因此，买方和银行一般都不愿意接受舱面提单。但有些货物，如易燃、易爆、剧毒、体积大的货物和活牲畜等必须装在甲板上。在这种情况下，合同和信用证中就应规定"允许货物装在甲板上"的条款，这样，舱面提单才可结汇。但采用集装箱运输时，根据《汉堡规则》规定和国际航运中的一般解释，装于舱面的集装箱是"船舱的延伸"，与舱内货物处于同等地位。

②过期提单（Stale B/L），是指卖方向当地银行交单结汇的日期与装船开航的日期相距太久，以致银行按正常邮程寄单预计收货人不能在船到达目的港前收到的提单，此外，根据《跟单信用

证统一惯例》规定，在提单签发日期后 21 天才向银行提交的提单也属过期。

③倒签提单（Antedated B/L），是指承运人应托运人的要求，签发提单的日期早于实际装船日期的提单，以符合信用证对装船日期的规定，便于在该信用证下结汇。装船日期的确定，主要是通过提单的签发日期证明的。提单日期不仅对买卖双方有着重要作用，而且银行向收货人提供垫款和向发货人转账，对海关办理延长进口许可证，对海上货物保险契约的生效等都有密切关系。因此，提单的签发日期必须依据接受货物记录和已装船的大副收据联签发。

④预借提单（Advanced B/L）又称无货提单，是指因信用证规定装运日期和议付日期已到，货物因故而未能及时装船，但已被承运人接管，或已经开装而未装毕，托运人出具保函，要求承运人签发已装船提单。预借提单与倒签提单同属一种性质，为了避免造成损失，尽量不用或少用这两种提单。

（三）水路货物运输单证作用

水路货物运输单证分为国内运输单证和国际运输单证，国内水路货物运输采用运单制度。货物运单属于提单范围。承运人在接受货物时签发货物运单作为收据，货物运单是承运人收取运费的见证，也是承运人、托运人、港口经营人处理商务的凭据以及货物交接的凭证。

水路承运人向发货人签发的提单是证明运送提单上记载的货物，已经从发货人手中接受并占有了该货物。提单具有接受货物收据和证明水路承运人开始对货物负责的作用。

1. 单证是收货人提取货物和承运人交付货物的凭证

收货人或受让人在目的地提货时必须凭借提单才能收货，反之，承运人或其代表也只能将货物交付给提单持有人。提单是在目的地双方货物交接的凭证。

2. 单证是货物所有权的证明，可以用来结汇、流通、抵押等

谁拥有提单，在法律上就表明拥有提单上记载的货物。提单持有人虽然不直接占有货物，但可以用它来结汇、流通买卖和抵押等，如发货人可用它来结汇，收货人可在目的港要求经营人交付货物，或用背书或交付提单方式处理货物（转让），可以作为有价证券办理抵押等。提单的转让可产生货物所有权转移的法律效力。

二、水路货物运费核算

(一) 班轮运费核算

1. 杂货班轮运费的核算

(1) 构成

班轮运费包括基本运费和附加费两部分,前者是指货物从装运港到卸货港所应收取的基本运费,它是构成全程运费的主要部分;后者是指对一些需要特殊处理货物,或者突然事件的发生或客观情况变化等原因而需另外加收的费用。

(2) 运费计算标准

在班轮运价表中,根据不同的商品,班轮运费的计算标准通常采用下列几种:

①按货物毛重(重量吨计收)运价表内用"W"表示。

②按货物的体积(尺码吨计收)运价表中用"M"表示。

③按毛重或体积计收,由船公司选择其中收费较高的作为计费吨,运价表中以"W/M"表示。

④按货物价格计收,又称为从价运费。运价表内用"AV"或"adval"表示。从价运费一般按货物的FOB价格的一定百分比收取。

⑤在货物重量、尺码或价值三者中选择最高的一种计收运价表中用"W/M or adval"表示。

⑥按货物重量或尺码最高者,再加上从价运费计收。运价表中以"W/M plus adval"表示。

⑦按每件货物作为一个计费单位收费,如活牲畜按"每头"(per head),车辆按"每辆"(per unit)收费。

⑧临时议定价格,即由货主和船公司临时协商议定。

(3) 附加费

在基本运费的基础上,加收一定百分比,或者是按每运费吨加收一个绝对值计算,在班轮运输中,常见的附加费有下列几种:

①燃油附加费:燃油附加费是由于燃油价格上涨,使船舶的燃油费用支出超过原核定的运输成本中的燃油费用,承运人在不调整原定运价的前提下,为补偿燃油费用的增加而增收的附加费。

②货币贬值附加费:这是由于国际金融市场汇率发生变动,计收运费货币贬值,使承运人的实际收入减少,为了弥补货币兑换过程中的汇兑损失而加收的附加费。

③港口附加费：由于港口装卸效率低，或港口使用费过高，或存在特殊的使用费（如进出港要通过闸门等）都会增加承运人的运输经营成本，承运人为了弥补这方面的损失而加收的附加费称为港口附加费。

④港口拥挤附加费：由于港口拥挤，船舶抵港后需要长时间等泊而产生额外的费用，为补偿船期延误损失而增收的附加费称为港口拥挤附加费。

⑤转船附加费：运输过程中货物需要在某个港口换装另一船舶运输时，承运人增收的附加费称为转船附加费。

⑥超长附加费：由于单件货物的外部尺寸超过规定的标准，运输时需要特别操作，从而产生额外费用，承运人为补偿这一费用所计收的附加费称为超长附加费。

⑦超重附加费：超重附加费是指每件商品的毛重超过规定重量时所增收的附加运费。

⑧直航附加费：这是托运人要求承运人将其托运的货物从装货港，不经过转船而直接运抵航线上某一非基本港时所增收的附加费。

⑨选港附加费：选港附加费又称选卸附加费，即选择卸货港所增加的附加费。

⑩洗舱附加费：船装载了污染货物后，或有些货物外包装破裂、内容物外泄时，必须在卸完污染物后对货舱进行清洗，承运人对由此而支出的费用所增收的附加费。

⑪变更卸货港附加费：出于收货人变更、交货地变更或清关问题等需要，有些货物在装船后需变更卸货港，而货物不在提单上原定的卸货港卸货而增收的附加费。

⑫绕航附加费：是指因某一段正常航线受战争影响、运河关闭或航道阻塞等意外情况的发生迫使船舶绕道航行，延长运输距离而增收的附加运费。

⑬旺季附加费：旺季附加费也称高峰附加费，这是在集装箱班轮运输中出现的一种附加费，在每年运输旺季时，承运人根据运输供求关系状况收取的附加费。

⑭超额责任附加费：这是托运人要求承运人承担超过提单上规定的赔偿责任限额时承运人增收的附加费。

学习笔记

例题

某公司出口到澳大利亚悉尼港某商品100箱，每箱毛重30kg，体积0.035m³，运费计算标准为W/M 10级。查10级货直运悉尼港每吨运费200元，货币附加费37%，燃油附加费28%，港口拥挤费25%。计费的重量吨和尺码吨统称为运费吨，

例题 ☞ 我国远洋运输运价表中将每吨的体积大于 $1m^3$ 的货物定为容积货物。请计算总运费。列出运算方法或运算公式，写出运算步骤和运算结果。

解：重量吨：30kg = 0.03 吨

体积吨：$0.035m^3$

因为 0.035 > 0.03　所以选用体积吨计算

基本运费：0.035 × 100 × 200 = 700 元

附加费用：(37% + 28% + 25%) × 0.035 × 100 × 200 = 630 元

公式：总运费 = 基本运费 + 附加费

700 + 630 = 1330 元

答：总运费为 1330 元。

学习笔记

2. 集装箱班轮运费的核算

集装箱货物海上运价体系基本上分为两个大类，一类是沿袭使用件杂货运费计算方法，即以每运费吨为单位（俗称散货价），另一类是以每个集装箱为计费单位（俗称包箱价）。

（1）件杂货运费公式

①基本费率——参照传统件杂货运价，以运费吨为计算单位，多数航线上采用等级费率。

②附加费——除传统杂货所收的常规附加费外，还要加收一些与集装箱货物运输有关的附加费，如集装箱滞期费等。

（2）包箱费率

主要有 FAK 包箱费率、FCS 包箱费率和 FCB 包箱费率 3 种形式。

①按 FAK 包箱费率计收：FAK 包箱费率是指分箱型而不分箱内货物种类（指普通货物），不计箱内所装货物重量（在本箱型的规定的重量限额内）统一收取的包箱基本运价。在采用包箱费率的航线上通常对一般普通货物不分等级。使用 FAK 包箱费率时，只要根据货物的种类（普通货物和特殊货物）以及集装箱箱型、交接方式查得相应的每只集装箱的运价。

②按 FCS 包箱费率计收：FCS 包箱费率是分箱型，对货物按不同种类和等级制定的包箱费率，属于货物（或商品）包箱费率（CBR）。在这种费率中，对普通货物进行分级，通常在件杂货 1～20 级中分四档，对传统件杂货等级进行简化，级差要大大小于件杂货费率的级差。

③按 FCB 包箱费率计收：FCB 包箱费率是指按不同货物的类

别（Freight）、等级（Class）及计算标准（Basis）制定的包箱费率，也属于货物（或商品）包箱费率（CBR）。在这种费率下，即使是装有同种货物的整箱货，当用重量吨或体积吨为计费标准时，其包箱费率也是不同的。这是与 FCS 包箱费率的主要区别之处。

（二）不定期船运费或租金的核算

1. 不定期船运费的核算

凡供需双方签订运输合同的不定期船，不论是包舱运输航次租船、整船运输的程租船或期租船，通常是按照船舶的全部或一部分舱位及运费率收取一笔包租运费，亦称为整笔运费。即航次租船运费等于船舶（或某舱）的承载能力乘以合同所定的运费率。船舶承载能力是指航次最大载货量，应结合航次条件及所运载货物确定。当货物的积载因数（每吨货物所占的体积）小于舱容系数（每一净载重吨所占的舱容）时，即货物属轻泡货，最大载货量等于货舱总容积除以货物平均积载因数（此时满舱不满载）。按船舶装载能力计算运费的方法，即使实际装船的数量少于承载能力，即所谓出现亏舱时，托运人仍须悉数支付全部运费，不会退还因短装所造成的"亏舱费"。另外，还有一种不指明特定船舶的不定期船运输，则按合同所定的货吨乘以合同所定的运费率计算运费。

2. 不定期船租金的核算

凡供需双方签订租船合同的期租船，不论租船的长短，租金等于每载重吨每日租金率乘以船舶夏季总载重量再乘以合同租期。由于租船是由承租人自己经营的，所以期租船的租金与船舶的实际载货量的多少无关。除了上述的内容以外，在合同中还应明确地写明有关装卸费由谁承担的条款和有关佣金计算及支付办法的条款，有些合同中还写明有关回扣的条款。

广东某出口公司以 CIF 费力克斯托出口一批货物到欧洲，经香港转船。2×40FCL，已知香港至费力克斯托的费率是 USD3500/40'，广州经香港转船其费率在香港直达费力克斯托的费率基础上加 USD150/40'。另有港口拥挤附加费 10%，燃油附加费 5%，货币贬值附加费 5%。

该出口公司应支付多少运费？

 课后习题

一、填空题

1. 水路运输是指利用_____和_____，在江、河、湖泊、人工水道及海洋运送旅客和货物的一种运输方式。
2. 航道按管理归属分为_____和_____。
3. 最重要的远洋运输营运方式是_____和_____。

二、单项选择题

1. （   ）又称内河运输，它是利用从事运输的船舶在江河、湖泊、水库及其他内河通航水域，但在与外界不通航的封闭性水域内进行运输的方式，是水上运输的重要组成部分，同时，它还是连接内陆腹地和沿海地区的纽带。

    A. 远洋运输　　　　　　　　B. 联合运输
    C. 内河运输　　　　　　　　D. 水路运输

2. 船舶（   ）是表示船舶装载多少体积货物的能力，其计量单位为立方米（m³）。

    A. 容积性能　　　　　　　　B. 重量性能
    C. 单个线路　　　　　　　　D. 航行性能

3. 原油船运量巨大、载重量可达70多万吨，（   ）系船舶中的最大者。

    A. 多用途船　　　　　　　　B. 原油船
    C. 集装箱船　　　　　　　　D. 杂货船

4. 按货物毛重（重量吨计收）运价表内用"（   ）"表示。

    A. V　　　　B. H　　　　C. M　　　　D. W

三、多项选择题

1. 水路运输特点包括（   ）。

    A. 运能大，能够运输数量巨大的货物
    B. 通用性较强，客货两宜
    C. 运输速度快，时间短
    D. 受自然气象条件因素影响大

2. 机动船舶主要由（   ）及其他装置和设备等部分构成。

    A. 船体　　　　　　　　　　B. 船舶动力装置
    C. 舵设备　　　　　　　　　D. 船舶舾装

3. 租船运输方式主要包括（   ）三种。

    A. 定程租船　　　　　　　　B. 定航租船
    C. 定期租船　　　　　　　　D. 光船租船

4. 水路运输提单，按是否可转让的原则划分，包括（   ）。

    A. 持票人交付　　　　　　　B. 按指示交付
    C. 清洁提单　　　　　　　　D. 记名提单

四、判断题

1. 狭义的航线是船舶航行起讫点的线路。广义的航线是船舶航行在海洋中的具体航行线，也包括画在海图上的计划航线。（　　）

2. 人工航道大部分是利用天然水道加上引航的导标设施构成的。（　　）

3. 转船提单（Transhipment B/L），是指货物经由两程以上船舶运输至指定目的港，而由承运人在装运港签发的提单。转船提单内一般注明"在某港转船"的字样。（　　）

4. 内河货物运输是指使用船舶通过海上航道在不同国家和地区的港口之间运送货物的一种方式。（　　）

五、名词解释

内河运输；港口；选港附加费

六、简答题

1. 简述水路运输特点。
2. 货船有哪些类型？各类船舶使用情况？
3. 简述内河运输作业流程。
4. 简述水路货物运输单证作用。

 实训任务

一、实训资料

Y 运输公司与 M 商贸公司在 Z 港签订海上货物运输合同。约定 Y 运输公司派"胜利号"货轮将 M 商贸公司的 100 桶石油由 Z 港运往 X 港，收货人为 X 港的 H 装潢公司。"胜利号"拟于 1 月 3 号抵 Z 港受载，装港时间为 2 天整。于 1 月 8 号抵达 X 港，卸港时间为 2 天整。另外，合同就船舶在港时间、滞留期和违约责任等做了相应的规定。

模拟 Y 运输公司、M 商贸公司和 H 装潢公司的相关职员完成水路货物运输的全过程，角色分配如下：

1. 托运人 1 人，张某。
2. 承运人 2 人，其中，李某计算运费，赵某填制单据。
3. 装船兼货物交付 2 人，田某、任某。
4. 货物运输 1 人，陈某。
5. 收货人 1 人，高某。

二、实训要求

1. 结合水路运输的特点，分析桶装石油在运输途中注意事项。
2. 分析水路运输的整个过程并画出流程图。
3. 拟定出 Y 运输公司与 M 商贸公司签订的合同样本。
4. 缮制并填写水路货物运单。

模块五　航空货物运输

知识目标

1. 掌握航空货物运输的概念及业务类型。
2. 了解航空货物运输的主要技术装备与设施。
3. 了解航空运单的基本概念及种类。
4. 掌握国际航空运输的作业流程。
5. 了解航空运输货物的计费。

能力目标

1. 能解释航空运输的内涵及种类。
2. 能根据货物性质选择航空货物运输的方式。
3. 能应用出口及进口货物运输流程完成国际航空货物运输业务。
4. 能填写航空运单。
5. 能计算具体情况下的航空货物运输费用。

案例导入

发展中的世界航空货运

1783年6月5日，巴黎凡尔赛宫前面的大广场上人山人海，法国蒙戈尔、费埃兄弟（Montgolfier borthers）当众演示用热空气充入球形气囊，当气球缓缓升空的时候，挂在气球下面吊篮中的一头羊、一只鸭子和一只公鸡也腾空而起，这时广场上仰头观望的法国人无不为此奇景发出惊叫声。可是他们当时不一定知道，这是人类历史上有正式记载的世界航空货运的开始。

美国莱特兄弟制造的以内燃机为动力的飞机于1903年12月17日试飞成功，这是人类历史上第一架能够载人和货物的飞机，从此以后，世界航空货运也随之飞速发展。

战争常常会以超常的驱动力促使航空业发展。第一次世界大战在1914年爆发后，仅仅在1918年全世界就制造了总共3500架飞机和52000套飞机发动机，尽管这些飞机的结构简单粗糙，但仅仅在4年之内飞机产量就增加5000倍，速度还是令人叹为观止的。

第一次世界大战结束后，不再用于战争破坏的飞机很快被人用于快速递送邮件，并且迅速发展为经营收入可观的航空货运业。从1919年至1939年，世界各地的航空邮件快递公司的收入超过邮电总额的一半。

随着航空邮件的递送，航空供应链业迅速产生。当时的航空邮电公司老板和飞机制造商不约而同地想到让横空出世的飞机，带着邮件、货物，当然还有乘客来往飞行于波涛汹涌的大西洋上空，在北美和欧洲大陆之间架起空中运输通道。1919年6月14日，约翰·阿尔科克和约瑟·布朗随身带着装满邮件的一个小包裹，驾驶飞机从加拿大纽芬兰岛起飞，于第二天在欧洲冰岛落地，据认为这是人类社会第一次国际航空邮件递送之日。20世纪20年代欧美等国家悬赏鼓励飞行员驾驶飞机飞越大西洋和太平洋，后来又增加飞越地球北极。1927—1930年曾经先后有31次飞越大西洋的壮举，其中只有10次成功，由此可见当时航空飞行的艰难。但是航空货运的发展却一天也没有停止过。第一次世界大战以后，随着航空业的不断发展，美国铁路快件公司干脆成立航空货运公司，把铁路运输和航空货运结合起来。

第二次世界大战进一步在提高效率方面重新设计航空邮件和货物的递送，航空运输逐步成为物流，尤其是军事运输的重要手段。航空运输在20世纪50年代发展比较平稳，到60年代则在市场经济的驱动下又开始连续快速发展。预计到2050年全球航空运输将达到每年4500亿吨公里。航空物流业在反应速度、覆盖网络、地面处理能力、客户服务和供应链服务、收入管理、运力协调等领域里可以取得潜在的经营竞争优势。

进入21世纪以来，全球较具规模的航空公司都纷纷把货运业务分拆成独立运作的货运航空公司，再额外提供其他配套、增值服务，将航空物流塑造成为利润中心。现在较成功的包括汉莎货运航空、新加坡货运航空、英航货运和日本货运航空等。

在中国市场，航空运输成为迅速发展的中国运输业市场中的重要运输形式，并且在整个运输周转量中比重逐渐增长，成为世界航空货运最具发展潜能的市场。随着中国经济继续保持显著增长，直接外资投入继续保持强势，中国会越来越多地需要快速运输货物，将中国企业同其国际合作伙伴联系到一起，进一步促进中国新兴航空速递和航空货运行业的发展。

（资料来源：深圳航空货运中心网站）

思考
航空货物运输未来的发展趋势如何？

单元1　航空货物运输概述

一、航空货物运输概念

航空货物运输指一票货物通过航空器自始发地运往目的地的运输，包括市区和机场的地面运输。

二、航空运输组织

(一) 国际民用航空组织

国际民用航空组织（ICAO）是联合国的一个专门机构，1994年为促进全世界民用航空安全、有序的发展而成立。民航组织总部设在加拿大蒙特利尔，负责制定国际空运标准和条例，是185个缔约国在民航领域开展合作的媒介。国际民用航空组织是协调世界各国政府在民用航空领域内各种经济和法律事务、制定航空技术国际标准的重要组织。

(二) 国际航空运输协会

国际航空运输协会（IATA）是世界各国航空运输企业联合组成的非政府性的国际组织。其宗旨是通过会员间的合作以及与国际民航组织及其他国际组织合作，提高航空运输的安全性、正常性和经济性，促进航空运输事业的发展。

国际航空运输协会的主要活动有：协商制定国际航空客货运价；统一国际航空运输规则制度；通过其结算所，结算各会员间以及会员与非会员间联运业务账目。此外，它的活动还涉及旅客订座及通信系统的标准化，航空客票和货运单的标准化，空运企业间的多边商务协议，共同关心的法律事务，与客运和货运代理人的工作关系，标准化的手册编辑和训练设施，简化机场手续，保安工作等。

图 5-1 是国际民用航空组织和国际航空运输协会会徽。

ICAO　　　　　　　　　　　　　IATA

图 5-1　航空运输组织

三、航空货物运输方式

(一) 班机运输

班机是指定期开航的，定航线、定始发站、定目的港、定途经站的飞机。一般航空公司都使用客货混合型飞机。一方面搭载旅客，一方面又运送少量货物。但一些较大的航空公司在一些航线上开辟定期的货运航班，使用全货机运输。班机运输具有以下特点：

1. 迅速准确

由于班机运输具有固定航线、固定的始发目的港、中途挂靠港，并具有固定的班期，它可以准确、迅速地将货物送到目的港。

2. 方便货主

收发货人可以准确掌握货物的起运、到达时间，对于贸易合同的履行具有较高的保障能力。

3. 舱位有限

由于班机运输大多采用客货混合机型，随货运量季节的变化会出现舱位不足现象，不能满足大批量货物及时出运要求，往往只能分批运送。

（二）包机运输

当货物批量较大，班机运输不能满足需求时，则采用包机运输。包机运输方式可分为整架包机和部分包机两类。

1. 整架包机

①即包租整架飞机，指航空公司按照与租机人事先约定的条件及费用，将整架飞机租给包机人，从一个或几个航空港装运货物至目的地。

②包机人一般要在货物装运前一个月与航空公司联系，以便航空公司安排运载和向起降机场及管理部门申请、办理过境或入境的有关手续。

③包机的费用一次一议，随市场供求情况变化。原则上包机运费，是按每一飞行公里的固定费率核收费用，并对空驶回程按每一飞行公里费用的80%收取空放费。因此，大批量货物使用包机时，要争取来回程都有货载，这样费用比较低，只使用单程，则运费较高。

2. 部分包机

部分包机是指由几家航空货物运输公司或发货人联合包租一架飞机或者由航空公司把一架飞机的舱位分别租给几家航空货物运输公司装载货物。适用于运送不足一整架飞机的货物。相对而言部分包机适合于运送一吨以上但货量不足整机的货物，在这种形式下货物运费较班机运输低，但由于需要等待其他货主备妥货物，因此运送时间要长。

知识链接

包机运输满足了大批量货物进出口运输的需要，同时包机运输的运费比班机运输低，且随国际市场供需情况的变化而变化，给包机人带来了潜在的利益。但包机运输是按往返路程计收费用，存在着回程空放的风险。

与班机运输相比，包机运输可以由承租飞机的双方议定航程的起止点和中途停靠的空港，因此更具灵活性，但由于各国政府出于安全的需要，也为了维护本国航空公司的利益，对他国航空公司的飞机通过本国领空或降落本国领土往往大加限制，复杂烦琐的审批手续大大增加了包机运输的营运成本，因此目前使用包机业务的地区并不多。

（三）航空快递

从20世纪70年代开始，特快专递业务以门到门服务的形式，为客户提供快速递送各类文件资料、物品、机器零件等服务，作为社会经济发展和文明进步的反映，它的高时效性和高服务质量的特点广受用户的欢迎，至今这项业务在我国已相当普及，并成为航空运输业的一项重要业务。

1. 航空快递的含义

航空快递是指由具有独立法人资格的企业，将急需的药品、医疗器械、贵重物品、图纸资料、货样、各种运输贸易商务单证和书报杂志等小件物品从发件人所在地通过自身或代理的网络运达收件人的一种快速运输组织形式。办理快运的手续与普通航空货物运输是一样的，都要向航空公司托运货物，凭航空运单作为交接货物的依据。一般讲航空快运公司是从航空货物运输公司派生出来的。

2. 航空快递业务的分类

快递是具有独立法人资格的企业将进出境的文件和包裹从发件人手中通过自身或代理的网络运到收件人手中的一种快速运送方式。被运送的文件或包裹叫快件。航空快递主要分为三类：门到门（Door to Door），门到机场（Door to Airport），专人派送（Courier on Board）。

（1）门到门服务（Door to Door）

发件人需要发货时联系快递公司，快递公司立即派人到发件人处取件。快递公司将取到的所需发运的快件根据不同的目的地进行分拣、整理、核对、制单、报关。通过航空公司（或快递公司自己的班机）将快件运往世界各地。发件地的快递公司用电传、发 Email 或传真等形式将所发运快件有关信息（航空运单及分运单号、件数、重量等内容）通知中转站或目地站的快递公司。快件到达中转站或目的地机场后，由中转站或当地的快递公司负责办理清关手续、提货手续，并将快件及时送交收货人手中，之后将快件派送信息及时反馈到发件地的快递公司。

（2）门到机场服务（Door to Airport）

运输服务只能到达收件人所在城市或附近的机场。快件到达目的地机场后，当地快递公司及时将到货信息通知收件人，收件人可自己办理清关手续，也可委托原快递公司或其他代理公司办理清关手续，但需额外缴纳清关代理费用。采用这种运输方式的快件多是价值较高，或是目的地海关当局对货物或物品有特殊规定。

（3）专人派送（Courier on Board）

这种方式是指发件地快递公司指派专人携带快件在最短的时间内，采用最便捷的交通方式，将快件送到收件人手里。这种方式一般是在一些比较特殊的情况下，为了确保货物安全、确保交货时间采用的。

（四）手提运输

手提运输，国际上也称其为 Hand Carry Service 或者 On Board Courier（简称 OBC），是指针对国际或国内特别紧急的货物，以专人携带的方式，通过乘坐飞机或者高铁等快速运输工具，将货物在两地之间运输的方式，是目前世界上最快速的货物运输方式之一。其门到门的运送时效通常可以达到洲际间 24 小时，洲内 8~12 小时，是目前高科技企业和生命科学企业，以及人道救助方面的惯用运输手段之一。

1. 手提运输行业的历史

在国际上，手提运输行业已有相当长的历史，从快递行业发展伊始，UPS 和 DHL 就通过手提运输的方式递送最为紧急的物品，在美国和欧洲等地，有一些老牌的手提运输商已经有三四十年的历史。这些企业是伴随着西方高端制造和科技行业的兴起、信息化的革命、制造行业以及消费、服务行业的转型升级，逐步的发展起来的。

由于改革开放的时间较晚，制造行业制造的产品大多相对低端，以及受海关政策的影响，中国的手提运输行业起步较晚，且发展较为缓慢。中国的手提运输行业的发展经历过两个阶段：

学习笔记

从 1996 年到 2006 年的十年，是第一个阶段，在这一阶段期间，手提运输有个专有名词叫作"专差快件"，也就是说手提运输的物品主要是快件的三免物品，以文件、样衣、布样、加工辅料和少量的电子产品等低价值、低附加值的低端制造产品为主，大部分产品申报为 A 类或者 B 类的免税物品，运抵口岸通常为韩国、日本、中国台湾、中国香港，主要为了满足当时大多数跨国（跨地区）服装加工业者对快速流通和交付工期的需求。货物的计费通常以公斤计价，而且收费较低，当时韩国手提运输每公斤的运价约为 45 元，香港航线的手提运费只有 30 元。然而，随着国内劳动力成本的上升，低端制造和加工行业迅速衰落，韩国、日本、中国台湾等纺织服装等企业快速的向东南亚等劳动力成本更低的国家进行转移，导致对"专差快件"市场需求的严重不足，从而导致专差快件行业的停滞甚至停止。

从 2007 年至今，是手提运输发展的第二阶段。在这期间，中国制造和贸易不断发生变化，首先，由于国内消费者对于汽车、手机等高消费产品需求的快速增长，造成国际跨国汽车和通信制造企业纷纷加大在中国的投资规模，并迅速带动相关周边产业的投资增长，而传统的轻工业产品的竞争优势不断降低，消费升级带动产业升级的大趋势已经形成。紧接着，文化产业异军突起，动漫产业、影视等文化产业也蓬勃发展；近几年以生命科学和医药研发为代表的新兴行业更是在国家政策的大力扶持下快速发展起来。在这种情况下，国外大型手提运输提供商纷纷进入中国市场，抢占市场份额。这一阶段的手提运输产品也和第一阶段有了较大的差异，主要在于：

①产品价值更高，例如：汽车电控部件、集成电路、高端电路板（多层板和软板）、手机摄像组件、通信其他部件、模具等，客户主要集中在高端制造企业，汽车制造企业、移动通信制造企业、研发机构等；

②进出口的货主多为大型企业或跨国企业，企业信誉较好，规模较大，有着严格的管理和内控机制；

③进出口货物品名较为单一，通常一次携带的货物为一个或几个品名，主动申报纳税，更加易于监管；

④货物需求更为紧急，通常运送时效要求以小时计，每迟到一小时将会受到客户较大的罚金或者生产线的重大损失，或者涉及生命安全。

在这一时期主要的手提运输企业包括腾翼搏时（Speed Global）、Royale International（诺亚澳或香港速递）、World Courier（世界速递)、Air Chater Service、Expedite Plus、Marken 等企业，其中仅腾翼搏时为本土企业。

2. 企业需要手提运输的原因

从运输成本的角度考量，目前手提运输的成本可能是普通海运、空运的几倍甚至几十倍，价格可谓高昂，那么为什么这么多企业还有这种需求呢？主要有以下几点：

①自动化流水生产线的某个部件出现故障，而流水线的制造商是国外企业，一般情况下流水线每条线一天的成本损失是几十万元人民币，所以企业会宁可花费几千或者上万元的成本选择手提运输方式，因为备件的越早送达意味这一损失就越小。

②供应商分布于全球各地的产业，特别是像汽车制造行业，一辆整车是由成千上万件不同的零部件装配而成，供应商可能数百家到上千家，一旦某一种零部件不能如期交货，会造成整个生产线不能够进行装配，每天的损失巨大。

③某些高科技企业在某段时期由于各种无法预计的原因产品不良率过高，导致必须及时补货，否则会造成其客户无法按时完成订单，而导致巨额罚金。

④有些涉及生命科学和临床治疗的产品，必须通过手提运输的方式保证其运送的快速性和安全性。世界红十字会组织每年有无数次将不同国家的志愿者的干细胞通过国际手提运输的方式送给世界各地的白血病患者，来保障骨髓移植的造血干细胞的活性和成功率。国内外通过基因和干细胞进行癌症等疾病治疗的研究发展迅速，其中部分产品一旦运输时间过长就会失去活性，因此也需要手提运输。

⑤高价值的产品，需要通过手提运输来保证其时效性和安全性。像珠宝和钻石、特别重要的文件，高度精密的仪器和科技产品，其本身价值高昂，手提运输费用在其整体售价中所占成本比例较低，但是又能够满足其时效性和安全性的需要。

⑥飞机和船用修理备件。有时候飞机或者轮船抵达海外的时候出现故障，当地又无法提供维修备件，为降低滞留的高昂成本，只能通过手提运输将备件尽快地送达飞机或船舶的滞留地。

⑦其他生产企业遇到的各种意外情况，需要通过手提运输的高时效性进行补救或者获得商业竞争的优势，比如航空公司罢工、船公司罢工，转换供货商，为了和竞争对手争夺新订单而需要尽快将样品送达客户（例如富士康"永远比竞争对手早一天将样品送到客户桌上"）等。

知识链接☞

航空快递在很多方面与传统的航空货物运输业务和邮政运送业务有相似之处，但作为一项专门的业务它又有独到之处，主要表现在：

1. 收件范围不同

航空快递的收件范围主要有文件和包裹两大类。其中文件主要是指商业文件和各种印刷品，对于包裹一般要求毛重不超过32公斤（含32公斤）或外包装单边不超过102cm，三边相加不超过175cm。随着航空运输行业竞争更加激烈，快递公司为吸引更多的客户，对包裹大小的要求趋于放松。而传统的航空货物运输业务以贸易货物为主，规定每件货物体积不得小于$5\times10\times20cm^3$。邮政业务则以私人信函为主要业务对象，对包裹要求每件重量不超过20公斤，长度不超过1m。

2. 经营者不同

经营国际航空快递的大多为跨国公司，这些公司以独资或合资的形式将业务深入世界各地，建立起全球网络。航空快件的传送基本都是在跨国公司内部完成。而国际邮政业务则通过万国邮政联盟的形式在世界上大多数国家的邮政机构之间取得合作，邮件通过两个以上国家邮政当局的合作完成传送。国际航空货物运输则主要采用集中托运的形式，或直接由发货人委托航空货物运输代理人进行，货物到达目的地后再通过发货地航空货物运输代理的关系人代为转交货物到收货人的手中。业务中除涉及航空公司外，还要依赖航空货物运输代理人的协助。

3. 内部的组织形式

邮政运输的传统操作理论是接力式传送。航空快递公司则大多都采用中心分拨理论或称转盘分拨理论组织起全球的网络。简单来讲就是快递公司根据自己业务的实际情况在中心地区设立分拨中心。各地收集起来的快件，按所到地区分拨完毕，装上飞机。当晚各地飞机飞到分拨中心，各自交换快件后飞回。第二天清晨，快件再由各地分公司用汽车送到收件人办公桌上。这种方式看上去似乎不太合理，但由于中心分拨理论减少了中间环节，快件的流向简单清楚，减少了错误，提高了操作效率，缩短了运送时间，被事实证明是经济、有效的。

4. 使用单据不同

航空货物运输使用的是航空运单，邮政使用的是包裹单，航空快递业也有自己的独特的运输单据——交付凭证（Proof of

Delivery，POD）。交付凭证一式四份。第一联留在始发地并用于出口报关；第二联贴附在货物表面，随货同行，收件人可以在此联签字表示收到货物（交付凭证由此得名），但通常快件的收件人在快递公司提供的送货纪录上签字，而将此联保留；第三联作为快递公司内部结算的依据；第四联作为发件凭证留存发件人处，同时该联印有背面条款，一旦产生争议时可作为判定当事各方权益，解决争议的依据。

（五）集中托运

1. 集中托运的含义

集中托运是指集中托运人将若干批单独发运的货物组成一整批，向航空公司办理托运，采用一份航空总运单集中发运到同一目的港，由集中托运人在目的港指定的代理人收货，再根据集中托运人签发的航空分运单分拨给各实际收货人的运输方式。它是航空货物运输中开展的最为普遍的一种形式，见图 5-2。

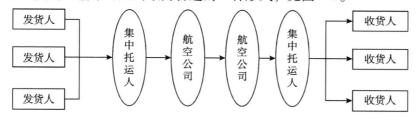

图 5-2 集中托运

集中托运人在运输中具有双重角色，他对各个发货人负货物运输责任，地位相当于承运人；而在与航空公司的关系中，他又被视为集中托运的一整批货物的托运人。

2. 集中托运的具体做法

①将每一票货物分别制定航空运输分运单，即出具货运代理的运单 HAWB（House Airway Bill）。

②将所有货物区分方向，按照其目的地相同的同一国家、同一城市来集中，制定出航空公司的总运单 MAWB（Master Airway Bill）。总运单的发货人和收货人均为航空货物运输代理公司。

③打出该总运单项下的货运清单，即此总运单有几个分运单，号码各是什么，其中件数、重量各多少等。

④把该总运单和货运清单作为一整票货物交给航空公司。一个总运单可视货物具体情况随附分运单（可以是一个分运单，也可以是多个分运单）。如：一个 MAWB 内有 10 个 HAWB，说明此

学习笔记

总运单内有 10 票货，发给 10 个不同的收货人。

⑤货物到达目的地站机场后，当地的货运代理公司作为总运单的收货人负责接货、分拨，按不同的分运单制定各自的报关单据并代为报关、为实际收货人办理有关接货送货事宜。收货人办理有关接货送货事宜。

⑥实际收货人在分运单上签收以后，目的站货运代理公司以此向发货的货运代理公司反馈到货信息。

航空运输并不是所有的货物都可以采取集中托运的方式，在集中托运时，代理人把来自不同托运人的货物合并在一个主单上运输，航空公司对于同一主单上的货物都采取同样的操作方法。因此对于集中托运货物的性质就有一定的要求，如下列货物就不得以集中托运形式运输，即活体动物、尸体、骨灰、外交信贷、危险货物等。

技能练习

某货主托运一只宠物狗，自上海至汉堡，毛重 40kg，规格为 75cm×75cm×65cm，采用空运。请为该货物选择合适的航空运输方式，为什么？

学习笔记

单元2　航空货物运输设施设备

一、航空航线与运输场站

（一）航线

飞机飞行的路线称为空中交通线，简称航线。

航线按飞机飞行路线的不同可分为国内航线和国际航线。国内航线是指飞机的起讫点和经停点均在一国国境的航线，一般由国家民用航空管理机构指定。国际航线是指飞机的起讫点和经停点跨越一国国境，连接其他国家的航线。国际航线因需经过其他国家的领空，因此必须事先洽谈，获得同意后方可开航。

知识链接

如何确定飞机航线？

飞机飞行的路线称为空中交通线，简称航线。航线按照起讫地点的归属不同分为国际航线和国内航线。飞机的航线不仅确定了飞机飞行具体方向、起讫点和经停点，而且还根据空中交通管制的需要,规定了航线的宽度和飞行高度,以维护空中交通秩序,保证飞行安全。

在某些新闻报道常听到要开辟某某航线,其实际上是有一定技术要求和含义的,它需按照飞机性能等一定的要求选定飞行的航路,同时必须确保飞机在航路上飞行的整个过程时,能时时刻刻与地面保持联系。因此开辟航线可是个技术活喔。

必须明确的是,在一望无际的天空中,实际上有着我们看不见的一条条空中通道,它对高度、宽度、路线都有严格的规定,偏离这条安全通道,就有可能存在失去联络、迷航、与高山等障碍物相撞的危险,飞机航线的确定除了安全因素外,还取决于经济效益和社会效益的大小。一般情况下,航线安排以大城市为中心,在大城市之间建立干线航线,同时辅以支线航线,由大城市辐射至周围小城市。

(二) 航空港

1. 概述

航空港是指位于航线上的、为保证航空运输和专业飞行作业用的机场及其有关建筑物和设施的总称,是空中交通网的基地,见图5-3。航空港由飞行区、客货运服务区和机务维修区三部分组成。其中,飞行区是航空港面积最大的区域,设有指挥台、跑道、滑行道、停机坪、无线电导航系统等设施。航空港的主要任务是完成客货运输服务,保养与维修飞机,保证旅客、货物和邮件正常运送以及飞机安全起降。

图5-3　航空港

2. 基本设施

通常来讲，航空港内配有以下设施。

①跑道与滑行道：前者供航空器起降，后者是航空器在跑道与停机坪之间出入的通道。

②停机坪：供飞机停留的场所。

③指挥塔或管制塔：航空器进出航空港的指挥中心，其位置应有利于指挥与航空管制，维护飞行安全。

④助航系统：辅助航空器安全飞行的设施，包括通信、气象、雷达、电子及目视助航设备。

⑤输油系统：为航空器补充油料的供油装置。

⑥维护修理基地：为航空器做归航以后或起飞以前的例行检查、维护、保养和修理。

⑦货运站。

⑧其他各种公共设施：包括水、电、通信交通、消防系统等。

3. 分类

航空港按照所处的位置分为干线航空港和支线航空港。按业务范围分为国际航空港和国内航空港，其中国际航空港需经政府核准，可以用来供国际航线的航空器起降营运，航空港内配有海关、移民、检疫和卫生机构，而国内航空港仅供国内航线的航空器使用，除特殊情况外不对外国航空器开放。

二、航空运输工具

（1）按照运输的对象分

可分为客机、全货机和客货混合机。

①客机主要运送旅客。到目前为止，航空运输仍以客运为主，客运航班密度高、收益大。

②全货机是指机舱全部用于装载货物的飞机。全货机一般为宽体飞机，主舱可装载大型集装箱，运量大，但经营成本高，只限在某些货源充足的航线使用。见图5-4。

图5-4 全货机正在装载货物

③客货混合机可以同时在主甲板运送旅客和货物，并根据需要调整运输安排，是最具有灵活性的一种机型。因此，大多数航空公司都采用客机运送货物。不足的是，由于舱位少，每次运送的货物数量十分有限。

（2）按飞机用途划分

有民用航空飞机和国家航空飞机。国家航空飞机是指军队、警察和海关等使用的飞机；民用飞机是指民用客机、货机和客货两用机、通用飞机、私人飞机。

（3）按发动机类型划分

有螺旋桨式、喷气式、活塞式飞机。

（4）按飞机的飞行速度划分

有超音速（运行速度大于等于340m/s）和亚音速（运行速度小于340m/s）。

（5）按飞机机身的宽度分

可分为窄体飞机和宽体飞机。窄体飞机机身宽度约为3m，舱内只有一条通道，一般只能在下舱内装载包装尺寸较小的杂货，如波音737系列、空客A320系列。宽体飞机机身宽度不小于4.72m，舱内有两条通道，下舱可装载集装箱，如767系列、A300系列的中型宽体客机和B747、A330、A340、A380、B777系列的大型宽体客机。内舱示意图见图5-5和图5-6。

2017年4月，顺丰集团迎来公司第17架B757-200型全货机，旗下全货机数量增加至39架，是国内运营全货机数量最多的货运航空公司。顺丰在国内民营快递中速度无人能及，自有航空货物运输是其最大优势之一。此次再添一架全货机，将为顺丰速运添砖加瓦。而早些年在航空货物运输市场，全货机其实面临了严重的信任危机。投资了全货机的航企在保障资本回报率上遭遇了很多困难，而那些没有投资全货机的航企似乎却没有受到任何负面的影响。

请结合实际分析，在当今市场趋势下，如顺丰这样的快递公司投资全货机的利与弊有哪些？

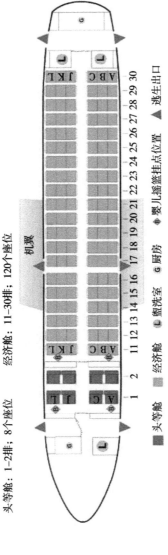

图 5-5 窄体飞机机内舱示意图

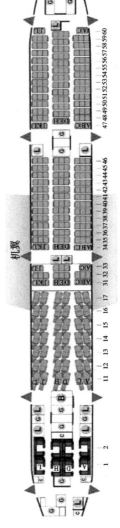

图 5-6 宽体飞机机内舱示意图

单元3　航空货物运输组织

一、航空货物运输的基本业务

航空货物运输的基本作业包括发送作业、途中作业和到达作业。

（一）发送作业

发货人可直接或委托航空货物运输公司向航空公司货运部办理托运手续。

委托时，发货人应填写航空货物托运书，连同贸易合同副本（或出口货物明细单）、货物发票、装箱单以及办理进、出口货物所需要的资料和文件，凭本人居民身份证或者其他有效证件向航空货物运输公司办理。采用包机运输时，要提前填写"包机委托书"。发货人对托运书填写内容的真实性和准确性负责。货物托运书的基本内容有：货物托运人和收货人的名称全称及详细地址、电话、邮政编码，货物品名，货物件数、包装方法及标志，货物实际价值，货物声明价值，普货运输或者急件运输，货物特性、储运及其他说明。

（二）途中作业

托运人托运在中转时有需要特殊对待、货物的声明价值超过规定的价值、不规则形状或尺寸的货物、特种货物、批量较大的货物和需要两家及其以上承运人运送的货物时，应当预订航班舱位，否则不予受理。

托运毛重价值在20美元/千克以上的国际货物，托运人可以向承运人办理货物声明价值，但每份航空货物运输单的声明价值一般不超过10万美元或等值货币。

（三）到达作业

货物运到后，除另有约定外，承运人应立即以信函或电话通知收货人。收货人以到货通知和有关证件提取货物。承运人自发出到货通知的次日起免费保管3天，超期收货人应交纳保管费。货物到达14天后仍未提取，到货站应与始发站联系，询问托运人的处理意见。如果60天后仍无人领取，则按无法交付货物处理。

航空运输进口货物时,如委托航空货物运输代理接货,收货人应将合同副本或订货单的一份交代理,代理接收收货通知后,代办报关和提货手续。

二、航空运输进出港作业

航空货物运输作业程序是指为了满足运输消费者的需求而进行的从托运人发货到收件人收货的全过程的物流和信息流的实现与控制管理过程。整个流程包括出运和接运两部分,在此以国际航空货物运输程序为例,介绍航空货物运输的进出港业务流程。

(一)航空公司出港货物的操作程序

航空公司出港货物的操作程序是指自代理人将货物交给航空公司,直到货物装上飞机的整个操作流程。操作流程见图5-7。

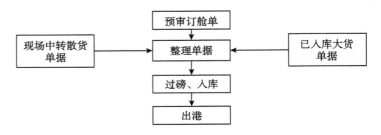

图5-7 出港货物操作流程图

1. 预审订舱单

国际货物订舱单(Cargo Booking Advance)(见表5-1),由国际吨控室开具,作为配载人员进行配载工作的依据,配载人员一般应严格按照CBA要求配货。CBA是指航空公司根据航班订舱情况制作的通知单,是地面操作部门对ULD(Unit Load Device)发放,货物出仓等环节操作的依据。

航空货物运输订舱单　　　　表5-1

SHIPPER(发货人) (Company Name 公司名称, Address 地址, Phone#电话号码)	Flight Date(预定航班日期):
CONSIGNEE(收货人) (Company Name 公司名称, Address 地址, Phone#电话号码)	是否出分单: Need HAWB or not:
	是否有随机文件: Attached doc or not:

续上表

NOTIFY PARTY（通知人） (Company Name 公司名称, Address 地址, Phone#电话号码)		委托价格： Entrust Rate：	
PORT OF LOADING （起运港）	PORT OF DISCHARGE （卸货港）	PORT OF DELIVERY （最终目的港）	
MARKS & NUMBER （唛头及箱号）	NO. OF PACKAGES （包装及件数）	DESCRIPTION OF GOODS （中英文品名及货描）	
TOTAL PACKAGE （包装件数及尺寸）：	NET WEIGHT（净重）：KG	VOLUME（立方米）：CBM	
	GROSS WEIGHT（毛重）：KG		

根据 CBA 了解货邮订舱情况，有无特殊货物，对经停的国际航班，需了解前后站的舱位利用等情况。估算本航班最大可利用货邮业载和舱位。预配平衡，根据订舱情况，旅客人数及前、后舱分布，对飞机做到心中有数，如有问题，可在预配货物时，及时调整。

了解相关航线上载运货物情况，结合 CBA 及时发现有无超订情况，如有疑问及时向吨控部门了解。

2. 整理单据

整理的单据主要包括三个方面的单据：已入库的大货的单据、现场收运的货物的单据、中转的散货的单据。

检查入库通知单、交接清单，（板箱号、高低板标示、重量及组装情况）是否清楚完整，运单是否和交接单一致。

核对 CBA，做好货物实际到达情况检查，如果出现未订舱货物，应将运单放回原处。

（1）现场收运的货物的单据

根据代理提供的报关单、货物清单对运单进行审核，主要查看货物品名、件数、重量、运价及海关放行章，对化工产品要求提供化工部非危险品证明。

（2）中转的散货单据

整理运单，询问货物到达情况及所在仓库区位；寻找并清点货物，决定组装方式。

3. 过磅和入库

①检查货物板、箱的组装情况，高度、收口等是否符合规定；

学习笔记

②将货物送至电子磅,记录重量,并悬挂吊牌;

③对装有轻泡货物的板箱,查看运单,做好体积记录;

④在电脑中输入板箱号码,航班日期等,将货物码放在货架上。

4. 出港

(1) 制作平衡交接单

配载工作全部完成后,制作平衡交接单。交接单要注明航班、日期、机型、起飞时间、板箱号、重量、总板箱号、总重量;鲜活、快件、邮件及特殊物品要标明高、中、低板。交接单一式四份,一份交平衡室,一份交外场,一份交内场出仓,一份交接后留底。

(2) 制作舱单

对航班所配货的运单整理核对,然后将运单和货物组装情况输入电脑,接下来制作舱单。

知识链接

在进出口货物的中使用的舱单,主要指进出境运输工具(进出境船舶、航空飞机等)所载货物、物品及旅客信息的载体说明。舱单其实和快递小哥派送时送给我们的货物清单是一个道理。只有在海关要求的期限内传输了舱单数据且数据客观真实,经海关审核通过后,才能办理进出口货物、物品的报关手续。关于舱单,说明以下几点:

1. 舱单的分类

根据进出口的不同,分为进境舱单和出境舱单;出境舱单根据货物的准确性,又分为预配舱单和装(乘)载舱单两种。

2. 舱单的传输人

不是所有人都能成为舱单的传输人,比如未经过海关备案或者授权的负责人就不行。相反,如果有海关的备案或者授权就可以成为舱单的传输人。

3. 舱单的传输时效

航线路程小于4h,则舱单应该在飞机起飞前提供;航线路程大于4h,则舱单应在货物抵达第一目的港的4h前提供。

学习笔记

(二) 航空公司进港货物操作程序

航空公司进港货物流程是指从飞机要到达目的地机场,承运人把货物卸下飞机直到交给代理人的全过程。其流程见图5-8。

1. 进港航班预报

填写航班预报纪录,以当日航班进港预报为依据,在航班预报册中逐项填写航班号、机号、预计到达时间。

预先了解货物情况，在每个航班到达之前，从查询部门拿取 FFM、CPM、LDM、SPC，了解到达航班的货物装机情况及特殊货物的处理情况。

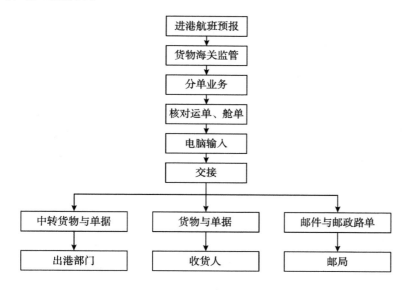

图 5-8　进港货物的操作程序图

2. 办理货物海关监管

业务文件袋收到后，将货运单送到海关办公室，由海关人员在货运单上加盖海关监管章。

3. 分单业务

①在每份货运单的正本上加盖或书写代理人代号、到达航班的航班号和日期。

②认真审核货运单，注意货运单上所列目的地、代理公司、品名和储运注意事项。联程货物交中转部门。

4. 核对运单和舱单

①若舱单上有分批发运货物，应把分批货物总件数标在运单之后，并注明分批标志。

②把舱单上列出的特种货物、联程货物圈出。

③根据分单情况，在整理出的舱单上标明每票运单的去向。

④核对运单份数与舱单是否一致，做好多单、少单记录，将多单运单号码加在舱单上，多单运单交查询部门。

5. 电脑输入

根据标好的一套舱单，将航班号、日期、运单号、数量、重量、特种货物、代理商、分批货、不正常现象等信息输入电脑，打印出国际进口货物航班交接单。

6. 交接

中转货物和中转运单、舱单交出港操作部门，邮件和邮政路单交邮局。

三、国际航空货物运输的作业流程

（一）航空货物运输出口运输代理业务流程

航空货物出口运输代理业务流程，是指航空货物运输代理公司从托运人手中接货，直到把货交给航空公司或机场货站这一过程中，对物流、信息流、单证流和资金流的控制和管理，所需通过的环节、办理的手续以及必备单证的准备。国际航空货物出口业务操作流程见图 5-9。

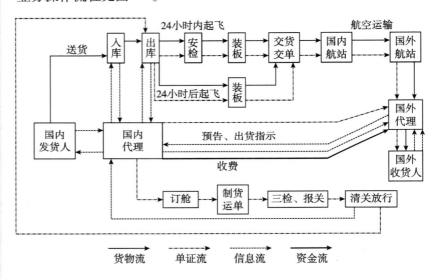

图 5-9　国际航空货物出口业务操作流程

1. 市场销售

货代企业需及时向出口单位介绍本公司的业务范围、服务项目、各项收费标准，特别是向出口单位介绍本公司的优惠运价，介绍本公司的服务优势等。

2. 委托运输

由托运人自己填写货运托运书。托运书应包括下列内容栏：托运人、收货人、始发站机场、目的地机场、要求的路线/申请订舱、供运输用的声明价值、供海关用的声明价值、保险金额、处理事项、货运单所附文件、实际毛重、运价类别、计费重量、费率、货物的品名及数量、托运人签字、日期等。航空货物运输委托书如表 5-2 所示。

国际货物托运书 表5-2

托运人姓名、地址、电话号码 SHIPPER'S NAME ADDRESS & TELEPHONE NO.	托运人账号 SHIPPER'S ACCOUNT NUMBER	航空货物运输单号码 ATR WAYBILL NUMBER	
		安全检查 SAFETY INSPECTION	
收货人姓名、地址、电话号码 CONSIGNER'S NAME. ADDRE & TELEPHONE NO.	收货人账号 CONSIGNEE'S ACCOUNT NUMBER	是否定妥航班日期吨位 BOOKED	
		航班/日期 FLIGHT/DATE	航班/日期 FLIGHT./DATE
		预付 PP	到付 CC
		供运输用声明价值 DECLATCD VALUE FOR CARRIAGE	供海关用声明价值 DECLARED VALUE FOR CUSTOMS
始发站 ALRPORT OF DEPARTURE	目的站 AIRPOBTOF DESTINATION	保险价值 AMOUNT OF INSURANCE	
填开货运单的代理人名称 ISSUING CARRIER'S AGENT NAME		另请通知 ALSO NOTIFY 海关关税及查验货等对方海关事情与本司无任何关系	
储运注意事项及其他 HANDLING INFORMATION AND OTHERS		随附文件 DOCUMENT TO ACCOMPANY AIR WAYBILL	

件数 NO. OF. PCS 运价点 RCP	毛重 （千克） GROSS WEIGHT （KG）	运价种类 PATE CLASS	商品代码 COMM. ITEM NO.	收费重量 （千克） CHARGE ABLE （KG）	费率 PATE/ KG	合计 TOTAL	货物品名 （包括包装、体积或尺寸） NATURE AND QUANTITY OF GOODS（INCL. PACKAGING DIMENSIONS OR VOLUMS）

托运人证实以上所填内容全部属实并愿遵守承运人的一切运输章程 THE SHIPPER CERTIFIES THAT THE PARTICULARS ON THE EACE HEREOF ARE CORRECT AND AGREES TO THE CONDITIONS OF CARRIAGE OF THE CARRIER 托运人或其代理人签字、盖章： SIGNATURE OF SHIPPER OR HLS AGENT	航空运费和其他费用 WEIGHT CHARGE AND OTHER CHARGES 承运人签字 SIGNATURE OF LSSUING CARRIER OR ITS AGENT 日期 DATE

3. 审核单证

单证应包括：发票、装箱单、托运书、报送单项式、外汇核销单、许可证、商检证、进料/来料加工核销本、索赔/返修协议、到会保函、关封。

4. 预配舱

代理人汇总所接受的委托和客户的预报，并输入电脑，计算出各航线的件数、重量、体积，按照客户的要求和货物重、泡情况，根据各航空公司不同机型对不同板箱的重量和高度要求，制定预配舱方案，并对每票货配上运单号。

5. 预订舱

代理人根据所指定的预配舱方案，按航班、日期打印出总运单号、件数、重量、体积，向航空公司预订舱。

6. 接受单证

接受托运人或其代理人送交的已经审核确认的托运书及报送单证和收货凭证。将收货记录与收货凭证核对，制作操作交接单，填上所收到的各种报关单证份数，给每份交接单配备一份总运单或分运单。将制作好的交接单、配好的总运单或分运单、报关单证移交制单。

7. 填制货运单

航空货物运输单包括总运单和分运单，填制航空货物运输单的主要依据是发货提供的国际货物委托书，委托书上的各项内容都应体现在货运单项式上，一般用英文填写。航空货物运输单见表5-3。

8. 接收货物

接收货物，是指航空货物运输代理公司把即将发运的货物从发货人手中接过来并运送到自己的仓库。

接收货物一般与接单同时进行。对于通过空运或铁路从内地运往出境地的出口货物，货运代理按照发货提供的运单号、航班号及接货地点日期，代其提取货物。如货物已在始发地办理了出口海关手续，发货人应同时提供始发地海关的关封。

接货时应对货物进行过磅和丈量，并根据发票、装箱或送单清点货物，核对货物的数量、品名、合同号或唛头等是否与货运单上所列一致。

9. 标记和标签

标记：包括托运人、收货人的姓名、地址、联系电话、传真；合同号等；操作（运输）注意事项；单件超过150kg的货物。

标签：航空公司标签上三位阿拉伯数字代表所承运航空公司的代号，后八位数字是总运单号码。分标签是代理公司对出具分标签的标识，分标签上应有分运单号码和货物到达城市或机场的三字代码。

航空货物运输单　　　　　表5-3

Shipper's Name and Address	Shipper's Account Number	Not negotiable		
JIANGSU IMPORT & EXPORT TRADE CORPORATION 333 ZHONGHU ROAD SUZHOU JIANGSU CHINA	045686	**Air Waybill** Issued by	中国东方航空公司 CHINA EASTERN AIRLINES 2250 HONGQIAO ROAD SHANGHAI CHINA	
Consignee's Name and Address PT. TRADE CORPORATION 310 VIRA MONTREAL CANADA	Consignee's Account Number SO099	Copies 1,2 and 3 this Air Waybill are originals and have the same validity. It is agreed that goods described herein are accepted in apparent good order and condition (except as noted) for carriage SUBJECT TO THE CONDITIONS OF CONTRACT ON THE REVESE HEREOF. ALL GOODS MAY BE CARRIED BY ANY OTHER MEANS INCLUDING ROAD OR ANY OTHER CARRIER UNLESS SPECIFIC CONTRARY INSTRUCTIONS ARE GIVEN HEREON BY THE SHIPPER, AND SHIPPER AGREES THAT THE SHIPPMENT MAY BE CARRIED VIA INTERMEDIATE STOPPING PLACES WHICH THE CARRIER DEEMS APPROPRIATE. THE SHIPPER'S ATTENTION IS DRAWN TO THE NOTICE CONCERNING CARRIER'S LIMIATION OF LIABILITY. Shipper may increase such limitation of limitation of liability by declaring a higher value for carriage and paying a supplemental charge if required.		
Issuing Carrier's Agent Name and City FUKANGWA EX3 (030-424) MONTREAL EXPRESS CO., LTD.		Accounting Information FREIGHT: PREPAID		
Agents IATA Code 08321550	Account No.			
Airport of Departure (Addr. Of First Carrier) and Requested Routing SUZHOU				

To	By First Carrier	Routing and Destination	To	By	To	By	Currency USD	Chgs Code	WT/VAL PPD / COLL xx	Other PPD / COLL xx	Declared Value for Carrier N.V.D	Declared Value for Customs

Airport of Destination MONTREAL	Requested Flight/Date MU0514/02	Amount of Insurance	If shipper requests insurance in accordance with the conditions thereof indicate amount to be insures in figures in box marked "Amount of Insurance".

Handing Information　　AS PER REF NO: XY050401

No. of Place RCP	Gross Weight	kg lb	Rate Class Commodity Item No.	Chargeable Weight	Rate / Charge	Total	Nature and Quantity of Goods (Incl. Dimensions or Volume)
70	**730**	K	Q	730	1.00	730.00	SHANGHAI COUNTRY BICYCLE 31CBM

Prepaid Weight Charge 2400.00	Collect	Other Charges AWB FEE : 30.00	
Valuation Charge			
Tax			
Total other Charges Due Agent 30.00		Shipper certifies that particular's on the face hereof are correct and agrees THE CONDITIONS ON REVERSE HEREOF: SUZHOU / AIR EXPORT	
Total other Charges Due Carrier		Signature Shipper or his Agent	
Total Prepaid 700.00	Total Collect	Carrier certifies that the goods described hereon are accepted for carriage subject to THE CONDITION OF CONTRACT ON THE REVERSE HEREOF. The goods then being in apparent good order and condition except as noted hereon. MAY. 28,2010　SUZHOU,CHINA　　CHINA EASTERN AIRLINES	
Currency Conversion Rate	CC Charges in Dest. Currency	Executed on (date)　　at (place)	Signature of Issuing Carrier
For Carriers Use only at Destination	Charges at Destination	Total Collect Charges	789-3905 0933

一件货物贴一张航空公司标签,有分运单的货物,再贴一张分标签。

10. 配舱

核对货物的实际件数、重量、体积与托运书上预报数量的差别。对预订舱位、板箱的有效利用、合理搭配,按照各航班机型、板箱型号、高度、数量进行配载。

11. 订舱

接到发货人的发货预报后,向航空公司吨控部门领取并填写订舱单,同时提供相应的信息;货物的名称、体积、重量、件数、目的地；要求出运的时间等。航空公司根据实际情况安排舱位和航班。货运代理订舱时，可依照发货人的要求选择最佳的航线和承运人，同时为发货人争取最低、最合理的运价。

订舱后，航空公司签发舱位确认书（舱单），同时给予装货集装器领取凭证，以表示舱位订妥。

12. 出口报关

首先将发货人提供的出口货物报关单的各项内容输入电脑，即电脑预录入。在通过电脑填制的报关单上加盖报关单位的报关专用章；然后将报关单与有关的发票、装箱单和货运单综合在一起，并根据需要随附有关的证明文件；以上报关单证齐全后，由持有报关证的报关员正式向海关申报；海关审核无误后，海关官员即在用于发运的运单正本上加盖放行章，同时在出口收汇核销单和出口报关单上加盖放行章，在发货人用于产品退税的单证上加盖验讫章，粘上防伪标志；完成出口报关手续。

13. 出仓单

配舱方案制定后就可着手编制出仓单：出仓单的日期、承运航班的日期、装载板箱形式及数量、货物进仓顺序编号、总运单号、件数、重量、体积、目的地三字代码和备注。货物出仓单见表 5-4 所示。

航空货物运输出仓单　　　　　　　　　　　　表 5-4

出仓日期：		承运航班日期：	
目的地：		总运单号：	
货物品名	数量	体积	毛重
装载板箱形式及数量		货物进仓顺序编号	
进出仓注意事项：			

14. 提板箱

向航空公司申领板、箱并办理相应的手续。提板、箱时，应领取相应的塑料薄膜和网。对所使用的板、箱要登记、消号。

15. 货物装箱装板

注意事项：不要用错集装箱、集装板，不要用错板型、箱型；不要超装箱板尺寸；要垫衬，封盖好塑料纸，防潮、防雨淋；集装箱、板内货物尽可能配装整齐，结构稳定，并接紧网索，防止运输途中倒塌；对于大宗货物、集中托运货物，尽可能将整票货物装一个或几个板、箱内运输。

16. 签单

货运单在盖好海关放行章后还需要到航空公司签单，只有签单确认后才允许将单、货交给航空公司。

17. 交接发运

交接是向航空公司交单交货，由航空公司安排航空运输。

交单就是将随机单据和应有承运人留存的单据交给航空公司。随机单据包括第二联航空运单正本、发票、装箱单、产地证明、品质鉴定证书。

交货即把与单据相符的货物交给航空公司。交货前必须粘贴或拴挂货物标签，清点和核对货物，填制货物交接清单。大宗货、集中托运货，以整板、整箱称重交接。零散小货按票称重，计单交接。

18. 航班跟踪

需要联程中转的货物，在货物运出后，要求航空公司提供二程、三程航班中转信息，确认中转情况。及时将上述信息反馈给客房，以便遇到有不正常情况及时处理。

19. 信息服务

从多个方面做好信息服务：订舱信息、审单及报关信息、仓库收货信息、交运称重信息、一程二程航班信息、单证信息。

20. 费用结算

发货人结算费用：在运费预付的情况下，收取航空运费、地面运输费、各种服务费和手续费。

承运人结算费用：向承运人支付航空运费及代理费，同时收取代理佣金。

（二）航空货物运输进口运输代理业务流程

航空货物进口运输代理业务流程，是指货代公司对于空运货物从入境到提取或转运整个流程所需通过的环节、办理的手续以及准备相关单证的全过程。航空货物运输代理的任务就是在目的港机场从航空公司手中接收货物，办理进口手续，并交付或送到收货人指定地点。国际航空货物进口操作流程见图5-10。

1. 代理预报

在国外发货之前，国外代理公司会将运单、航班、件数、重量、品名、实际收货人及其地址、联系电话等内容通过传真或E-mail发给目的地代理公司，做好所有接单接货前的准备工作，这一过程被称为预报。

到货预报的目的是使代理公司做好接货前的所有准备工作。代理预报的注意事项有：

①注意中转航班，中转点航班的延误会使实际到达时间和预报时间出现差异。

②注意分批货物。从国外一次性运来的货物在国内中转时，由于国内载量的限制，往往采用分批的方式运输。

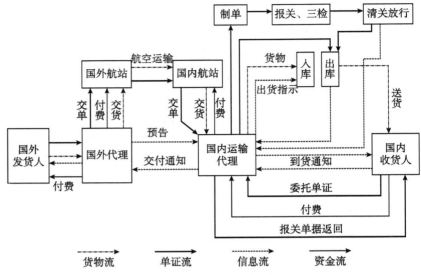

图 5-10　国际航空货物进口操作流程

2. 接单接货

航空货物入境时，与货物有关的单据（运单、发票和装箱单等）也随机到达，运输工具及货物处于海关监管之下。航空公司的地面代理公司（即机场货运站）从飞机卸货后，将货物存入其海关监管库（一级海关监管仓库）内，同时根据运单上的收货人及地址寄发取单提货通知。若运单上的收货人或通知方为海关及民航总局共同认可的一级航空货物运输代理公司，则应将运输单据及与之相关的货物交给该一级航空货物运输代理公司（一级航空货物运输代理公司的海关监管仓库为二级海关监管仓库）。

一级航空货物运输代理公司在与机场货运站办理交接手续时，应根据总运单核对实际货物。若存在有单无货或有货无单的现象，应及时告知机场货运站，并要求其在国际货物交接清单上注明，同时应在舱单数据中做相应说明。若发现货物短少、破损或有其他异常情况，应向机场货运站索要商务事故记录，作为实际收货人交涉索赔事宜的根据。

3. 理货与仓储

航空货物运输公司自航空公司接货后，即短途驳运进自己的监管仓库，组织理货及仓储。

理货时需逐一核对每票件数，再次检查货物破损情况，遇有异常，确属接货时未发现的问题，可向民航提出交涉。

4. 单据录入和分类

为便于用户查询和统计货量的需要，一级航空货物运输代理公司或海关授权的数据录入公司，负责将每票空运运单的货物信息及实际入库的相关信息，通过终端，输入到海关监管系统内。

一般，集中托运货物和单票直单货物，按照不同发货代理、不同实际收货人、收货人所在的特殊监管区域（如出口加工区、保税区等）进行单证分类。

集中托运货物需要对总运单项下的货物进行分拨，对每一份分运单对应的货物分别处理。单票直单货物则无须分拨。

5. 发到货通知单

单据录入后，根据运单或合同上的发货人名称及地址寄发到货通知单。到货通知单一般发给实际收货人，告知其货物已到空港，催促其速办报关、提货手续。到货通知单需要填写的项目有：公司名称、运单号、到货日期、应到件数及重量、实到件数及重量、合同号、货物名称、是否为特种货物、货运代理公司业务联系人及其电话等。

6. 制报关单并预录入

制单就是缮制《进口货物报关单》（表5-5）。制单的依据是运单、发票及证明货物合法进口的有关批准文件。因此，制单一般在收到客户的回复及确认，并获得必备的批文和证明之后方可进行。不需批文和证明的，可直接制单。

中华人民共和国海关进口货物报关单　　　　表5-5

预录入编号：　　　　海关编号：

进口口岸	备案号	出口日期	申报日期
经营单位	运输方式	运输工具名称	提运单号
收货单位	贸易方式	征免性质	征税比例
许可证号	启运国（地区）	装货港	境内目的地
批准文号	成交方式	运费	保费	杂费
合同协议号	件数	包装种类	毛重（公斤）	净重（公斤）
集装箱号	随付单据		用途
标记唛码及备注			

续上表

项号：商品编号：商品名称、规格型号：	
数量及单位：原产国（地区）：	
单价：总价：币制：征免：	
税费征收情况	
录入员 录入单位	兹声明以上申报无讹并承担 法律责任报关员：	海关审单批注及放行日期（签章） 审单审价
	单位地址：	征税统计
	邮编电话填制日期	查验放行

报关单上需由申报单位填报的项目有：进口口岸、经营单位、收货单位、合同号、批准机关及文号、运输工具名称及号码、贸易性质（方式）、贸易国别（地区）、原产国别（地区）、进口日期、提单或运单号、运杂费、件数、毛重、海关统计商品编码、货名规格及货号、数量、成交价格、价格条件、货币名称、申报单位、申报日期，等等。

在手工完成制单后，将报关单的各项内容通过终端输入到海关报关系统内，并打制出报关单一式多联（具体份数按不同贸易性质而定）。完成电脑预录入后，在报关单的右下角加盖申报单位的"报关专用章"。然后将报关单连同有关的运单、发票、装箱单、合同，并随附批准货物进口的证明和批文，由经海关认可并持有海关签发的报关员证件的报关员，正式向海关申报。

7. 进行商品的相关检验

根据进口商品的种类和性质，按照国家进口的有关规定，对其进行商品检验、卫生检验、动植物检验等。上述检验前要填制《中华人民共和国出入境检验检疫入境货物报检单》，并到当地的出入境检验检疫局进行报检报验。

报检报验一般发生在报关前，即"先报检报验、后报关"。报检报验时，一般需由经出入境检验检疫局认可，并持有出入境检验检疫局签发的报验员证件的报验员，凭报关单、发票、装箱单（正本或复印件），向当地的出入境检验检疫局进行报检报验。出入境检验检疫局核查无误后，或当即盖章放行，或加盖"待检章"。如是前者，则单证货物可转入报关程序，且在海关放行后，可直接从监管仓库提货；如是后者，则单证货物可先办理报关手续，海关放行后，必须由出入境检验检疫局对货物进行查验，无误后方能提货。

8. 进口报关

进口报关，就是向海关申报办理货物进口手续的过程。

报关是进口程序中最关键的环节，任何货物都必须在向海关申报并经海关放行后才能提出海关监管仓库或场所。把报关称为一个过程，是因为其本身还包含许多环节，大致可分为初审、审单、征税、验放四个阶段。

（1）初审

从总体上对报关单证作粗略地审查。它一般只审核报关单所填报的内容与原始单证是否相符，申报价格是否严重偏离市场平均水平（海关建有商品价格档案库），商品的归类编号是否准确，报关单的预录入是否有误等。也就是说，初审只对报关单证做形式上的审核，不做实质性的审查。

如果报关单证在形式上符合海关要求，负责初审的关员就在报关单左下角的"初审"一栏内签章，以示初审通过。

（2）审单

审单是报关的中心环节，狭义的报关就是审单。海关的"报关"窗口也就是履行审单的职责。审单是从形式上和内容上对报关单证进行全面的、详细的审核。审核内容包括：报关单所填报的货物名称、规格、型号、用途及金额与批准文件所批注的是否一致；确定关税的征收与减免事宜，等等。

如果报关单证不符合海关法的有关规定，海关则不接受申报。可以通关时，审单的关员则在报关单左下角的"审单"一栏内签章。

（3）征税

不管货物是否应该征税，征税作为报关的一个重要环节是必须经过的。征税关员的职责是根据报关单证所填报的货物名称、用途、规格、型号及构成材料等确定商品的归类编号和税率。如商品的归类编号或税率难以确定，海关可先查看实物或实物图片及有关资料后再行征税。若申报的价格过低或未注明价格，海关可以估价征税。征税部门除征收关税外，还负责征收增值税、消费税、行邮税及免税货物的监管手续费等。

货主在按照海关出具的税单如数缴纳税款后，征税的关员即在报关单左下角的"征税"一栏内签章，并通过电脑核销税单。

（4）验放

验放是报关程序的最后一个环节。货物放行的前提是海关报关系统终端上显示、必须提供的单证已经齐全、税款和有关费用已经结清、报关未超过报关期限，并且实际货物与报关单证所列完全一致。放行的标志是在运单正本上加盖放行章。

验放关员在放行货物的同时，将报关单据（报关单、运单、发票各一份）及核销完的批文和证明全部留存海关。如果报关超过了海关法规定的报关期限，必须在向海关缴纳滞报金之后才能放行。

如果验放关员对货物有疑义，可以要求开箱，查验货物。此时查货与征税查货，其目的有所不同，征税关员查看实物主要是为了确定税率，验放关员查验实物是为了确定货物的物理性质、化学性质以及货物的数量、规格、内容是否与报关单证所列完全一致，有无伪报、瞒报、走私等问题。

除经海关总署特准免检的货物以外，所有货物都在海关查验范围之内。

（5）报关期限与滞报金

报关期限与滞报金的问题虽不属于报关环节，却是进口货物报关不容忽视的一个问题，收货人及其报关代理人都必须对它有充分的了解。

报关期限是指货物运抵达口岸后，收货人或其货运代理公司、报关行向海关报关的时间限制。海关法规定的进口货物报关期限为自运输工具申报进境之日起的14日内。超过这一期限报关的，由海关征收滞报金。

滞报金的计征时间为自运输工具申报进境之日起的第15日到货物报关之日。滞报金每天的征收金额为货物到岸价格的0.5‰。

9. 送货或转运

货物无论送到进境地当地还是转运到进境地以外的地区，收货人或其货运代理公司、报关行都必须首先完成清关或转关手续，然后才能从海关监管仓库或场所提取货物。提取货物的凭证是海关及出入境检验检疫局盖有放行章的正本运单。未经海关放行的货物处于海关的监管之下，不能擅自提出监管仓库或场所。货主或其货运代理公司、报关行在提取货物时须结清各种费用，如国际段到付运费、报关费、仓储费、劳务费等。货物出库时，提货人应与仓库保管员仔细检查和核对货物外包装上的合同号、运单号、唛头及件数、重量等与运输单据所列是否完全一致。

若出现单货不符或货物短少、残缺或外包装异形，航空货物运输代理公司应将机场货运站出具的商务事故记录交给货主，以便后者办理必要的索赔事宜。

航空货物运输代理公司可以接受货主的委托送货上门或办理转运。航空货物运输代理公司在将货物移交货主时，办理货物交接手续，并向其收取货物进口过程中所发生的一切费用。

> **技能练习**
>
> 一票货物从北京首都国际机场运往香港国际机场，没有供运输用的声明价值，托运人也没有办理货物运输保险，本票货物运费预付，货物毛重385kg，计费重量为420kg。
>
> 请根据上述信息填制一份航空货运单。

学习笔记

单元4 航空货物运输单证管理与运费核算

一、航空货物运输单证

（一）航空货物运输单的定义

航空货物运输单是由托运人或者以托运人的名义填制，是航空承运人签发给托运人用以证明双方之间存在运输合同和货物已装上飞机的凭证，是航空货物运输中最重要的单据。

（二）航空运单的作用

①承运合同。航空运单是发货人与承运人之间的运输合同，并在双方共同签署后产生效力。

②货物收据。航空运单是承运人签发的已接收货物的证明，除非另外注明，它也是承运人收到货物并在良好条件下装运的证明。

③运费账单。航空运单上分别记载着属于收货人应负担的费用和属于代理的费用，是承运人据以核收运费的账单。

④报关单证。航空运单是必备的报关单证之一，也是海关最后查验放行的基本单证。

⑤保险证书。如果承运人承办保险，航空运单也可用来作为保险证书。

⑥航空运单是承运人内部业务的依据。

（三）国内航空运单的格式（表5-6）

中国民用航空货物运输单　　　　　　表5-6

出发站		到达站	
收货人名称		电话	
收货人地址			
发货人名称			

续上表

发货人地址				
空陆转运	自	至	运输方式	
货物品名	件数及包装	重量		价值
		计费	实际	
航空运输费				收运站 日期 经手人
地面运输费				
空陆转运费				
中转费				
其他费用				
合计				

（四）国内航空运单各联用途

航空运单一式八联。其中正本三联，副本五联。三联正本具有同等法律效力，各联用途见表5-7。

国内航空运单各联用途　　　　　表5-7

名 称	正/副本	颜色	说 明	作用及流转
第一联甲联	正	蓝	托运人联	作为托运人支付货物运费，并将货物交由承运人运输的凭证
第二联乙联	正	绿	财务联	作为收取货物运费的凭证交财务部门
第三联丙联	副	白	第一承运人联	由第一承运人留交其财务部门作为结算凭证
第四联丁联	正	粉红	收货人联	在目的地站交收货人
第五联戊联	副	黄	货物交付联	收货人提取货物时在此联上签字，由承运人留存，作为货物已经交付收货人的凭证
第六联己联	副	白	目的站联	由目的站机场留存，也可作为第三承运人联，由第三承运人交留其财务部门作为结算凭证
第七联庚联	副	白	第二承运人联	由第二承运人留交其财务部门作为结算凭证
第八联辛联	副	白	代理人联（存根联）	由货运单填署人留存备查

货运单的三联正本具有同等法律效力，一联交承运人；一联交收货人；一联交托运人。分别由托运人签字或盖章，由承运人接收货物后签字或盖章。货运单的承运人联应当自填开次日起保存两年。

二、航空货物的运费核算

（一）基本概念

1. 航空运价

航空运价，又称航空费率，指承运人对所运输的每一重量单位的货物所收取的自始发地机场至目的地机场的航空运费。

2. 航空运费

航空运费是指承运人将一票货物自始发地机场运至目的地机场所收取的航空运输费用。该费用根据每票货物所适用的运价和货物的计费重量计算而得。

$$航空运费 = 航空运价 \times 计费重量$$

3. 其他费用

其他费用是指除航空运费外，与航空货物运输有关的费用。包括：地面运输、仓储、制单、清关等费用。

（二）航空货物运输价格的种类

根据航空货物运输价格的影响因素，归纳起来，目前航空货物运输市场中主要有以下几种常见的运价。

1. 普通货物运价

这种价格适用于各种货物，以货物重量计算运费，如北京至国内航线货物运价表中的运价。航空公司通常对普通货物设置货物重量等级，根据不同的货物重量等级采用不同的运输价格，货物重量越大，运价越优惠。

（1）基础运价（代号 N）：民航局统一规定各航段货物基础运价，基础运价为 45kg 以下的普通货物运价，金额以 0.1 元为单位。

（2）重量分界点运价（代号 Q）：国内航空货物运输建立 45kg 以上、100kg 以上、300kg 以上三级重量分界点及运价。

2. 指定物品运价（代号 C）

指定物品运价适用于某一航线上明确分类的特定物品的运价。如一些批量大、季节性强、单位价值低的货物，许多指定物品运价还同时包括对大宗货物运价的折扣。指定物品运价因航线而异。航空公司通过提供指定物品运价来鼓励顾客采用航空运输，以达到充分利用吨位、解决运输不平衡的问题，以提高运载率、降低运输成本。

例如，某航空公司指定运价中货物的类别如下：

（1）海鲜类、水产品、普通植物、食品、冷冻制品和鲜花；

（2）禽苗、海鲜苗及虾类货物；

（3）服装、服装辅料、纺织品、布匹、鞋类、鞋材、皮料和皮类制品；

（4）除以上（3）类外的普通货物。

3. 等级运价（代号 S）

等级运价是指航空公司对某些特定货物提供的折扣运价或额外运价。例如，航空公司对发行的报纸提供普通运价的 50% 折扣运价；对急件、生物制品、珍贵植物和植物制品、活体动物、骨灰、灵柩、鲜活易腐物品、贵重物品、枪械、弹药、押运货物等特种货物实行等级货物运价，按照基础运价的 150% 计收运费。

4. 最低运费（代号 M）

指一票货物无论其重量多少、体积大小，自始发机场至目的地机场之间的航空运费的最低限额。相当于的士的"起步价"。

5. 集装运价

集装运价适用于采用集装箱运输的货物。由于集装箱运输可以显著减少包装和搬运费用，其运价可以大大低于普通货物运价。这种运价适用于各种货物，但是货物必须要装进集装箱。集装运价规定了基准重量，其作用类似于最低运费。托运人要按照基准重量支付运费，不管其货物是否达到这一重量。如果托运人的货物超过这一基准重量，超过部分支付额外的运费，但是运价要低于大宗的普通货物运价或指定物品运价。

6. 协议运价

协议运价是航空公司鼓励客户使用航空运输的一种运价。航空公司与客户签订协议。客户保证在协议期内向航空公司交运一定数量的货物，航空公司依照协议向客户提供一定数量的运价折扣。这种运价使得双方都有收益，对在一定时期内有相对稳定货源的客户比较有利。

7. 联运运价

如果在始发站和目的站之间需要多个航空公司承运，则采用联运运价。联运运价一般是国家颁布的价格。

8. 预定舱位运价

如果客户优先预定舱位，则采用预定舱位运价。对于预定舱位，有的航空公司采用缴纳一定数量的保证金后给予预留吨位，然后采用普通运价。

9. 其他特殊运价

如危险品运输等需要特殊服务的物品运输，则采用特殊运价。

(三) 计费重量的确定

1. 体积重量

将货物的体积按一定的比例折合为重量,此重量称为体积重量。每千克(kg)的货物其体积超过 6000m³ 时,以体积重量为计费重量。

体积重量的计算方法为:

①测量出货物的最长、最宽和最高部分的尺寸(单位为 cm),三者相乘算出体积,尾数四舍五入。在货运站丈量货物的外包装时,要比箱子的实际尺寸多出 1~2cm,如果箱子有突出部分,按突出部分的长度来计算。

②将体积折算成重量。轻泡货物以每 6000m³ 折合 1kg 计重:

计费重量(kg)= 长(cm)× 宽(cm)× 高(cm)/6000

2. 计费重量

航空公司规定,在货物体积小、重量大时,按实际重量计算;在货物体积大、重量小时,按体积计算。在集中托运时,一批货物由几件不同的货物组成,有轻泡货也有重货。其计费重量则采用整批货物的总毛重或总的体积重量,按两者之中较高的一个计算。

(四) 普通货物运价的计算步骤

①计算出航空货物的体积和体积重量。体积的折算,换算标准为每 6000cm³ 折合 1kg。

②计算货物的总重量。

③比较体积重量和总重量,取大者为计费重量。根据国际航协规定,国际货物的计费重量以 0.5kg 为最小单位,重量尾数不足 0.5kg 的,按 0.5kg 计算;0.5kg 以上不足 1kg 的按 1kg 计算。

④根据公布运价,找出适合计费重量的适用运价。

a. 计费重量小于 45kg 时,适用运价为 GCR N 的运价。

b. 计费重量大于 45kg 时,适用运价为 GCR Q45,GCR Q100,GCR Q300 等与不同重量等级分界点相对应的运价。

⑤计算航空运费。

$$航空运费 = 计费重量 \times 适用运价$$

⑥若采用较高重量分界点的较低运价计算出的运费比第 5 步计算出的航空运费较低时,取低者。

⑦比较第 6 步计算出的航空运费与最低运费,取高者。

技能练习

北京运往旧金山一箱服装,毛重36.4kg,体积尺寸为82cm×48cm×32cm,见表5-8。

国际空运价格表　　　　　　　表5-8

BEIJING	CN		BIS
Y. REMINBI	CNY		KGS
NEW YORK（NYC）	U.S.A	M	630.0
		N	64.46
		45	48.34
		100	45.19
		300	41.80

请完成以下问题:
(1) 货物的体积重量为多少?
(2) 该货物的计费重量应以什么为准?
(3) 货物航空运费为多少?

课后习题

一、填空题

1. 航空货物运输的基本作业包括＿＿＿＿＿＿、＿＿＿＿＿＿和＿＿＿＿＿＿。

2. 按飞机用途划分,有＿＿＿＿＿＿和＿＿＿＿＿＿。

3. 航空运单的作用有＿＿＿＿＿＿、货物收据、＿＿＿＿＿＿、报关单证、保险证书、承运人内部业务依据。

4. 航空公司规定计费重量按＿＿＿＿＿＿和＿＿＿＿＿＿两者之中较高的一种统计。

二、单项选择题

1. 航空运输主要承担的货运是(　　　)。
   A. 远距离、大批量　　B. 近距离、大批量
   C. 近距离、小批量　　D. 远距离、小批量

2. 飞机按其运载对象不同,可分为(　　　)。
   A. 国际航班飞机与国内航班飞机
   B. 军用(国家)飞机与民用飞机
   C. 客机、全货机、客货混合机
   D. 定期航班飞机与不定期航班飞机

3. 关于班机与包机两种航空运输方式，下列说法不正确的是（　　）。

   A. 班机运输指定期开航、定航线、定停靠点的航空飞机营运模式，发航时间的固定和准时是它的一大优势

   B. 包机运输可分为整包机运输与部分包机运输，一般采用包机运输可向航空公司争取到比采用班机运输更低的运费，但包机按往返路程计费，存在多付回程空放运费的风险

   C. 包机运输比班机运输更具有灵活性，可由包机人与航空公司自由协定经停站点和时间安排

   D. 目前包机运输在各国畅通无阻，很盛行

4. 由航空公司签发的航空运单均称为（　　）。

   A. 航空分运单　　　　　　B. 航空主运单

   C. 航空货物运输单　　　　D. 国内航空分运单

5. 由（　　）填写托运单并对所填写内容的真实性和正确性负责。

   A. 航空公司　　　　　　　B. 航空货物运输代理公司

   C. 托运人　　　　　　　　D. 收货人

6. 由航空货物运输公司在办理集中托运业务时签发给每一发货人的运单称为（　　）。

   A. 航空分运单　　　　　　B. 航空主运单

   C. 航空货物运输单　　　　D. 国内航空分运单

7. 航空货物运输费用包括运费和（　　）。

   A. 附加费　　　　　　　　B. 声明价格附加费

   C. 地面运费　　　　　　　D. 中转手续费

8. 航空进出口货物运输主要采取的运输方式不包括下列哪一项（　　）。

   A. 班级运输

   B. 包机运输

   C. 集中托运

   D. 零担运输

9. 填制航空货物运输单的主要依据是（　　）。

   A. 预定舱单

   B. 发货提供的国际货物委托书

   C. 装箱单

   D. 托运书

10. 航空运费计算时，首先适用（　　）。

    A. 起码运费

    B. 指定商品运价

    C. 等级货物运价

    D. 普通货物运价

三、多项选择题

1. 航空运输一般适合运输下列哪类货物（　　　）。
   A. 普通服装　　　　　　B. 救灾物资
   C. 战时军需品　　　　　D. 精密仪器
   E. 草鱼
2. 航空运输业务种类包括（　　　）。
   A. 班机运输　　　　　　B. 包机运输
   C. 集中托运　　　　　　D. 混合运输
3. 航空运输货物出港的操作程序包括（　　　）等环节。
   A. 整理单据　　　　　　B. 过磅
   C. 预审　　　　　　　　D. 入库
   E. 出库
4. 班机运输具有（　　　）特点。
   A. 迅速准确　　　　　　B. 方便货主
   C. 舱位较多　　　　　　D. 舱位有限
   E. 时间灵活
5. 航空运单一式八联。其中正本（　　　）联，副本（　　　）联。
   A. 二　　　　　　　　　B. 六
   C. 五　　　　　　　　　D. 四
   E. 三

四、判断题

1. 班机是指定期开航的，定航线、定始发站、定目的港、定价的飞机。（　　　）
2. 航空快递的运送对象为快件，分为快件文件和快件包裹，前者如运输贸易商务单证、图纸资料、私人信函等；后者如小型样品、返修零配件、急需医药品等。（　　　）
3. 航空主运单的发货人栏和收货人栏列明的是真正的托运人和收货人。（　　　）
4. 货运代理公司根据发货人"托运书"的内容向航空公司订舱和制作航空货物运输单。（　　　）
5. 航空运价指航空公司对单位重量/体积的货物所收取的费用，包括空中运输费用也包括其他费用，如中转手续费、制单费、各种附加费等。（　　　）

五、名词解释

配舱；报关期限；班机运输；等级运价

六、简答题

1. 航空货物运输有哪些优缺点？
2. 航空公司进港货物操作程序有哪些？
3. 航空货物运输出口运输代理业务流程涉及哪些环节？
4. 航空快递的特点有哪些？
5. 如何计算普通航空货物运价？

航空货物运输组织

某公司拟向国外托运一批货物,托运人委托空运代理(A公司)由北京国际机场发运货物到日本大阪,目的地机场 OSAKA AIRPORT。货物为 2 箱鲜蘑,每箱毛重为 18.0kg,每箱体积为 60×45×25(cm^3),公布运价见表 5-9。采用运费预付,无声明价值。已订舱,班期/日期 CA161/06 Dec 2018。托运人要求货物装机时需保持向上放置,并附发票一张。

托运人信息:CHINA LIGHT HOUSEWARE CO. LTD,BEIJING P. R. CHINA

电话:86(010)64597788,传真:86(010)64598888

收货人信息:JAPANLIGHT HOUSEWARE CO. LTD,OSAKAJAPAN

电话:0081(06)07366366

国际航空货运价格表 表 5-9

BEIJING	CN		BJS
Y. RENMINBI	CNY		KGS
OSAKA	JP	M	230.00
		N	37.51
		45	28.13
	0008	300	37.52
	0300	500	20.61
	1093	100	18.43
	2195	500	18.80

请回答以下问题:

1. 此次航空运输涉及的主要航线有哪些?
2. 请写出空运代理 A 公司的运输代理业务流程。
3. 根据以上资料填写航空货物订舱单和运单。
4. 请计算该批货物的运费。

要求:可分组分角色进行,各小组完成后互换比较,找出问题,教师做重点辅导。

模块六　特种货物运输

1. 掌握危险货物、超限货物、鲜活易腐货物等概念。
2. 掌握鲜活易腐货物的运输要点。
3. 掌握危险品的分类、特性及其运输流程。
4. 了解超限货物的运输流程。
5. 掌握危险货物、超限货物、鲜活易腐货物的分类、包装。
6. 了解相关特种货物运输工具相关知识。

1. 能对常见特种货物进行分类与分级。
2. 能完成特种货物运输的各环节操作。
3. 能完成常见特种货物的运输组织管理工作。

案例导入

马士基特种货物运输团队：挑战不可能

大多数的人都知道大名鼎鼎的马士基是世界知名的集装箱运输航运公司，从船队规模等多方面来讲马士基航运也的确为世界第一的集装箱航运公司。但是40多年前，马士基航运就已经涉足了特种货物/重大件货物的运输（OOG，IG，BBK）。

就在2016年初，马士基特种货物运输团队就在传统的集装箱班轮上挑战了装载超大超重不规则货物的任务。在这个团队的字典里没有"太长""太高""太重"等词汇。

2016年2月，马士基特种货物团队在鹿特丹将一艘重达350t（约为130头成年大象的重量）的拖轮装上了旗下的Magleby Maersk轮驶往新加坡，见图6-1和图6-2，打破了之前在诺福克装载310t发电机前往釜山的纪录。

图 6-1　绑上 Sling 准备吊装上船　　　　　　图 6-2　船上的拖轮

（图片来源：中国水运网《马士基特种货物运输团队：挑战不可能》）
（资料来源：http：//www.zgsyb.com/html/content/2016-05-26/content_ 498739.shtml）

思考
1. 马士基特种货物运输团队为何能够挑战不可能？
2. 如何实现特种货物安全、高效运输？

【说明】特种货物运输是交通运输中的薄弱环节，特别是危险货物和超限货物物流是交通运输中的薄弱环节。在危险货物和超限货物物流过程中的一个细节失误，可能会大范围对社会安定、人民健康和生命安全造成影响和威胁，严重地影响和谐社会的构建，甚至成为制约经济发展、交通运输业发展的瓶颈。

单元 1　危险货物运输组织

一、危险货物概述

（一）危险货物的概念

1. 危险货物的定义

危险货物是指具有爆炸、易燃、毒害、感染、腐蚀、放射性等危险特性，在运输、储存、生产、经营、使用和处置中，容易造成人身伤亡、财产损毁或环境污染而需要特别防护的物质和物品。

2. 对危险货物定义的理解

具有爆炸、易燃、毒害、感染、腐蚀、放射性等危险特性，这是危险货物能造成火灾、中毒、灼伤、辐射伤害与污染等事故的基本条件。

容易造成人身伤亡和财产损毁或环境污染，这是指危险货物在运输、装卸和储存保管过程中，在一定外界因素作用下，比如受热、明火、摩擦、震动、撞击、洒漏以及与性质相抵触物品接触等，发生化学变化所产生的危险效应，不仅使危险货物本身遭到损失，而且危及人身安全和破坏周围环境。

需要特别防护，主要指必须针对各类危险货物本身的物理化学特性所采取的"特别"防护措施，如对某种爆炸品必须添加抑制剂、对有机过氧化物必须控制环境温度等，这是危险货物安全运输的先决条件。

因此，同时具备上述3项要素的货物方可称为危险货物。

（二）危险货物的分类

根据货物的危害特性，一般将危险货物分为9大类，其中每一大类又可根据危害程度的高低再细分小类别或项别。当货物具有的危险性属于这9大类中的一类或多类时，该货物则为危险货物。具体的危险类别见表6-1。

危险货物类别表　　　　　　　　　　　　表6-1

危险类别	危险小类别或项别	举　例
第1类：爆炸品	1.1项：具有整体爆炸危险性的物质和物品	苦味酸铵、火箭发动机等
	1.2项：具有喷射危险性而无整体爆炸危险性的物质和物品	火箭发射药、枪榴弹等
	1.3项：具有起火危险性和轻微的爆炸危险性或者轻微的喷射危险性，或者两者兼而有之，但无整体爆炸危险性的物质和物品	二亚硝基苯、弹药曳光剂等
	1.4项：无显著危险性的物质和物品	引信点火器、信号弹等
	1.5项：具有整体爆炸危险性的非常不敏感的物质	非常不敏感爆炸性物质
	1.6项：无整体爆炸危险性的极不敏感的物品	极端不敏感爆炸性物品

续上表

危险类别	危险小类别或项别	举 例
第2类：气体	2.1项：易燃气体	异丁烯、乙烷等
	2.2项：非易燃、无毒	三氟氯甲烷、二氧化碳等
	2.3项：毒性气体	氰、甲基溴等
第3类：易燃液体	易燃液体（易燃液体混合物或含有固体物质的液体）	乙醛（极端）、丙酮（高度）、正丁醇（易燃）等
	液态退敏爆炸品	—
	其他液体	—
第4类：易燃固体，易于自燃的物质，遇水释放易燃气体的物质	4.1项：易燃固体、自反应及相关物质和减敏的爆炸物	乒乓球（易燃）
	4.2项：易于自燃的物质	动物纤维（自热）
	4.3项：遇水释放易燃气体的物质	碳化钙
第5类：氧化物质和有机过氧化物	5.1项：氧化物质	高锰酸锌、高氯酸
	5.2项：有机过氧化物	过氧化苯甲酰
第6类：毒性物质和感染性物质	6.1项：毒性物质	砒霜
	6.2项：感染性物质	医院诊所废弃物等
第7类：放射性物质	—	铀
第8类：腐蚀性物质	金属腐蚀品	氯酸溶液
	皮肤腐蚀品	氢氧化钠
第9类：杂项危险物质和物品，包括环境有害物质	杂项危险物质和物品	聚合珠粒
	危害环境物质	氯苯胺

需要注意的是，类别和项别的号码顺序代表危险程度的高低。同时，部分货物不仅仅只有一项危险类别，可能同时包含表6-1中的2个甚至3个危险类别，这种情况下往往还需根据危险性先后顺序规则来确认其主要危险类别及次要危险类别。

（三）危险货物的包装

1. 危险货物运输包装的基本要求

（1）包装所用的材质应与所装的危险货物的性质相适应

危险货物对不同材料的腐蚀作用要求相应的包装材质必须耐腐蚀。同属强酸，浓硫酸可用铁质容器，其他任何酸都不能用铁器盛装。铝可以作硝酸、醋酸的容器，但不能盛装其他酸。氢氟酸不能使用玻璃容器。包装与内装物直接接触部分，必要时应有内涂层或进行相应处理，以使包装材质能适应内装物的物理、化学性质，不使包装与内装物发生化学反应而形成危险产物或导致削弱包装强度。

（2）包装应具有抗冲撞、震动、挤压和摩擦的作用

包装应有一定的强度。以保护包装内的货物不受损失，是一般货物的共同要求。

危险货物的包装强度与货物的性质密切相关。压缩气体和液化气体，处于较高的压力下，使用的是耐压钢瓶，强度极大。又因各种气体的临界温度和临界压力不同，要求钢瓶耐受的压力大小也不同。

盛装液体货物的包装，考虑到液体货物热胀冷缩系数比固体大，液体货物的包装强度应比固体高。同是液体货物，沸点低的可能产生较高的蒸汽压力；同是固体货物，密度大的在搬动时产生的动能亦大，这些都要求包装有较大强度。

货物性质比较危险的，发生事故危害性较大的，其包装强度要高一些。同一种危险货物，单件包装重量越大，包装强度也应越高。同一类包装运距越长、倒载次数越多，包装强度应越高。

（3）包装的封口应与所装危险货物的性质相适应

《危险化学品安全管理条例》第45条第2款："用于运输危险化学品的槽罐以及其他容器应当封口严密，能够防止危险化学品在运输过程中因温度、湿度或者压力的变化发生渗漏、洒漏；槽罐以及其他容器的溢流和泄压装置应当设置准确、起闭灵活。"

危险货物包装的封口，应严密不漏。特别是挥发性强或腐蚀性强的危险货物，封口更应严密。但对有些危险货物要求封口不严密，甚至还要求设有通气孔。应如何封口，要根据所装货物的性质决定。

2. 危险货物运输包装标志

（1）包装类型

危险货物运输包装，除第2类、第7类危险货物所用的包装另有规定外，其他的各类危险货物包装，根据其危险程度不同，可分为三个等级，见表6-2。

危险货物包装分类表　　　　　　　　　　表6-2

包装类别	说　　明
Ⅰ类包装	显示高度危险性的物质
Ⅱ类包装	显示中等危险性的物质
Ⅲ类包装	显示轻度危险性的物质

凡通过性能试验合格的包装，均应标注持久清晰的标记，以示证明。

X——用于Ⅰ类包装；
Y——用于Ⅱ类包装；
Z——用于Ⅲ类包装。

（2）包装标志的种类和式样

根据危险货物的危险性质和类别，危险货物运输包装标志可分为主标志和副标志。

主标志为表示危险货物危险特性的图案、文字说明、底色和危险货物类项号等四个部分组成的菱形标志。

副标志与主标志的区别在于没有危险货物类项号。当某一危险货物具有两种或两种以上危险性时，需同时采用主标志和副标志。

主标志和副标志的图案力求简单明了，并能准确地表示危险货物所具有的危险性质。

危险货物包装标志的底色尽量与所表示货物的危险性相对应。

我国危险货物包装标志中的文字一般采用中文。考虑到外贸运输的需要，也可采用中外文对照或外文形式，外文一般采用英文。

（3）危险货物包装标志的尺寸

危险货物包装标志的尺寸一般不得小于 100mm × 100mm，见表 6-3；集装箱和可移动罐柜上危险货物包装标志的尺寸一般不得小于 250mm × 250mm。

危险货物包装标志 表 6-3

标志号	标志名称	标 志 图 形	对应的危险货物类项号
标志 1	爆炸品	1.5 爆炸品（符号：黑色，底色：橙红色）	1.1 1.2 1.3
标志 2	爆炸品	1.4 爆炸品（符号：黑色，底色：橙红色）	1.4
标志 3	爆炸品	1.5 爆炸品（符号：黑色，底色：橙红色）	1.5

续上表

标志号	标志名称	标 志 图 形	对应的危险货物类项号
标志4	易燃气体	（符号：黑色或白色，底色：正红色）	2.1
标志5	不燃气体	（符号：黑色或白色，底色：绿色）	2.2
标志6	有毒气体	（符号：黑色，底色：白色）	2.3
标志7	易燃液体	（符号：黑色或白色，底色：正红色）	3
标志8	易燃固体	（符号：黑色，底色：白色红条）	4.1
标志9	自燃物品	（符号：黑色，底色：上白下红）	4.2
标志10	遇湿易燃物品	（符号：黑色或白色，底色：蓝色）	4.3

续上表

标志号	标志名称	标志图形	对应的危险货物类项号
标志11	氧化剂	氧化剂 5.1 （符号：黑色，底色：柠檬黄色）	5.1
标志12	有机过氧化物	有机过氧化物 5.2 （符号：黑色，底色：柠檬黄色）	5.2
标志13	剧毒品	剧毒品 6 （符号：黑色，底色：白色）	6.1
标志14	有毒品	有毒品 6 （符号：黑色，底色：白色）	6.1
标志15	有害品 （远离食品）	有害品 （远离食品）6 （符号：黑色，底色：白色）	6.1
标志16	感染性物品	感染性物品 6 （符号：黑色，底色：白色）	6.2
标志17	一级放射性物品	一级放射性物品 I 7 （符号：黑色，底色：白色，附一条红竖条）	7

续上表

标志号	标志名称	标 志 图 形	对应的危险货物类项号
标志 18	二级放射性物品	（符号：黑色，底色：上黄下白，附二条红竖条）	7
标志 19	三级放射性物品	（符号：黑色，底色：上黄下白，附三条红竖条）	7
标志 20	腐蚀品	（符号：上黑下白，底色：上白黑下）	8
标志 21	杂类	（符号：黑色，底色：白色）	9

（4）危险货物包装标志的材质和粘贴

危险货物包装标志的材质和粘贴应满足运输的要求。根据国际海事组织的规定，危险货物包装标志要求在海水中浸泡三个月后不脱落，图案文字仍清晰。考虑到我国实际情况，作为最低标准，危险货物包装标志要求在储运期间不脱落，不褪色、图案文字仍清晰。

（5）危险货物包装标志的使用方法

凡向运输部门托运的危险货物，每个包装件上都必须粘贴《危险货物运输规则》所规定的相应的危险货物包装标志，并应粘贴在规定的位置：

①箱状包装：位于包装两端或两侧的明显处；

②袋状包装：位于包装明显的一面；

③桶状包装：位于桶盖或桶身；

④集装箱或成组货物：位于箱的四侧。

> **干冰的运输**
>
> 飞机运输干冰上限约为2kg，超过2kg原则上不能运输。
>
> 干冰运输应采用壁厚且质量完好的泡沫箱，泡沫箱应扣严并用封箱带封严。外套纸壳箱包装，以免碰裂，并标明轻取轻放提示，以保证安全运输。
>
> 24h到达的，干冰数量不得低于5kg；48h到达的，干冰数量不得低于8kg；超过48h到达的，建议不要用此法运输。夏季可以适当再多增加部分干冰（平时的1.5倍）。
>
> 运输时可在干冰上再放一排液体冰带。

知识链接

3. 包装要求

危险货物运输包装不仅为保证产品质量不发生变化、数量完整而且是防止运输过程中发生燃烧、爆炸、腐蚀、毒害、放射性污染等事故的重要条件之一，是安全运输的基础。对道路危险货物的包装有下列基本要求：

①包装的材质应与所装危险货物的性质相适应，即包装及容器与所装危险货物直接接触部分，不应受其化学反应的影响。

②包装及容器应具有一定的强度，能经受运输过程中正常的冲击、震动、挤压和摩擦。

③包装的封口必须严密、牢靠，并与所装危险货物的性质相适应。

④内、外包装之间应加适当的衬垫，以防止运输过程中内、外包装之间、包装和包装之间以及包装与车辆、装卸机具之间发生冲撞、摩擦、震动而使容器破损。同时又能防止液体货挥发和渗漏，并当其洒漏时，可起吸附作用。

⑤包装应能经受一定范围内温、湿度的变化，以适应各地气温、相对湿度的差异。

⑥包装的质量、规格和形式应适应运输、装卸和搬运条件如包装的质量和体积，不能过重；形式结构便于各种装卸方式作业；外形尺寸应与有关运输工具包括托盘、集装箱的容积、载质量相匹配等。

⑦应有规定的包装标志和储运指示标志，以利运输、装卸、搬运等安全作业。

（四）危险货物的确认

确认某一货物是否为危险货物，是危险货物运输管理的前提，也是保证客运和普通货物运输安全的前提。仅凭危险货物的定义

学习笔记

和危险品的分类标准来确认某一货物是否为危险货物,在具体操作上常有困难,承托双方也不可能对众多的危险品在需要运输时再做技术鉴定和判断,而且有时还会引起承托各方的矛盾。所以,各种运输方式在确认危险货物的,都采取了列举原则。各种运输方式都颁布了本运输方式的《危险货物运输规则》(简称《危规》),各《危规》都在所附的《危险货物品名表》中收集列举了本规则范围具体的危险货物的名称。在此基础上,国家发布了国家标准 GB 12268《危险货物品名表》,列举了危险货物的具体品名。据此,各运输方式结合本身的特殊性,也相继发布了《危险货物品名表》。因此,危险货物必须是该运输方式《危险货物品名表》所列明的,方可确认、运输。

二、道路危险货物运输业务

(一)道路危险货物运输管理的规定

1. 道路危险货物运输组织管理的法规依据

国家有关部门结合我国实际情况,借鉴国际及其他国家的成功经验,研究制定出一系列的危险货物运输法规、标准,初步形成了我国道路危险货物运输法规体系。道路危险货物运输法规、标准见表6-4。

道路危险货物运输法规、标准　　　　表6-4

序号	法律法规名称	实施日期
1	危险化学品安全管理条例(国务院第591号令)	2013年12月7日
2	特种设备安全检查条例	2009年5月1日
3	道路危险货物运输管理规定(中华人民共和国交通运输部令2016年第36号)	2016年4月11日
4	危险货物品名表	2012年12月1日
5	危险货物分类和品名编号	2012年12月1日
6	危险货物运输包装通用技术条件	2010年11月1日
7	危险货物运输包装类别划分方法	2009年9月4日
8	常用危险化学品的分类及标志	2010年5月1日
9	放射性物质安全运输规定	1990年7月1日
10	危险货物包装标志	2010年5月1日
11	常用危险化学品贮存通则	1996年2月1日
12	汽车运输液体危险货物常压容器(罐体)通用技术条件	2002年3月1日
13	道路危险货物运输车辆标志	2010年5月1日
14	危险货物道路运输规则	2018年12月1日
15	汽车危险货物运输、装卸作业规程	2005年3月1日
16	危险化学品重大危险源辨识	2009年12月1日

2. 危险货物运输资质管理

（1）从事道路危险货物运输的基本条件

必须具备以下条件的运输企业或单位，并经运政管理机关批准，方能从事危险货物的运输：

①拥有与其所从事危险货物运输范围相适应的停车场、仓储设施等，并符合国家《消防条例》的规定。

②运输危险货物车辆的技术要求应当符合《道路运输车辆技术管理规定》有关规定。

③从业人员必须掌握危险货物基础知识，熟悉道路危险货物运输技术业务和有关安全管理规章，政治思想、技术业务素质符合岗位规范要求，对直接从事危险货物运输、装卸、理货等货物作业的人员，须经过培训、考核，并取得道路运政管理机关颁发的"道路危险货物运输操作证"，持证上岗。

④从事道路危险货物运输的单位必须有健全的安全生产规程、岗位责任制度、车辆设备维修制度、安全管理制度和监督保障体系。

（2）道路危险货物运输的资质凭证

道路危险货物运输的资质凭证是证明道路危险货物运输者、作业者的基本条件符合规定要求，并经过办理申报批准手续，有资格从事道路危险货物运输、作业的凭证。它包括由公路运政管理部门审批、发放的加盖"危险货物运输"字样的《道路运输经营许可证》《道路营业运输证》或《道路非营业运输证》《危险货物作业证》以及道路危险货物运输车辆标志和消防工作合格文件等。从业者凭《道路运输经营许可证》，向当地工商行政管理部门办理《工商营业执照》。

①道路危险货物运输车辆的《道路营业运输证》，是在办理《道路运输经营许可证》和《工商营业执照》后，根据营运车辆数从管辖道路运政管理机关领取的一车一证，是随车同行的。道路危险货物运输车辆的《道路非营业运输证》是非营业性道路危险货物运输车辆运行的凭证，它是在办理完营业性道路危险货物运输手续后，凭批准文件从主管公路运输行政管理机关办理的，一车一证，随车同行。

②道路危险货物运输车辆标志，是按国家规定印有黑色"危险品"字样的三角形小黄旗；有的地方法规规定是印有黑色"危险品"字样的黄色三角灯。道路危险货物运输车辆标志的功能是在装运危险货物车辆运行和存放时向人们示警，以利于加强安全警戒和安全避让，这对保障安全生产具有重要作用。

③道路运输危险货物作业证,是从事危险货物装卸、保管、理货作业人员上岗作业的凭证。根据职位岗位规范的要求,凡道路危险货物作业人员,必须经过规定内容的技术业务培训,方准上岗作业。

道路危险货物运输业务的消防工作合格文件,是指公安、消防部门按国家消防法规的规定,对道路危险货物运输车辆的安全技术状况、安全设施、生产安全制度、作业人员素质、消防设施和措施等进行审验合格后,发给的凭证文件。

综上所述,做好资质凭证的颁发工作,正确贯彻执行危险货物运输法律、规章制度以及必要的管理和监督,是保障道路危险货物运输安全的基本条件。

(二)道路危险货物运输业务

道路危险货物的运输主要包括托运、承运、运输与装卸等环节,其中运输与装卸环节涉及装卸、运送及交接等工作。

1. 托运

托运人必须向已取得道路危险货物运输经营资格的运输单位办理托运。

托运单一定要填写危险货物品名、规格、件重、件数、包装方法、起运日期、收发货人详细地址及运输过程中注意事项;

对于货物性质或灭火方法相抵触的危险货物,必须分别托运;

对有特殊要求或凭证运输的危险货物,必须附有相关单证并在托运单备注栏内注明;

危险货物托运单必须是红色或带有红色标志的,以引起注意;

托运未列入《汽车运输危险货物品名表》的危险货物新品种必须提交《危险货物鉴定表》。凡未按以上规定办理危险货物运输托运,因此发生运输事故的,由托运人承担全部责任。

2. 承运

从事营业性道路危险货物运输的单位,必须具有十辆以上专用车辆的经营规模,五年以上从事运输经营的管理经验,配有相应的专业技术管理人员,并已建立健全安全操作规程、岗位责任制、车辆设备保养维修和安全质量教育等规章制度。

承运人受理托运时应根据托运人填写的托运单和提供的有关资料,予以查对核实,必要时应组织承托双方到货物现场和运输线路进行实地勘察。承运爆炸品、剧毒品、放射性物品及需控温的有机过氧化物,使用受压容器罐(槽)运输烈性危险品以及危险货物月运量超过100吨均应于起运前十天向当地道路运政管理机关报送危险货物运输计划，包括货物品名、数量、运输线路、运输日期等。营业性危险货物运输必须使用交通运输部统一规定的运输单证和票据，并加盖危险货物运输专用章。

承运具体流程见图6-3。

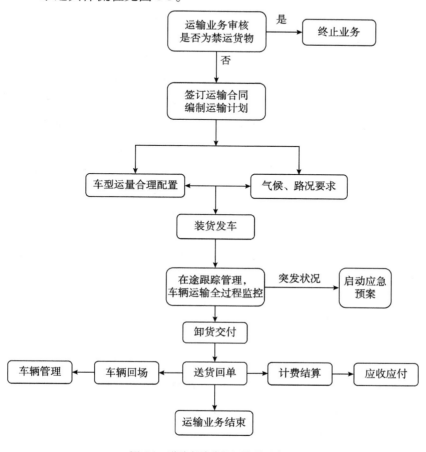

图6-3 道路危险货物运输承运流程

3. 运输和装卸

（1）装卸

装运危险货物应根据货物性质采取相应的遮阳、控温、防爆、防火、防震、防水、防冻、防粉尘飞扬、防撒漏等措施。装运危险货物的车厢必须保持清洁干燥，车上残留物不得任意排弃。被危险货物污染过的车辆及工具必须洗刷消毒，未经彻底消毒，严禁装运食用、药用物品、饲料及活动物。危险货物装卸作业，必须严格遵守操作规程，轻装、轻卸、严禁摔碰、撞击、重压、倒置；使用的工具不得损伤货物，不得有与所装货物性质相抵触的污染物。货物必须堆放整齐、捆扎牢固、防止失落。操作过程中有关人员不得擅离岗位。危险货物装卸现场的道路、灯光、标志、消防设施等必须符合安全装卸的条件。槽车装卸地点的储槽口应标有明显的货物名牌；储槽注入、排放口的高度，容量和路面坡度应适合运输车辆的装卸要求。

（2）运送

运输危险货物时必须严格遵守交通、消防、治安等法规。车辆运行应控制车速，保持与前车的距离，严禁违章超车，确保行车安全。对在夏季高温期间限运的危险货物，应按各地公安部门的规定进行运输。装载危险货物的车辆不得在居民聚居点、行人稠密地段、政府机关、名胜古迹、风景游览区停车。如必须在上述地区进行装卸作业或临时停车，应采取安全措施并征得当地公安部门同意。运输爆炸品、放射性物品及有毒压缩气体、液化气体，禁止通过大中城市的市区和风景游览区。如必须进入上述地区应事先报经当地县、市公安部门批准．按照指定的路线、时间行驶。三轮机动车、全挂汽车列车、人力三轮车、自行车和摩托车不得装运爆炸品、一级氧化剂、有机过氧化物；拖拉机不得装运爆炸品、一级氧化剂、有机过氧化物、一级易燃物品；自卸汽车除二级固体危险货物外，不得装运其他危险货物。运输爆炸品和需要特殊防护的烈性危险货物，托运人须派熟悉货物性质的人员指导操作、交接和随车押运。危险货物如有丢失、被盗应立即报告当地交通运输主管部门，并由交通运输主管部门会同公安部门查处。

（3）交接

货物运达后，要做到交付无误。货物交接双方必须点收点交，签证手续完全。收货人在收货时如发现差错、破损，应协助承运人采取有效的安全措施及时处理并在运输单证上批注清楚。

4. 危险货物的特殊要求

为满足危险货物的特殊要求，必须注意以下事项：

①掌握各类危险物品的性质，是做好危险货物运输的前提。

②运输单位承运危险货物，须经有关部门批准，具有从事危险货物运输经营许可证。

③托运人办理托运业务时，必须提交技术说明书。

④运单。危险货物的托运单必须是红色的或带有红色标志，以引起注意。

⑤包装。危险货物一般应单独包装，包装的种类、材质、封口等应适应所装货物的性质，每件包装上应有规定的包装标志及危险货物包装标志。

⑥车辆。选择技术性能良好的车辆，装车前要对车辆进行认真检查，严格执行有关安全防护措施，按指定路线、时间行驶，车辆运行应控制车速，保持和前车的距离，严禁违章超车，确保

行车安全。车前悬挂有危险字样的三角旗。

⑦驾驶员。从事危险品运输的驾驶人员必须取得危险品运输上岗证。

⑧装卸。在指定地点进行装卸，运输、装卸及货主单位必须密切配合，运达卸货地点后，因故不能及时卸货，在待卸期间行车和随车人员负责看管车辆和所装危险货物，同时，承运人应及时与托运人联系，妥善处理。

（三）道路危险货物运输车辆管理

危险货物的性质决定了运输危险货物车辆的结构、性能和装备必须符合一些相应的特殊要求。

①车辆排气管应有隔热罩和火星熄灭装置；

②装运大型气瓶、可移动式槽罐的车辆必须装备有效的紧固装置；

③车辆底板必须平整完好，周围栏板必须牢固；

④在装运易燃易爆危险品时，一般应使用木质底板车厢。如果是铁质底板，就应采取衬垫防护措施，例如垫胶合板、橡胶板等，但不能使用稻草、麻袋等松软材料；

⑤装有易燃易爆危险品的车辆，不得用明火修理或采用明火照明，不得用易产生火花的工具敲击；

⑥装运放射性同位素的专用车辆、设备、搬运工具、防护工具，必须定期进行放射性污染程度的检查，当污染量超过规定的允许水平时，不得继续使用；

⑦根据所装危险货物的性质，车辆要配备相应的消防器材和捆扎、防散失、防水等工具；

⑧装运危险品的车辆应具备良好避震性能的结构和装备；

⑨装运危险货物的车辆必须按国家标准 LBI 3392—92 规定设置"危险品"字样的信号装置，即三角形磁吸式"危险品"字样的黄色顶灯和车尾标志牌；

⑩对运输危险货物车辆的限制：

a. 拖拉机不得装运爆炸物品、一级氧化剂、有机过氧化剂、一级易燃物品（包括固体、液体和气体）。

b. 自卸车原则上不得装运各类危险货物，但沥青、菜、散袋硫黄除外。

c. 非机动车不得装运爆炸品、压缩气体和液化气体（民用液化石油气暂予免除限制）。

d. 畜力车不能驮运起爆炸材、炸药或爆炸物品。

常见危险品运输车辆见图 6-4～图 6-9。

图 6-4　罐式危险品车——车体外观

图 6-5　罐式危险品车——排气火花熄灭器

图 6-6　罐式危险品车—导静电橡胶托地带

图 6-7　罐式危险品车—离子感烟火灾探测器

图 6-8　罐式危险品车——阻燃导静电胶板

图 6-9　罐式危险品车——罐体标志

（四）道路危险货物运输设施管理

道路危险货物运输设施，主要包括供危险货物运输使用的汽车场、汽车站、停车场、专用仓库等建筑物、场地及其他从事道路危险货物运输生产作业、经营活动的场所。

1. 道路危险货物运输设施的建设要求

道路危险货物运输设施建设，在选址、布局、结构、功能等方面，既要适应危险货物运输的技术条件、生产安全的要求，又必须符合环境保护、消防安全、劳动保护、交通管理等方面的规定。道路危险货物运输设施，应建设在人口稀少的郊区，远离工厂企业、机关团体、商业网点密集及居民密集地区。建筑设计中，应充分考虑危险货物作业场所对消防措施、安全防护、"三废"处理、生态环境的特殊要求及万一发生事故的应急措施等问题。

为了使储存危险货物的仓库一旦发生燃烧等危险事故时，能限制灾情的扩大，各个储存危险货物的仓库之间，要保持一定的防火安全距离，危险货物仓库之间，一般要保持防火间距20～30m。如果是储存爆炸物品和放射性物品，则必须按国家有关规定办理。储存危险货物的仓库，在建筑设施上也有一定的要求。如仓库面积不要太大，一般不超过600m²；仓库区必须与行政管理、生活区分开；每间库房应设有两个或不少于两个的安全出口，库门应朝外开启。储存危险货物的仓库，还应有通风、防潮、防汛和避雷设施。仓库的电源装置必须采用防爆、隔离、密封式的安全设置。道路危险货物运输的主管机关及运输企业都应当分别制定和实施各层次的运输设施管理制度，并按照制度的要求，切实加强运输设施的作用监督和技术状况的检查、维护工作，保证运输设施技术状况的完好。

2. 道路危险货物运输生产现场的安全管理

运输生产现场的安全管理，主要是指对道路危险货物运输的重点干线、车站、港口、仓库、工厂及其他有关物资单位相关场所的安全设备、环境条件、车辆进出程序、货物装卸、储存保管货物、生产组织及其他生产作业中的安全管理工作。

在运输现场安全管理的组织措施上，道路危险货物运输企业应建立健全运输现场安全管理网。现场安全管理网是在企业调度部门统一负责下，由调度、安全、质量机构及现场管理人员共同组成的管理体系。现场管理人员由调度、安全、质量部门负责指导、安排具体工作任务。

各网点现场人员应掌握危险货物运输有关的政策、法规、制度和操作规程，建立联系制度，做好安全、质量的监督、检查工作，及时处理现场发生的问题。

三、铁路危险货物运输业务

铁路危险货物运输除了遵守相关法律、法规、标准和国务院铁路行业监督管理部门制定公布的铁路危险货物品名等规定，以及铁路货物运输的一般规定外，还应遵守《铁路危险货物运输管理规则》。凡不符合规定要求的，一律不得办理运输。

1. 托运

托运人托运危险货物时，应如实表明收货人名称、货物的名称、性质、重量、数量等，不得匿报、谎报品名、性质、重量，不得在普通货物中夹带危险货物。

办理站应对承运的货物加强安全检查，发现托运人匿报、谎报危险货物品名或在普通货物中夹带危险货物时，除依法不予承运外，铁路局还应按《铁路危险货物运输安全监督管理规定》要求，及时向所在地铁路监督管理局报告。

托运人托运危险货物时，应在货物运单"货物名称"栏内填写危险货物品名和铁危编号，在货物运单的右上角用红色戳记标明类项名称，并在货物运单"托运人记载事项"栏内填写经办人身份证号码，对派有押运员的还需填写押运员姓名、身份证号码。

托运爆炸品或烟花爆竹时，托运人须出具运达地县级人民政府公安部门核发的《民用爆炸物品运输许可证》或《烟花爆竹道路运输许可证》，均应在货物运单"托运人记载事项"栏内注明许可证名称和号码，并在货物运单右上角用红色戳记相应标明"爆炸品"或"烟花爆竹"字样。

2. 承运

受理危险货物时，应符合下列规定：

①托运人名称与危险货物托运人名称表相统一。

②国家对生产、经营、储存、使用等实行许可管理的危险货物，发货站还应查验收货人提供的相关证明材料并留存备查；必要时，到站应进行复查。

③经办人身份证与货物运单记载相统一。

④货物运单记载的品名、类项、编号等内容与铁路危险货物品名表的规定相统一，并核查铁路危险货物品名表栏有无铁路危险货物运输特殊规定（以下简称特殊规定）。

⑤发到站、办理品名、装运方式与办理限制相统一。

⑥货物品名、重量、件数与货物运单记载相统一。

⑦经办人具有培训合格证明。

⑧托运人具有包装检验合格证明文件。

⑨货物运单右上角用红色戳记标明编组隔离、禁止溜放或限速连挂等警示标记。

⑩其他有关规定。

3. 包装

危险货物运输包装（以下简称包装）应符合国家有关法律、法规、标准和本规则的要求，并与内装物的性质、特点相适应。

包装和内包装应按铁路危险货物品名表及相关规定确定，同时还应符合下列要求：

①包装材料材质、规格和包装结构应与所装危险货物性质和重量相适应。包装材料不得与所装物产生危险反应或削弱包装强度。

②充装液态货物的包装容器内至少留有5%的余量（罐车及罐式集装箱装运的液体危险货物应符合铁路危险货物运输管理规则有关要求）。

③包装封口应根据内装物性质采用严密封口、液密封口或气密封口。装有通气孔的容器，其设计和安装应能防止货物流出和杂质、水分进入。

④包装应坚固完好，能抗御运输、储存和装卸过程中正常的冲击、振动和挤压，并便于装卸和搬运。

⑤包装的衬垫物不得与所装货物发生反应而降低安全性，应能防止内装物移动和起到减震及吸收作用。

⑥包装表面应保持清洁干燥，不得黏附所装物质和其他有害物质。

采用集装化运输的危险货物，包装应符合本规则的要求，使用的集装器具应有足够的强度，能够经受堆码和多次搬运，并便于机械装卸。

货物包装上应牢固、清晰地标明《危险货物包装标志》和《包装储运图示标志》中相应的包装标志和储运标志。

进出口危险货物在国内段运输时应粘贴或拴挂、喷涂相应的中文危险货物包装标志和储运标志。

4. 试运管理

铁路危险货物品名表中未列载的产品且货物性质不明确的，托运人办理运输时应委托国家安全生产监督管理部门认定的检测鉴定机构进行性质技术鉴定，出具鉴定报告；属于危险货物时，应办理危险货物新品名试运手续。鉴定机构对鉴定结果负责。

5. 运输

危险货物限使用棚车装运（铁路危险货物品名表"特殊规定"栏有特殊规定的除外）。装运时，同一车限同一品名、同一铁路危险货物编号。

爆炸品、硝酸铵、氯酸钠、氯酸钾、黄磷和钢桶包装的一级易燃液体应选用符合有关规定的竹底棚车或木底棚车装运，并应对门口处金属磨耗板，端、侧墙的金属部分采用非破坏性措施进行衬垫隔离处理。如使用铁底棚车时，应经铁路局批准。

毒性物质限使用毒品专用车，如毒品专用车不足时，经铁路局批准可使用铁底棚车装运（剧毒品除外）。铁路局应指定毒品专用车保管（备用）站。

6. 装卸车作业

（1）装车作业

①检查车辆。检查车种车型与规定装运货物相符，查看门窗

状态、进行透光检查，确认车辆状况良好。

②检查货物。检查货物品名、包装、件数与货物运单填写是否一致，以及货物包装是否符合规定。

③装车中作业。传达安全注意事项及装载方案，检查消防器材和安全防护用品。装载货物（含国际联运换装）不得超过车辆（含集装箱，下同）标记载重量及罐车允许充装量，严禁增载和超装、超载。

④装车后工作。检查堆码及装载状态，查验门窗是否关闭良好，做好施封加锁工作等。

（2）卸车作业

①检查车辆。车辆状态及施封检查，核对票据与现车，确定卸车及堆码方法。

②卸车中作业。传达安全作业注意事项及卸车方案，检查消防器材和安全防护用品。

③卸车后工作。在收货人清理车辆残存废弃物后，对受到污染的车辆，及时回送清理处洗刷除污。清理车辆残存废弃物交由收货人负责处理。因污染、腐蚀造成车辆损坏的，要按规定索赔。

7. 押运管理

运输爆炸品（烟花爆竹除外）、硝酸铵、剧毒品（铁路危险货物品名表"特殊规定"栏有特殊规定的）、罐车装运气体类（含空车）危险货物实行全程押运。装运剧毒品的罐车和罐式箱不需押运。其他危险货物需要押运时按有关规定办理。

8. 保管和交付

危险货物应按其性质和要求存放在指定的仓库、雨棚等场地。遇潮或受阳光照射容易燃烧或产生易燃、易爆、有毒气体的危险货物不得在雨棚、露天存放。存放保管危险货物时，应符合《配放表》的要求。编号不同的爆炸品不得同库存放。

堆放危险货物的仓库、雨棚等场地应清洁干燥、通风良好，配备充足有效的消防设施。货场应设置明显的安全警示标志，应建立健全值班巡守制度。仓库作业完毕后应及时锁闭，剧毒品、爆炸品及储存数量构成重大危险源的危险货物应加双锁，做到双人收发、双人保管。

对到达的货物要及时通知收货人，做到及时交付货物，及时取送车辆。货位清空后，需及时清扫、洗刷干净。对撒漏的危险货物及废弃物，应及时通知收货人进行处理。对危险性大、撒漏严重的，要会同安监、卫生防疫、环保、消防等部门共同处理。

9. 洗刷除污

装过危险货物的货车，卸后应清扫干净。下列情况应进行洗刷除污：

①装过剧毒品的毒品车；
②发生过撒漏、受到污染（包括有刺激异味）的货车；
③回送检修运输过危险货物的货车。

《铁路危险货物运输管理规则》

为贯彻中国铁路总公司（以下简称总公司）"强基达标、提质增效"工作主体要求，落实《铁路危险货物运输安全综合治理方案》和《2017年铁路货运管理工作要点》，进一步强化和规范铁路危险货物运输管理，确保铁路危险货物运输安全，按照总公司2017年铁路技术规章制修订计划，在原《铁路危险货物运输管理暂行规定》（铁总运〔2014〕57号，简称《暂行规定》）修订的基础上，2017年6月30日制定印发了《铁路危险货物运输管理规则》（铁总运〔2017〕164号，简称《危规》），自2017年8月1日起执行。

四、航空危险货物运输业务

航空危险货物运输除了遵守相关法律、法规、标准和航空货物运输的一般规定外，还应遵守《民用航空危险品运输管理规定》（中华人民共和国交通运输部令2016年第42号）。凡不符合规定要求的，一律不得办理运输。

《民用航空危险品运输管理规定》

（一）航空危险货物的托运

1. 基本要求

托运人应当根据《危险物品安全航空运输技术细则》的规定对航空运输的危险品进行分类、识别、包装、标签和标记，提交正确填制的危险品运输文件。

2. 包装要求

航空运输的危险品所使用的包装物应当符合下列要求：

①包装物应当构造严密，能够防止在正常运输条件下由于温度、湿度或者压力的变化，或者由于振动而引起渗漏。

②包装物应当与内装物相适宜，直接与危险品接触的包装物不能与该危险品发生化学反应或者其他反应。

③包装物应当符合《危险物品安全航空运输技术细则》中有关材料和构造规格的要求。

④包装物应当按照《危险物品安全航空运输技术细则》的规定进行测试。

⑤对用于盛装液体的包装物，应当能承受《危险物品安全航空运输技术细则》中所列明的压力而不渗漏。

⑥内包装应当以防止在正常航空运输条件下发生破损或者渗漏的方式进行包装、固定或者垫衬，以控制其在外包装物内的移动。垫衬和吸附材料不得与包装物的内装物发生危险反应。

⑦包装物应当在检查后证明其未受腐蚀或者其他损坏时，方可再次使用。再次使用包装物时，应当采取一切必要措施防止随后装入的物品受到污染。

⑧如果由于之前内装物的性质，未经彻底清洗的空包装物可能造成危害时，应当将其严密封闭，并按其构成危害的情况加以处理。

⑨包装件外部不得黏附构成危害的危险物质。

⑩每一危险品包装件应当粘贴适当的标签，并且符合《危险物品安全航空运输技术细则》的规定，《危险物品安全航空运输技术细则》另有规定的除外。

⑪每一危险品包装件应当标明其内装物的运输专用名称，《危险物品安全航空运输技术细则》另有规定的除外。如有指定的联合国编号，则需标明此联合国编号以及《危险物品安全航空运输技术细则》中规定的其他相应标记。

⑫每一按照《危险物品安全航空运输技术细则》的规格制作的包装物，应当按照《危险物品安全航空运输技术细则》中有关

的规定予以标明,《危险物品安全航空运输技术细则》另有规定的除外;不符合《危险物品安全航空运输技术细则》中有关包装规格的包装物,不得在该包装物上标明包装物规格的标记。

⑬国际航空运输时,除始发国要求的文字外,标记应当加用英文。

3. 托运

①托运人应当确保所有办理托运手续和签署危险品运输文件的人员已按相关规定要求接受相关危险品知识的培训并合格。

②托运人将危险品的包装件或者集合包装件提交航空运输前,应当按照相关规定,保证该危险品不是航空运输禁运的危险品,并正确地进行分类、包装、加标记、贴标签、提供真实准确的危险品运输相关文件。

③托运国家法律、法规限制运输的危险品,应当符合相关法律、法规的要求。

④禁止在普通货物中夹带危险品或者将危险品匿报、谎报为普通货物进行托运。

⑤凡将危险品提交航空运输的托运人应当向经营人提供正确填写并签字的危险品运输文件,文件中应当包括《危险物品安全航空运输技术细则》所要求的内容,《危险物品安全航空运输技术细则》另有规定的除外。

⑥危险品运输文件中应当有经危险品托运人签字的声明,表明按运输专用名称对危险品进行完整、准确地描述和该危险品是按照《危险物品安全航空运输技术细则》的规定进行分类、包装、加标记和贴标签,并符合航空运输的条件。必要时,托运人应当提供物品安全数据说明书或者经营人认可的鉴定机构出具的符合航空运输条件的鉴定书。托运人应当确保危险品运输文件、物品安全数据说明书或者鉴定书所列货物与其实际托运的货物保持一致。

⑦国际航空运输时,除始发国要求的文字外,危险品运输文件应当加用英文。

⑧托运人必须保留一份危险品运输相关文件至少 24 个月。文件包括危险品运输文件、航空货运单以及《民用航空危险品运输管理规定》和《危险物品安全航空运输技术细则》要求的补充资料和文件。

(二) 承运

承运人应当在民航管理局颁发的危险品航空运输许可所载明

的范围和有效期内开展危险品航空运输活动,并符合以下规定:

①承运人应当制定措施防止行李、货物、邮件及供应品中隐含危险品。

②承运人接收危险品进行航空运输至少应当符合下列要求:

a. 附有完整的危险品运输文件,《危险物品安全航空运输技术细则》另有要求的除外;

b. 按照《危险物品安全航空运输技术细则》的接收程序对包装件、集合包装件或者装有危险品的专用货箱进行检查;

c. 确认危险品运输文件的签字人已按本规定及《危险物品安全航空运输技术细则》的要求培训并合格。

③承运人应当制定和使用收运检查单以遵守《民用航空危险品运输管理规定》第五十七条、第五十八条的规定。

④装有危险品的包装件和集合包装件以及装有放射性物质的专用货箱应当按照《危险物品安全航空运输技术细则》的规定在航空器上装载。

⑤装有危险品的包装件、集合包装件和装有放射性物质的专用货箱在装上航空器或者装入集装器之前,应当检查是否有泄漏和破损的迹象。泄漏或者破损的包装件、集合包装件或者装有危险品的专用货箱不得装上航空器。

⑥集装器未经检查并证实其内装的危险品无泄漏或者无破损迹象之前不得装上航空器。

⑦装上航空器的任何危险品包装件出现破损或者泄漏,承运人应当将此包装件从航空器上卸下,或者安排由有关机构从航空器上卸下。在此之后应当保证该托运物的其余部分符合航空运输的条件,并保证其他包装件未受污染。

⑧装有危险品的包装件、集合包装件和装有放射性物质的专用货箱从航空器或者集装器卸下时,应当检查是否有破损或者泄漏的迹象。如发现有破损或者泄漏的迹象,则应当对航空器上装载危险品或者集装器的部位进行破损或者污染的检查。

⑨危险品不得装在航空器驾驶舱或者有旅客乘坐的航空器客舱内,《危险物品安全航空运输技术细则》另有规定的除外。

⑩在航空器上发现由于危险品泄漏或者破损造成任何有害污染的,应当立即进行清除。

⑪受到放射性物质污染的航空器应当立即停止使用,在任何可接触表面上的辐射程度和非固着污染超过《危险物品安全航空运输技术细则》规定数值的,不得重新使用。

⑫装有可能产生相互危险反应的危险品包装件,不得在航空

器上相邻放置或者装在发生泄漏时包装件可产生相互作用的位置上。

⑬毒性物质和感染性物质的包装件应当根据《危险物品安全航空运输技术细则》的规定装在航空器上。

⑭装在航空器上的放射性物质的包装件，应当按照《危险物品安全航空运输技术细则》的规定将其与人员、活动物和未冲洗的胶卷进行分离。

⑮符合《民用航空危险品运输管理规定》的危险品装上航空器时，承运人应当保护危险品不受损坏，应当将这些物品在航空器内加以固定以免在飞行时出现任何移动而改变包装件的指定方向。

⑯贴有"仅限货机"标签的危险品包装件，按照《危险物品安全航空运输技术细则》的规定只能装载在货机上。

⑰承运人应当确保危险品的存储符合《危险物品安全航空运输技术细则》中有关危险品存储、分离与隔离的要求。

⑱承运人应当在载运危险品的飞行终止后，将危险品航空运输的相关文件至少保存24个月。文件至少包括收运检查单、危险品运输文件、航空货运单和机长通知单。

（三）航空危险货物运输的监督管理

民航管理部门依据职责对危险品航空运输活动实施监督检查。民航地区管理局应当定期对辖区内从事危险品航空运输活动主体进行检查，并将监督检查中发现的问题及时处理并报告民航局。

晋济高速公路山西晋城段岩后隧道"3.1"特别重大道路交通危化品燃爆事故

2014年3月1日14时45分许，位于山西省晋城市泽州县的晋济高速公路山西晋城段岩后隧道内，两辆运输甲醇的铰接列车追尾相撞，前车甲醇泄漏起火燃烧，隧道内滞留的另外两辆危险化学品运输车和31辆煤炭运输车等车辆被引燃引爆，造成40人死亡、12人受伤和42辆车烧毁，直接经济损失8197万元。

请回答：
1. 事故的直接原因与间接原因是什么？
2. 如何防止类似事故的发生？
3. 发生危险货物运输事故后的应急处置方法有哪些？

单元2　超限货物运输组织

一、超限货物运输的概念和特征

（一）超限货物概念

超限货物是指货物的外形尺寸和质量超过常规（指超长、超宽、超重、超高）车辆、船舶装载规定的大型货物。超限货物有时也称大件货物。

（二）超限货物运输的特殊性

1. 特殊装载要求

超限货物运输对车辆和装载有特殊要求，一般情况下超重货物装载在超重型挂车上，用超重型牵引车牵引。而这种超重型车组（即汽车列车）是非常规的特种车组，车组装上大件货物后，其重量和外形尺寸大大超过普通汽车列车和国际集装箱汽车列车。因此，超重型挂车和牵引车都是用高强度钢材和大负荷轮胎制成，价格昂贵，而且要求行驶平稳，安全可靠。

> **知识链接** ☞
>
> ### 道路超限运输车辆
>
> 我国《超限运输车辆行驶公路管理规定》（交通运输部令2016年第62号）中，对超限运输车辆进行了明确的规定：
>
> （1）车货总高度从地面算起超过4米；
>
> （2）车货总宽度超过2.55米；
>
> （3）车货总长度超过18.1米；
>
> （4）二轴货车，其车货总质量超过18000千克；
>
> （5）三轴货车，其车货总质量超过25000千克；三轴汽车列车，其车货总质量超过27000千克；
>
> （6）四轴货车，其车货总质量超过31000千克；四轴汽车列车，其车货总质量超过36000千克；
>
> （7）五轴汽车列车，其车货总质量超过43000千克；
>
> （8）六轴及六轴以上汽车列车，其车货总质量超过49000千克，其中牵引车驱动轴为单轴的，其车货总质量超过46000千克。

2. 特殊运输条件

超限货物运输条件有特殊要求，途经道路和空中设施必须满足所运货物车载符合和外形储存的通行需要。道路要有足够的宽度、净空以及良好的曲度。桥涵要有足够的承载能力。这些要求在一般道路上往往难以满足，必须事先进行勘测，运前要对道路相关设施进行改造，如排除地空障碍、加固桥涵等，运输中采取一定的组织技术措施，采取分段封闭交通，大件车组才能顺利通行。

3. 特殊安全要求

超限货物一般均为国家重点工程的关键设备，因此超限货物运输必须确保安全，万无一失。其运输是一项系统工程，要根据有关运输企业的申请报告，组织有关部门、单位对运输路线进行勘察筛选；对地空障碍进行排除；对超过设计荷载的桥涵进行加固；指定运输护送方案；在运输中，进行现场的调度，搞好全程护送，协调处理发生的问题；所运大件价值高、运输难度大，牵涉面广，所以受到各级政府和领导、有关部门、有关单位和企业的高度重视。

全国跨省大件运输并联许可系统

2014年前后，交通运输部开始开展《超限运输车辆行驶公路管理规定》修订工作，逐步明确了建立"跨省大件运输并联许可联网"的目标。

为了这一目标的实现：

2014年，交通运输部组织有关专家深入湖北、重庆、四川等3个联网省份进行了多次现场调研，把地方开展相关工作中遇到的问题、难点摸清摸透，现场座谈论证。

2016年，交通运输部又组织开展在河南、湖北、湖南、重庆、四川、贵州、陕西7个省市试点跨省大件运输并联许可联网。

2016年9月21日，《超限运输车辆行驶公路管理规定》正式实施，为全面开展联网工作提供了政策依据。

2017年年初，交通运输部将跨省大件运输并联许可全国联网列入部更贴近民生实事之一。同时，借助《国务院办公厅关于进一步推进物流降本增效促进实体经济发展的意见》深化"放管服"改革的精神，宣布2017年年内实现跨省大件运输并联许可全国联网，一地办证、全线通行。

2017年9月30日，跨省大件运输并联许可系统正式实现全国联网运行，提前完成目标任务。

二、道路超限货物运输业务

(一) 超限货物的分类

根据我国道路运输主管部门规定,道路超限货物按其外形尺寸和重量分成 4 级,见表 6-5。

大型物件分级   表 6-5

大型物件级别	M(重量,t)	L(长度,m)	B(宽度,m)	H(高度,m)
一	$20 \leqslant M < 100$	$14 \leqslant L < 20$	$3.5 \leqslant B < 4.5$	$3.0 \leqslant H < 3.8$
二	$100 \leqslant M < 200$	$20 \leqslant L < 30$	$4.5 \leqslant B < 5.5$	$3.8 \leqslant H < 4.4$
三	$200 \leqslant M < 300$	$30 \leqslant L < 40$	$5.5 \leqslant B < 6.0$	$4.4 \leqslant H < 5.0$
四	300 以上	40 以上	6.0 以上	5.0 以上

注:1. 货物的重量和外廓尺寸中,有一项达到表列参数,即为该级别的超限货物;货物同时在外廓尺寸和重量达到两种以上等级时,按高限级别确定超限等级。
2. 超限货物重量指货物的毛重,即货物的净重加上包装和支撑材料后的总重,是配备运输车辆的重要依据,应以生产厂家提供的货物技术资料所标明的重量为参考数据。

(二) 道路超限运输审批

道路超限运输审批办理程序包括申请、受理、填表、审核(勘察)、发证。超限运输车辆行驶公路申请表见表 6-6,《超限运输车辆通行证》式样见表 6-7。

超限运输车辆行驶公路申请表   表 6-6

申请单位(公章):		申请时间:	年 月 日	
申请单位(个人)			单位(个人)地址	
经办人			电话	
车辆状况	车辆类型		车牌号	
	核定载质量		主车质量	
	拖挂或平板重量		轮胎数	
	轴型		轴距 前 中 后	
装载情况	货物名称		载后总尺寸(长×宽×高)	
	货物重量		载后车货总重量	可否拆卸
申请内容	通行线路		通行时间	
	起点和终点地址		总车数	
审批机关		收到申请时间: 年 月 日	审批意见	(公章) 年 月 日

《超限运输车辆通行证》式样　　表6-7

	公路超限运输车辆通行证		
验证网址：××××××××　　许可证号：××××××××			
有效范围			
通行日期			
承运单位			
车牌号			
车辆类型			
自重（t）			
载重（t）			
货物名称			
货物总重（t）			
载后总尺寸			
轴荷分布			
通行线路			
发证单位	（起运地签章）	经办人	
		发证日期	
注意事项	1. 超限运输车辆必须服从公路管理人员的检查、鉴定、指挥； 2. 超限运输车辆必须按照该证规定的时间、路线行驶，不得擅自变更； 3. 超限运输车辆在通过桥梁时，应匀速居中行驶，时速不得超过5公里，严禁在桥上制动、变速和停车； 4. 该证不得涂改、伪造、租借、转让，过期无效，违者按有关规定处理； 5. 申请人可在网络自行打印本证； 6. 公路管理机构可扫描二维码（手机App下载地址×××× ×××××）或登录验证网址输入许可证号实现验证		

交通运输部公路局制定　　　　打印日期：　　年　　月　　日

超过公路、公路桥梁、公路隧道或者汽车渡船的限载、限高、限宽、限长标准的车辆，不得在有限定标准的公路、公路桥梁或者公路隧道内行驶，不得使用汽车渡船。超过公路或者公路桥梁限载标准确需行驶的，必须经县级以上地方人民政府交通主管部门批准，并按要求采取有效的防护措施；影响交通安全的，还应当经同级公安机关批准；运载不可解体的超限物品的，还应当按照指定的时间、路线、时速行驶，并悬挂明显标志。

知识链接☞

《超限运输车辆行驶公路管理规定》

（交通运输部令2016年第62号）

（三）道路超限运输业务流程

道路超限货物运输业务流程见表6-8。

道路超限运输业务流程　　　　表6-8

序号	工作环节	注意事项
1	办理托运	托运人必须在（托）运单上如实填写大型物件的名称、规格、件数、件重、起运日期、收发货人详细地址及运输过程中的注意事项。
2	理货	调查大型物件的几何形状和重量、调查大型物件的重心位置和质量分布情况、查明货物承载位置及装卸方式、查看特殊大型物件的有关技术经济资料，以及完成书面形式的理货报告。
3	验道	查验运输沿线全部道路的路面、路基、纵向坡度、横向坡度及弯道超高处的横坡坡度等。然后根据上述查验结果预测作业时间，编制运行路线图，完成验道报告。
4	制定运输方案	配备牵引车、挂车组及附件，配备机动机组及压载块，确定限定最高车速，制定运行技术措施，配备辅助车辆，制定货物装卸与捆扎加固方案，制定和验算运输技术方案，完成运输方案书面文件。
5	签订运输合同	根据托运方填写的委托运输文件及承运方进行理货分析、验道、制定运输方案的结果，承托双方签订书面形式的运输合同。
6	线路运输工作组织	建立临时性的大件运输工作领导小组负责实施运输方案，执行运输合同和相应对外联系。
7	运输统计与结算	运输统计指完成公路大型物件运输工作各项技术经济指标统计，运输结算即完成运输工作后按运输合同规定结算运费及相关费用。

（四）承运长大、笨重货物时采用的技术措施和组织措施

承运长大、笨重货物采用的技术和组织措施包括：
①车站受理托运时，要按发货人提供的有关资料对货物进行审核。

②派专人观察现场道路和交通情况，研究装载和运送方案，按指定的路线和时间中速或低速行驶。

③使用适宜的装卸机械，装车时应使货物的全部支撑面均匀地、平稳地放置在车辆底板上，以免损坏车辆。

④用相应的大型平板车等专用车辆，除应仔细加固捆扎外，还应在货物最长、最宽、最高的部位悬挂安全标志，日间挂红旗，夜间挂红灯，以引起往来车辆的注意。特殊的货物要由专门车辆在前方引路，以便排除障碍。

⑤装载集重货物，需要铺垫一些垫木，使重量能够比较均匀地分布于底板上。

⑥货物重心应尽量置于车底板纵横中心交叉点的垂直线上，严格控制横向移位和纵向移位。至车重心高度应控制在规定的限制内，若重心偏高，除应认真进行装载加固以外，还应采取配重措施，以降低其重心高度。

三、铁路超限货物运输业务

（一）铁路超限货物概述

1. 铁路超限货物的界定

货物装车后，车辆停留在水平直线上，货物的任何部位超出机车车辆限界基本轮廓者或车辆行经半径为 300m 的曲线时，货物的计算宽度超出机车车辆限界基本轮廓者，均为超限货物。机车车辆限界图见图 6-10。

2. 铁路超限货物分级与分类

（1）分级

根据货物的超限程度，超限货物分为三个等级：一级超限、二级超限和超级超限。

①一级超限：自轨面起高度在 1250mm 及其以上超限但未超出一级超限限界者，一级超限限界见图 6-11。

②二级超限：超出一级超限限界而未超出二级超限限界者，以及自轨面起高度在 150mm 至未满 1250mm 间超限但未超出二级超限限界者，二级超限限界见图 6-12。

③超级超限：超出二级超限限界者。

（2）超限货物分类

超限货物可以按照最初挂运列车运行方向、根据货物超限部位所在的高度进行分类，超限货物类型见图 6-13。

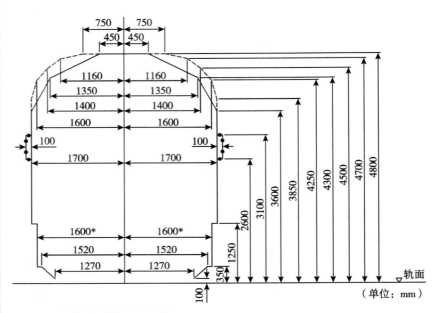

———— 机车车辆限界基本轮廓
------ 电气化铁路干线上运用的电力机车
●——● 列车信号装置限界轮廓
* 电力机车在距轨面高350~1250mm范围内为1675mm

图 6-10 机车车辆限界图

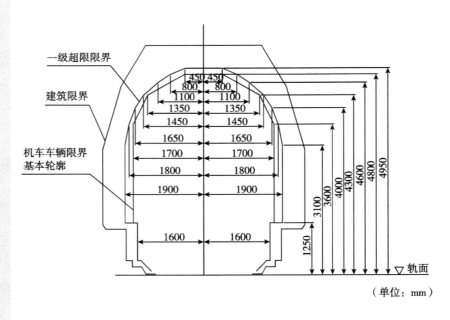

图 6-11 一级超限限界

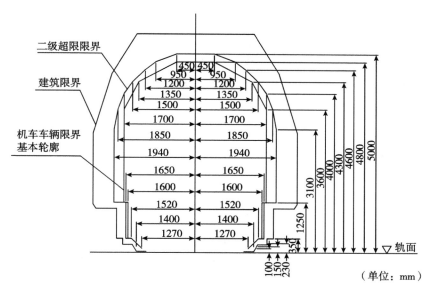

图 6-12 二级超限限界

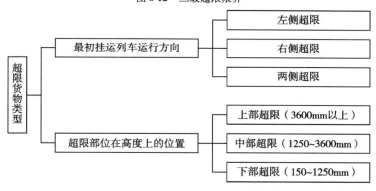

图 6-13 超限货物类型

（二）铁路超限货物运输组织

1. 托运与承运

（1）托运办法

①提交托运超限货物说明书；

②提交货物外形的三视图，并须以"+"号标明货物重心位置；

③自轮运转的超限货物，应有自重、轴数、轴距、固定轴距、长度、转向架中心销间距离，制动机形式，以及限制条件；

④必要时，应附有计划装载、加固计算根据的图纸和说明。

（2）受理

托运人提供的货物技术资料及相关证明文件齐全有效、符合规定，且货物发到站（含专用线、专用铁路）具备超限超重承运人资质的，发站应给予资料受理。

（3）选择装载方案

受理后，发站须认真审查资料，必要时应组织有关部门共同研究；对照资料核查货物实际，复核货物重量，测量核对货物外形尺寸和重心位置；拟定使用货车的车种、车型及车数，拟定货物装载加固方案。

根据货物的外形、重量和结构特点，结合装运车辆的技术条件，综合考虑装车方案。

必要时应采取改变货物包装、解体货体或某个部件的措施，以降低超限等级。

（4）超限货物运输请示信息

方案拟定后，车站应向铁路局超限超重货物运输主管部门提报铁路特种车使用计划、拍发超限超重货物运输请示信息。

2. 装车组织

（1）装车前工作

装车前，发站应做好以下准备工作：

①应严格按批复的文电内容和要求选择车辆。装车前应通知车辆部门进行技术检查合格。并经货运人员确认符合批示和装车要求，方能使用。

②选择在平直的线路上进行超限车的测量。测量内容包括车地板的高度、长度和宽度。

③确认加固材料和加固装置的规格、数量及质量符合装载加固方案规定。

④在负重车上标画车辆纵横中心线。

⑤在货物上标明重心位置（投影）、索点。货物装车前应按货物重心的位置，在货物的两端或两侧，标画货物纵、横重心的垂直线。货物重心的垂直线是确定货物重心装载位置的主要依据。

⑥开好装车前会，向装车人员布置装车事项。

（2）装车时指导工作

装车时，站段超限超重运输和装载加固主管人员须到装车现场进行指导。

（3）装车后进行检查

（4）做好标记

装车完毕，确认符合批示条件后，按规定需要"禁止溜放"的货车，应在货车两侧插挂表示牌。

在货物上书写（刷印）或拴挂超限超重货物检查表示牌，如在货物两侧标示"×级超限"，书写困难时亦可挂"×级超限货物检查牌"。

用油质颜料在超限超重货车地板上标画货物检查线。

超限超重货物到站应根据批示正确选择、确定卸车地点和货位，科学制定卸车方案，严格加强卸车组织，确保安全。

收货人组织自卸的，车站应与收货人签订自卸车协议，明确安全责任，并在卸车前与收货人办理完货物交付手续。

> 2018年1月19日，某县交通运输局执法人员会同公安、交警部门在联合检查执法站执勤时，发现一辆车牌号为鲁Q308**重型自卸货车有超限嫌疑，遂要求驾驶员停车接受检查。通过现场勘验及称重发现，此车是四轴载货汽车，按照相关规定车货总重不可超过31t，但实际总重为81.76t，超限50.76t，超限率163.7%。交通运输局执法人员依法对超限货物进行了卸载，县交警大队依法对驾驶员梁某做出了罚款2000元，驾驶证扣6分的行政处罚。
>
> 请回答：
> 1. 违规超限运输的危害有哪些？
> 2. 我国对于道路超限运输行为如何处罚？

单元3　鲜活易腐货物运输组织

一、鲜活易腐货物概述

（一）鲜活易腐货物的概念

鲜活易腐货物，指在运输过程中，需要采取一定措施，以防止死亡和腐烂变质的货物，公路运输的鲜活易腐货物主要有鲜鱼虾、鲜肉、瓜果、蔬菜、牲畜、观赏野生动物、花木秧苗、蜜蜂等。运输交易与一般的商品交易不同，在理解鲜活易腐货物的腐败机理的基础上，制定相应的保藏与运输组织工作。

（二）鲜活易腐货物的分类

鲜活易腐货物按其温度状况（即热状态）的不同，可分为三类：
（1）冻结货物

冻结货物是指经过冷冻加工成为冻结状态的鲜活易腐货物。冻结货物的承运温度（除冰外）应在 $-10℃$ 以下。一些具有代表性的冷冻货物的运输温度见表6-9。

冷冻货物的运输温度表　　　　　表6-9

货　名	运输温度（℃）	货　名	运输温度（℃）
鱼	-17.8～-15.0	虾	-17.8～-15.0
肉	-15.0～-13.3	黄油	-12.2～-11.1
蛋	-15.0～-13.3	浓缩果汁	-20

（2）冷却货物

冷却货物是指经过预冷处理后，货物温度达到承运温度范围之内的鲜活易腐货物。一些具有代表性的低温货物的运输温度见表6-10。

低温货物的运输温度　　　　　表6-10

货　名	运输温度（℃）	货　名	运输温度（℃）
肉	-5～-1	葡萄	6.0～8.0
腊肠	-5～1	菠萝	11.0以内
黄油	-0.6～0.6	橘子	2.0～10.0
带壳鸡蛋	-1.7～15.0	柚子	8.0～15.0
苹果	-1.1～16.0	土豆	3.3～15.0
梨	0.0～5.0		

（3）未冷却货物

未冷却货物，是指未经过任何加工处理，完全处于自然状态的鲜活易腐货物。如采摘后以初始状态提交运输的瓜果、鲜蔬菜之类。

按热状态来划分鲜活易腐货物种类的目的，是为了便于正确确定鲜活易腐货物的运输条件（如车种、车型的选用，装载方法的选取，以及运输方式、控温范围、冰盐比例、途中服务等），合理制定运价和便于采取相应管理措施。

鲜活易腐货物运输季节的划分，根据各地的旬平均气温规定，即：外界平均气温在20℃及其以上为热季；外界平均气温在0℃以上，不满20℃为温季；外界平均气温在0℃及其以下为寒季。

虽然鲜活易腐货物的运输季节是按一年平均气温划分的，但同一运输季节的温度幅度比较大。例如温季的幅度就有20℃，并且冷藏车运行的各地区都可能处于不同的运输季节，所以实际运输过程中应视具体外温采取不同的运输方法。

（三）鲜活易腐货物运输的特点

（1）季节性强、运量变化大

如水果蔬菜大量上市的季节、沿海渔场的渔讯期等，运量会随着季节的变化而变化。

（2）运输时间上要求紧迫

大部分鲜活易腐货物，极易变质，要求以最短时间、最快的速度及时运到。

（3）运输途中需要特殊照料的一些货物

如牲畜、家禽、蜜蜂、花木秧苗等的运输，需配备专用车辆和设备，沿途专门的照料。

（四）鲜活易腐货物的运输要求

鲜活易腐货物本身的特点是新鲜易变质，运输鲜活易腐货物时应做到以下几点：

1. 具备必要的运输设施、设备

如装运鲜活易腐货物的冷藏车，为运输鲜活易腐货物而设置的制冷、制冰、加盐设备、机械冷藏车保温段等。

2. 保持适宜的温度和湿度

大多数鲜活易腐货物在储存和运输中，都需要保持适宜的温度和湿度。冻结货物，如冻肉最适宜的温度为 $-18 \sim -15℃$，湿度为 $95\% \sim 100\%$；大白菜的温度为 $-0.5 \sim 0℃$，湿度为 $80\% \sim 95\%$；香蕉、菠萝的温度为 $11 \sim 15℃$，湿度为 $80\% \sim 85\%$。

3. 有良好的卫生和通风条件

在运输中卫生和通风条件良好，就可以减免微生物的侵占，保证货物运输安全不变质。

4. 快速运输

在一定的时间限度内，鲜活易腐货物的新鲜特质可以得到保持，反之，其新鲜特质就很难保持。故在运输鲜活易腐货物时，要做到优先安排运输计划、优先承运、优先装车、优先挂运、卸车的原则。

二、鲜活易腐货物运输业务

（一）鲜活易腐货物运输业务流程

鲜活易腐货物运输的特殊性要求保证及时运输，因而要做好托运、承运、装车、运送等各环节。

1. 托运

托运鲜活易腐货物前，应根据货物的不同特性，做好相应的包装。托运时须向具备运输资格的承运方提出货物最长的运到期限，某一种货物运输的具体温度及特殊要求，提交卫生检疫等有关证明，并在托运单上注明。

2. 承运

承运鲜活易腐货物时，应对托运货物的质量及包装和温度进行认真的检查，要求质量新鲜、包装达到要求、温度符合规定。对已有腐烂变质迹象和特征的货物，应加以适当处理，对不符合规定质量的货物不予承运。

3. 装车

鲜活易腐货物装车前，必须认真检查车辆的状态，车辆及设备完好方能使用，车厢如果不清洁应进行清洗和消毒，适当风干后，才能装车。装车时应根据不同货物的特点，确定其装载方法。如冷冻货物需保持货物内部积蓄的冷量，可紧密堆码；水果、蔬菜等需要通风散热的货物必须使货物之间保留一定的空隙，相压的货物必须在车内加架板，分层装载。

4. 运送

根据货物的种类、运送季节、运送距离和运送方向，按要求及时起运、按时运达。

（二）鲜活易腐货物在运输中需要采取的措施

①承运时承运方必须对货物的质量、状态进行认真检查，对已有腐烂变质现象的货物，托运前应做适当处理。对不符合规定质量的鲜活易腐货物不能受理。

②受理托运鲜活易腐货物，托运方应提供最长运输期限及途中管理、照料事宜的说明书，有关部门提供的动植物证明和托运手续，对于运输途中需要饲养和照料的动、植物，托运人必须派人押运。对于鲜活易腐需冷藏保温的货物，托运人应告知货物的冷藏温度，提出在一定时间内的保持温度的要求。

③承运方要根据货物的种类、运送季节、运送距离、运送方向以及托运方的要求和承运方的条件等情况，选择合适的车辆、确定货物的装载方法和沿途提供的服务等。鲜活易腐货物原则上用专车专运，不得与其他货物混装。

④装载时，水果、蔬菜、鲜活植物等，各货件之间应留有一定的间隙，使空气能在货件间充分流动。车厢底板最好有底格，装货时应使货件与车壁间留有适当空隙，以便使经由车壁和底板传入车内的热量可以被空气吸收而不致直接影响货物。

鲜活易腐货物，除冷冻货物应紧密堆码不留空隙（使货物本身积蓄的冷量不易散失），对本身不发热的某些冷冻货物（如冷冻虾），虽可以采用紧密堆码法，但应防止过分紧压，以免损伤物体，影响质量。对于活动物，如牛、马需用绳索拴牢在高栏板内，禽、兽及其他小动物需用集装笼或专用工具固定在车厢内，保持平稳、妥当。

⑤鲜活易腐货物要快速运输，压缩货物在途中的时间，以保障货运质量。

《铁路鲜活货物运输规则》

《铁路鲜活货物运输规则》简称《鲜规》，是规范铁路运输鲜活易腐货物和活动物的技术标准、运输条件和组织管理办法的技术规则。《鲜规》是铁路货物运输的法规的组成部分，承运人、托运人和收货人都应遵守本规则的有关规定。现行《鲜规》，是在原铁道部发《铁路鲜活货物运输规则》（铁运〔1994〕99）基础上进行的修订。

《鲜规》主要内容有：

①托运人提交运输的货物，应符合规定的质量和包装要求，遵守有关的政令限制，提出必要的凭证文件。鲜活易腐货物的热状态应符合规定的承运温度标准，正确标明容许运输期限。

②承运人应根据运输合同调配合适的车辆、选择适当的装载方案，在不同季节依其热状态采取冷藏、保温、防寒、加温、通风等不同的运输方法，做好冷藏车途中控温、加湿、加冰掺盐及禽畜车的供水等服务工作。成组装运的机械保温车应遵守分装、分卸、控温的限制，按规定运到限期将货物交给收货人。

③活动物运输，应交验国家规定的检疫证明，所派押送人员应遵守有关规定。

以3~5人为一组，联系当地一家大型超市，到该超市实地调研，了解该超市的海鲜或蔬果运输流程及相关要求，并完成如下任务。

1. 画出超市海鲜或蔬果的运输流转图；
2. 用表格形式列出海鲜或蔬果等的保鲜要求；
3. 阐述在运输过程中如何对海鲜或蔬果进行科学管理。

一、填空题

1. 根据货物的危害特性，一般将危险货物分为_____大类。
2. 特种货物一般包括_____、_____、_____大类。
3. 危险货物运输包装的基本要求有_____、_____、_____。
4. 各种运输方式在确认危险货物时，都采取了_____原则。

二、单项选择题

1. 我国公路运输主管部门现行规定，道路超限货物（简称大件）按其外形尺寸和重量分成（　　）级。
    A. 一　　　B. 二　　　C. 三　　　D. 四
2. 各类危险货物包装，根据其危险程度不同，可分为（　　）个等级。
    A. 一　　　B. 二　　　C. 三　　　D. 四
3. 下面哪种货物不属于特种货物（　　）。
    A. 炸药　　B. 鲜活动物　C. 煤炭　　D. 大件货物
    E. 贵重货物

三、多项选择题

1. 超限货物运输组织与一般货物运输的不同体现在（　　）。
    A. 特殊装载要求　　　　B. 特殊运输条件
    C. 特殊安全要求　　　　D. 特殊包装要求批不得超过300件
2. 鲜活易腐货物按其温度状况的不同，可分为（　　）。
    A. 冷冻货物　　　　　　B. 温度在 -20℃ 以下的货物
    C. 冷却货物　　　　　　D. 未冷却货物
3. 鲜活易腐货物运输的特点有（　　）。
    A. 季节性强、运量变化大
    B. 运输时间上要求紧迫
    C. 运输途中需要特殊照料的一些货物需配备专用车辆和设备，沿途专门的照料
    D. 特殊安全要求
4. 易燃固体、易自燃物品和遇湿易燃物品具有如下特性（　　）。
    A. 燃点低，易燃或自燃
    B. 容器破裂甚至爆炸的危险
    C. 遇湿、遇水、遇酸、遇氧化物时，会发生剧烈化学反应
    D. 毒害性或腐蚀性

四、判断题

1. 具有爆炸、易燃、毒害、感染、腐蚀、放射性等危险特性均属于危险货物。

（　　）

2. 常规情况下，根据危险货物所具有的危险程度，将包装类别分为3类。（　　）
3. 每件质量在4t以上（不含4t）的货物称为笨重货物。（　　）
4. 鲜活易腐货物运输中，除了少部分活动植物确因途中照料不当或车辆不适造成死亡外，大多数变质都是因为发生腐烂所致。（　　）

五、名词解释

危险货物；超限货物；鲜活易腐货物；铁路限界

六、简答题

1. 危险货物主要包括哪几类？
2. 开展危险货物运输应具备哪些条件？
3. 超限超载货物的内涵是什么？组织超限货物运输业务的流程有哪些？
4. 怎样组织鲜活易腐货物运输？

实训任务

一、实训资料

2012年6月29日4时20分左右，湖南省株洲市某物流有限公司一辆号牌为湘B833＊＊的重型半挂油罐车行驶至广州市沿江高速公路南岗段夏港入口附近，临时停靠在道路外侧车道和应急车道中间时，被一辆号牌为湘L66215的个体经营货车从后方追尾碰撞，引发交通事故。事故造成油罐车（载重40t）所载溶剂油泄漏，并顺着高速公路排水管流至桥底排水沟，遇火源引起爆燃，大火迅速引燃桥下一露天木材加工场堆放的木板及临时搭建的工棚，致使木材加工场近千平方木屋顶被掀飞、坍塌，数十辆货车、小车全部被焚毁，造成20人死亡，31人受伤，其中16人重伤。

二、实训要求

1. 从驾押人员、运输设施设备、运输企业管理三个角度分析事故发生的原因。
2. 如何加强危险货物运输的安全管理？

模块七　集装箱运输与多式联运

知识目标

1. 掌握集装箱运输的概念及特点。
2. 了解掌握集装箱的重量、集装箱标本及交接方式。
3. 掌握多式联运及其经营人的概念及分类。
4. 了解多式联运组织形式和单据。
5. 掌握集装箱多式联运流程。

能力目标

1. 能区分各种国际标准的集装箱。
2. 能对集装箱货物进行分类。
3. 能按货物的种类选择集装箱。
4. 能填写多式联运单据。
5. 能组织多式联运流程。

案例导入

"一带一路"国际铁路联运（中欧班列）迅速发展

随着"一带一路"建设稳步推进，中国与欧洲及沿线国家的经贸往来愈发频繁，国际物流需求更加旺盛，中欧班列开行数量和开行线路不断增多，国内开行城市38个，到达欧洲13个国家36个城市，运行线路达61条；开行密度也逐步提升，进一步释放了亚欧陆路物流和贸易通道的潜能，促进了中国与沿线国家以及其他欧洲国家之间的经贸合作。

中欧班列市场呈现出良好的国际品牌效应和发展前景。货物运输品类日益丰富，货物品类已经由开行初期的手机、电脑等IT产品逐步扩大到服装鞋帽、汽车及配件、粮食、葡萄酒、咖啡豆、木材、家具、化工品、机械设备等品类；回程班列明显增加，回程班列数量已超去程班列的50%；国际邮包运输成效显著，中欧班列已经在重庆、郑州、义乌开通邮政运输实验，实现邮包班列电子化通关。

国际铁路合作步伐加快。2017年4月，中国、白俄罗斯、德国、哈萨克斯坦、蒙古国、波兰、俄罗斯等七国铁路部门正式签署《关于深化中欧班列合作协议》，2017年10月中国铁路总公司及白俄罗斯、德国、哈萨克斯坦、蒙古国、波兰、俄罗斯等国家铁路公司在郑州召开第一次中欧班列联合工作组会议，会议审议并签署了《中欧班列运输联合工作组工作办法》和《深化中欧班列合作协议新成员加入办法》，2017年9月，跨西伯利亚运输协调委员会第26次全体大会在北京召开，进一步推动中欧班列持续稳定发展。

境外经营能力大幅提升。中铁集装箱不断加强与哈萨克斯坦、俄罗斯、瑞士、芬兰等国家的物流企业进行沟通，在联合开展国际货源营销、合作开展境外分拨配送等代理服务、加强境外铁路箱还箱点建设等方面进行合作。我国铁路总公司在境外已经设立了集装箱还箱点，中铁集装箱在哈萨克斯坦成立子公司，加强中俄铁路集合资公司在莫斯科的经营力量，推进波兰、德国等地进行分拨中心选点。

（资料来源：中国交通运输协会联运分会）

思考
1. 多式联运为什么能够迅速发展？
2. 集装箱在多式联运中起到怎样的作用？

单元1 集装箱运输基础知识

一、集装箱运输概述

（一）集装箱概念

集装箱是我国内地的称谓，在中国香港地区称为"货箱"，在中国台湾地区称为"货柜"。英文为"Container"或"Box"。即一种可以装货的容器或盒子。集装箱（Container）是一种运输设备，应满足下列要求：

①具有足够的强度，可长期反复使用。
②适于一种或多种运输方式运送，途中转运时，箱内货物不需换装。
③具有快速装卸和搬运的装置，特别便于从一种运输方式转移到另一种运输方式。
④便于货物装满和卸空。
⑤具有$1m^3$及以上的容积。

（二）集装箱特点

1. 集装箱运输的优点

集装箱运输就是将单件杂货集中成组装入箱内，采用大型装卸机械，发挥多式联运的系统化的长处，实现门到门的运输，使船主与货主两方受益，其主要优点如下：

①提高装卸效率，减轻劳动强度。

②减少了装卸所需要的时间和费用，加速了车船周转。

③保证货物完整无损，避免货损货差。

④节省包装费用，简化理货手续。

⑤减少营运费收，降低运输成本。

2. 集装箱运输的缺点

集装箱运输的缺点包括集装箱运输需要大量初始资金、集装箱运输装箱货物尺寸受限、集装箱铅封后不能开箱查看货物情况等。

知识链接

集装箱诞生

集装箱是由美国人发明并使用的，最早是用在铁路上。1921年3月19日它最早出现在美国纽约铁路运输总公司。马尔康·马克林（Malcom Mclean）是集装箱运输的创始人。20世纪中叶，他缔造集装箱运输，他的发明引发了世界交通运输的一场革命。有一次，马克林跟着他公司的一辆运送包装棉花的拖车到新泽西州的霍博肯码头（Hoboken, New Jersey）送货。在码头上他看着装卸工人们用吊钩和绳索，把棉花一捆一捆地从卡车上卸下，再装上运往国外的海船。整整一天他看着这又慢又累的装船过程，不禁感叹："这对时间和金钱是多大的浪费啊！"。接着他就想到，如果棉花不是一捆一捆从卡车上吊上船，而是直接把卡车吊上船，这该多好。进而他又想到如果不用吊钩、绳索、托盘等工具，而是把棉花装在一个大箱子里，装船时里面的货物不去动它。这样不仅可以提高装卸效率，还可以大大减少人力作业时的货损货差……马克林是一个敢想敢干而且说干就干的人。为了实现自己的理想，首先他建造了一些可拆卸的拖车载体，称为"Container"（集装箱），先在陆上试用。货物装在箱内，到了货主场地或仓库后，把整个箱子卸下，拖车的拖头和底盘就可以拉走，再去拖另一个箱子。这样便可充分地利用卡车的机动部分，从而降低了成本，取得了很好的经济效益。在卡车运输成功之后，他又把这一方法推广到海上运输中去，取得更好的效果。同时，马克林成立"海陆运输公司"，发明世界第一艘集装箱船。1960年4月，当集装箱运输的优越性充分显示以后，马克林决定把泛大西洋轮船公司正式改名为"海陆运输公司",这就是世界上最有名的集装箱船公司之一的海陆公司。世界集装箱运输的出现,对交通运输业所产生的绩效是不可估量的,这首先要归功于马克林的贡献。马克林已被公认为"集装箱化之父"。

英国人也不甘落后,他们于8年后,即1929年开始了英国-欧洲大陆海陆直达集装箱联运。但这些都只是局部的、小规模的使用。

集装箱大量运用则始于越南战争。当时美国人用集装箱大量运输作战物资,效果甚佳,虽然最终美国也没有打赢这场战争。1966年美国海陆公司(Sealand)在北大西洋航线上开始使用改装的集装箱船"FairLand"号,为集装箱直达联运的历史开创了新的一页。

(三) 集装箱种类

按照用途集装箱可以分为以下几种:

1. 杂货集装箱

杂货集装箱又称干货箱,是一种通用集装箱,适用范围很大,除需制冷、保温的货物与少数特殊货物(如液体、牲畜、植物等)外,只要在尺寸和重量方面适合用集装箱装运的货物(适箱货),均可用杂货集装箱装运,见图7-1。杂货集装箱可分为一端开门、两端开门与侧壁设有侧门三类杂货集装箱的门均有水密性,可270°开启。在国内外运营中的集装箱,大部分属于杂货集装箱。部分杂货集装箱,其侧壁可以全部打开,属于敞侧式集装箱,主要是便于在铁路运输中进行拆装箱作业。

图7-1 20英尺杂货箱

2. 开顶集装箱

这是一种特殊的通用集装箱，除箱顶可以拆下外，其他结构与通用集装箱类似。开顶集装箱又分"硬顶"和"软顶"两种。"硬顶"是指顶篷用一整块钢板制成；"软顶"是指顶篷用帆布、塑料布制成，可拆式扩伸弓梁支撑。

开顶集装箱主要适用于装载大型货物和重型货物，如钢材、木材、玻璃等。货物可用吊车从箱顶吊入箱内，这样不易损坏货物，可减轻装箱的劳动强度，又便于在箱内把货物固定。开顶集装箱见图7-2。

图7-2　开顶集装箱

3. 台架式集装箱

台架式集装箱没有箱顶和侧壁，可以用吊车从顶上装货，也可以用叉车从箱侧装货，适合于装载长大件和重件货，如重型机械、钢材、钢管、木材、钢锭、机床及各种设备。还可以用两个以上的板架集装箱并在一起，组成装货平台，用以装载特大件货物。还有的板架集装箱，其端壁可折叠起来，以减少空箱回空时的舱容损失，见图7-3。

主要特点：为了保持其纵向强度，箱底较厚，箱底的强度比一般集装箱大，而其内部高度比一般集装箱低。为了把装载的货物系紧，在下侧梁和角柱上设有系环。为了防止运输过程中货物坍塌，在集装箱的两侧还设有立柱或栅栏。台架式集装箱没有水密性，不能装运怕湿的货物。在陆上运输中或在堆场上贮存时，为了不淋湿货物，应有帆布遮盖。

4. 平台集装箱

平台集装箱指无上部结构、只有底部结构的集装箱。平台集装箱又分为有顶角件和底角件的和只有底角件而没有顶角件的两种。在欧洲使用较多。平台的长度及宽度与国际标准集装箱的箱底尺寸相同，可使用与其他集装箱相同的紧固件和起吊装置，见图7-4。

图7-3 台架式集装箱

图7-4 平台集装箱

5. 冷藏集装箱

冷藏集装箱指具有制冷或保温功能，可用于运输冷冻或低温货，如鱼、肉、新鲜水果、蔬菜等食品的集装箱。冷藏集装箱分为可制冷和只具有保温功能两类。前者称为"机械式冷藏集装箱"，后者称为"离合式集装箱"。

（1）机械式冷藏集装箱

这种集装箱内装有冷冻机，只要外界供电，就能制冷。这类集装箱冷冻装置装在箱体内，不会妨碍集装箱专用机械的搬运和装卸。在船上，机械式冷藏集装箱由船舶发电供电；在陆上，有码头或堆场专用电源供电；在火车上，由装有发电机组的专用车辆供电。所以，有关的船舶、火车、集装箱堆场，均须配备专门的供电设施，见图7-5。

（2）离合式冷藏箱

离合式冷藏箱是指冷冻机可与集装箱箱体连接或分离的集装箱。实际上，集装箱本体只是一个具有良好隔热层的箱体，在陆上运输时，一般与冷冻机相连；在海上运输时，则与冷冻机分开。箱内冷却靠船上的冷冻机舱制冷，通过冷风管道系统与冷藏箱连接。在集装箱堆场与码头，如配备有集中的冷冻设备和冷风管道系统，离合式冷藏箱也可与冷冻机分开，采用集中供冷形式。

6. 散货集装箱

散货集装箱主要用于装运麦芽、谷物和粒状化学品等。它的外形与杂货集装箱相近，在一端有箱门，同时在顶部有2至3个装货口。在箱门的下方还设有两个长方形的卸货口。散货集装箱除端门有水密性以外，箱顶的装货口与端门的卸货口也有很好的水密性，可以有效防止雨水浸入。散货集装箱也可用于装运普通的件杂货，见图7-6。

图 7-5　机械式冷藏集装箱　　　　　图 7-6　散货集装箱

7. 通风集装箱

通风集装箱外表与杂货集装箱类似，其区别是在侧壁或端壁上设有 4~6 个通风口。当船舶驶经温差较大的地域时，通风集装箱可防止由于箱内温度变化造成"结露"和"汗湿"而使货物变质。通风集装箱适于装载球根类作物、食品及其他需要通风、容易"汗湿"变质的货物。如将其通风口关闭，通风集装箱可作为杂货集装箱使用。通风集装箱的通风方式一般采用自然通风，其箱体一般采用双层结构，以便通风与排漏效果较好，见图 7-7。

8. 罐状集装箱

罐状集装箱是专门用于装运油类（如动植物油）、酒类、液体食品及液态化学品的集装箱，还可以装运酒精和其他液体危险品，见图 7-8。罐状集装箱由罐体和箱体框架两部分构成。箱体框架的尺寸符合国际标准，角柱上也装有国际标准角件，装卸时与国际标准箱相同。

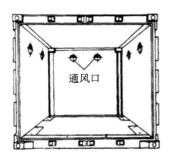 

图 7-7　通风集装箱　　　　　图 7-8　20 英尺罐箱

9. 动物集装箱

动物集装箱是指装运鸡、鸭、鹅等活家禽和牛、马、羊、猪等活家畜用的集装箱。箱顶采用胶合板覆盖，侧面和端面都有金属网制的窗，以便通风。侧壁的下方设有清扫口和排水口，便于清洁，见图 7-9。

10. 汽车集装箱

汽车集装箱是在简易箱底上装一个钢制框架，一般设有端壁和侧壁，箱底应采用防滑钢板，见图7-10。汽车集装箱有装单层和装双层两种。由于小轿车的高度为 1.35～1.45m，如装在 8ft（2438mm）高的标准集装箱内，只利用了其箱容的 3/5，由于轿车是一种不经济的装箱货。为提高箱容利用率，有一种装双层的汽车集装箱，其高度有两种，一种为 10.5ft（3200mm），另一种为 12.75ft（8.5ft 的 1.5 倍）。汽车集装箱一般不是国际标准集装箱。

图 7-9　动物集装箱　　　　　图 7-10　50 英尺双层汽车箱

11. 组合式集装箱

组合式集装箱又称"子母箱"，俗称奇泰纳。它的结构是在独立的底盘上，箱顶、侧壁和端壁可以分解和组合，既可以单独运输货物，也可以紧密地装在 20ft 和 40ft 箱内，作为辅助集装箱使用。它拆掉壁板后，形似托盘，所以又称为"盘式集装箱"。

12. 服装集装箱

服装集装箱是杂货集装箱的一种变型，是在集装箱内侧梁上装有许多横杆，每根横杆垂下若干绳扣，见图7-11。成衣利用衣架上的钩，直接挂在绳扣上。这种服装装载法无需包装，节约了大量的包装材料和费用，也省去了包装劳动。这种集装箱和普通杂货集装箱的区别仅在于内侧上梁的强度需略加强。将横杆上的绳扣收起，就能作为普通杂货集装箱使用。

图 7-11　服装集装箱内部

13. 其他用途集装箱

集装箱现在的应用范围越来越广，不但用于装运货物，还广泛被用于其他用途。如"流动电站集装箱"，可在一个20ft集装箱内装置一套完整的发电机组，装满燃油后可连续发电96h，供应36只20ft或40ft冷藏集装箱的耗电。

（四）集装箱标志及标准集装箱

1. 集装箱标志

（1）国际标准集装箱标记类别

国际标准化组织规定的集装箱标记有"必备标记"和"自选标记"两类；每一类标记中，又分"识别标记"和"作业标记"两种。每类标记都必须按规定大小，标识在集装箱规定的位置上。

（2）必备标记

①箱主代号，即集装箱所有人代号，它用三个大写拉丁字母表示。为防止箱主代号出现重复，所有箱主在使用代号之前应向国际集装箱局（BIC）登记注册。国际集装箱局在一些国家和地区设有注册机构。我国北京设有注册机构。国际集装箱局每隔半年公布一次在册的箱主代号一览表。

②设备识别代号，分别为"U""J"和"Z"三个字母。"U"表示集装箱，"J"表示集装箱所配置的挂装设备，"Z"表示集装箱专用车和底盘车。箱主代号和设备识别代号一般四个字母连续排列，如ABCU，其为箱主代号为ABC，设备识别代号为U。

③顺序号，又称箱号，用6位阿拉伯数字表示。若有效数字不足6位，则在前面加"0"，补足6位。如有效数字为1234，则集装箱号应为001234。

④核对数字，由一位阿拉伯数字表示，列于6位箱号之后，置于方框之中。设置核对数字的目的，是为了防止箱号在记录时发生差错。运营中的集装箱频繁地在各种运输方式之间转换，如从火车到卡车再到船舶等，不断地从这个国家到那个国家，进出车站、码头、堆场、集装箱货运站。每进行一次转换和交接，就要记录一次箱号。在多次记录中，如果偶然发生差错，记错一个字符，就会使该集装箱从此"不知下落"。为不致出现此类"丢失"集装箱及所装货物的事故，在箱号记录中设置了一个"自检测系统"，即设置一位"核对数字"。集装箱核对数字计算在《物流技术装备》等相关课程中讲解。

（3）自选标记

①国籍代号：用3位英文字母表示，说明集装箱的登记国，例如"CN"为"中华人民共和国"的代号。

②尺寸代号：由2位阿拉伯数字组成，用于表示集装箱的尺寸大小。

③类型代号：由2位阿拉伯数字组成，说明集装箱的类型，其中00-09为通用集装箱，30-49为冷藏集装箱，50-59为敞顶集装箱。

④超高标记：凡箱高超过2.6m（8.5ft）的集装箱均应有超高标记；通常在超高箱的两侧和两端都设有这类标记。

（4）作业标记

①额定重量和自定重量标记：额定重量即集装箱总重，自重即集装箱空箱质量（或空箱重量），应以公斤（kg）和磅（lb）同时表示，见图7-12。

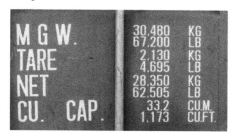

图7-12　额定重量和自定重量标记

②空陆水联运集装箱标记：此类集装箱设计了适合于空运的系固和装卸装置，但其强度仅能堆码两层，见图7-13。

③登箱顶触电警告标记：该标记为黄色底标志为各色的三角形，一般设在罐式集装箱和位于登箱顶扶梯处，以警告登梯者有触电危险，见图7-14。

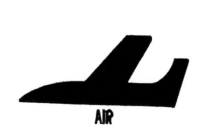　

图7-13　空陆水联运集装箱标记　　图7-14　登箱顶触电警告标记

2. 国际标准集装箱

国际标准集装箱是指国际标准化组织委员会制定的集装箱标准。国际Ⅰ型集装箱规格见表7-1。

国际Ⅰ型集装箱的外部尺寸、公差和总重

表 7-1

箱型	L 尺寸 mm	L 公差 mm	L 尺寸 ft	L 公差 in	W 尺寸 mm	W 公差 mm	W 尺寸 ft	W 公差 in	H 尺寸 mm	H 公差 mm	H 尺寸 ft	H 公差 in	R kg	R lb
1AAA	12192	0~10	40	0~3/8	2438	0~5	8	0~3/16	2896	0~5	96	0~3/16	30480	67200
1AA									2591	0~5	86	0~3/16		
1A									2438		8			
1AX									<2438		<8			
1BBB	9125	0~10	2911.25	0~3/8	2438	0~5	8	0~3/16	2896	0~5	96	0~3/16	25400	56000
1BB									2591	0~5	86	0~3/16		
1B									2438		8			
1BX									<2438		<8			
1CC	6058	0~6	1910.5	0~1/4	2438	0~5	8	0~3/16	2591	0~5	86	0~3/16	24000	52900
1C									2438		8			
1CX									<2438		<8			
1D	2991	0~5	99.975	0~3/16	2438	0~5	8	0~3/16	2438	0~5	86	0~3/16	10160	22400
1DX									<2438		<8			

注：表中 ft 为英尺，1ft=0.3048m；in 为英寸，1in=2.54cm。

每种集装箱的宽度相同,为充分利用各种运输工具的底面积,必须了解各种规格集装箱的长度关系,见图 7-15。其中,1A 型 40ft(12192mm),1B 型 30ft(9125mm),1C 型 20ft(6058mm),1D 型(2991mm)。集装箱间的标准间距 I 为 3in(76mm),则:

$1A = 1B + I + 1D = 9125 + 76 + 2991 = 12192mm$

$1B = 1D + I + 1D + I + 1D = 3 \times 2991 + 2 \times 76 = 9125mm$

$1C = 1D + I + 1D = 2 \times 2991 + 76 = 6058mm$

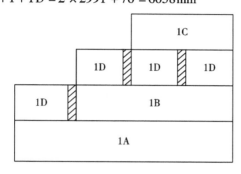

图 7-15 各种规格集装箱长度关系

3. 国家标准集装箱

国家标准集装箱是各国政府参照国际标准并考虑本国的具体情况,而制订本国的集装箱标准。我国现行国家标准《系列 1 集装箱分类、尺寸和额定质量》(GB/T 1413—2008)中集装箱各种型号的外部尺寸、极限偏差及额定质量,见表 7-2。

二、集装箱货物种类及交接方式

(一) 集装箱货物种类

1. 按适箱程度分类

①最适合集装箱化的货物,指货价高、运费也较高的商品。

②适合集装箱化的货物,指货价、运费较适合集装箱运输的商品。

③边缘集装箱化的货物,指可用集装箱来装载,但因其货价较低,用集装箱运输在经济上不合算,而且该类货物的大小、重量和包装也难以集装箱化,如钢锭、生铁、原木等。

④不适合集装箱化的货物,指不能用集装箱装载运输的货物。

2. 按货运特性分类

按照货物本身的运输特性分,可分为普通货物、冷藏货物和危险品。

系列 1 集装箱外部尺寸和额定质量

表 7-2

集装箱型号	长度 L		宽度 W		高度 H		额定质量（总质量）	
	mm	ft'in"	mm	ft	mm	ft'in"	kg	lb
1EEE	13716	45'	2438	8'	2896	9'6"	30480	67200
1EE					2591	8'6"		
1AAA	12192	40'	2438	8'	2896	9'6"	30480	67200
1AA					2591	8'6"		
1A					2438	8'		
1AX					<2438	<8'		
1BBB	9125	29'11"1/4	2438	8'	2896	9'6"	30480	67200
1BB					2591	8'6"		
1B					2438	8'		
1BX					<2438	<8'		
1CC	6058	19'10"1/2	2438	8'	2591	8'6"	30480	67200
1C					2438	8'		
1CX					<2438	<8'		
1D	2991	9'9"3/4	2438	8'	2438	8'	10160	22400
1DX					<2438	<8'		

（1）普通货物

普通货物本身性质不具有危险性，是不属于危险品规则上的货物，也是不需要保温或冷冻的货物。普通货物适合于装载干货箱运输。

（2）冷藏货物

冷藏货物对运输的温度有较高的要求，因此必须使用冷藏集装箱运输，主要有蔬菜、水果、鲜货海产品、蜂王浆等。

（3）危险品

危险品是危险品规则上列名的产品，在运输过程中安全要求很高，因此采用集装箱运输，通常装载于干货箱中，但在集装箱的四面外壁上必须贴上相应的危险品标志。危险品主要包括各类危险化工品、农药、黄磷、火柴、漂粉精等。

3. 按一批货物能否装满一个集装箱分类

按一批货物能否装满一个集装箱分类，可分为整箱货、拼箱货。

（1）整箱货

整箱货是以集装箱为一个单位的大批量货物，多数是由发货人装箱、计数并加铅封后运输，到目的港后交收货人，整箱货的拆箱通常由收货人办理，而且整箱货的发货人通常是一个人，而收货人通常也是一个人。承运人对整箱货，以箱为交接单位，只要集装箱外表与收箱时相似和铅封完整，承运人就完成了承运责任。

（2）拼箱货

拼箱货是整箱货的相对用语，是指装不满一箱的小票货物，在集装箱货运站或内陆中转站内集中，与其他货物混装在一个集装箱内，在到达目的地后，再从集装箱货运站或内陆中转站内取出货物交给收货人。拼箱货的发货人通常是多个人，而收货人也通常是好几个人。

（二）集装箱货流组织形式

如上所述，集装箱货运分为整箱和拼箱两种，因此在交接方式上也有所不同，国际上的做法，大致有以下四类：

1. 整箱交，整箱接（FCL/FCL）

货主在工厂或仓库把装满货后的整箱交给承运人，收货人在目的地以同样整箱接货，换言之，承运人以整箱为单位负责交接。货物的装箱和拆箱均由货主方负责。

2. 拼箱交、拆箱接（LCL/LCL）

货主将不足整箱的小票托运货物在集装箱货运站或内陆转运站交给承运人，由承运人负责拼箱和装箱（Stuffing，Vanning）运到目的地货站或内陆转运站,由承运人负责拆箱(Unstuffing,Devantting),拆箱后,收货人凭单接货。货物的装箱和拆箱均由承运人负责。

3. 整箱交,拆箱接(FCL/LCL)

货主在工厂或仓库把装满货的整箱交给承运人,在目的地的集装箱货运站或内陆转运站由承运人负责拆箱后,各收货人凭单接货。

4. 拼箱交,整箱接(LCL/FCL)

货主将不足整箱的小票货物在集装箱货运站或内陆转运站交给承运人。由承运人分类调整,把同一收货人的货集中拼装成整箱,运到目的地后,承运人以整箱交,收货人以整箱接。

从上述各种交接方式中可以看出,以整箱交、整箱接效果最好,也最能发挥集装箱的优越性,让货物完好无损抵达目的地。

(三) 集装箱运输货物的交接地点与交接方式

1. 集装箱货物的交接地点

货物运输中的交接地点是指根据运输合同,承运人与货方交接货物、划分责任风险和费用的地点。集装箱运输中货物的交接地点有门(双方约定的地点)、集装箱堆场、船边或吊钩或集装箱货运站。

(1) 门(Door)

门指收发货人的工厂、仓库或双方约定收、交集装箱的地点。在多式联运中经常使用。

(2) 集装箱堆场(Container Yard,CY)

集装箱堆场(又简称"场")是交接和保管空箱和重箱的场所,也是集装箱换装运输工具的场所。

(3) 船边或吊钩(Ship's Rail or Hook/Tackle)

船边或吊钩(又简称"钩")指装货港或卸货港装卸船边或码头集装箱装卸吊具,并以此为界区分运输装卸费用的责任界限。

(4) 集装箱货运站(Container Freight Station,CFS)

集装箱货运站(又简称"站"),是拼箱货交接和保管的场所,也是拼箱货装箱和拆箱的场所。集装箱堆场和集装箱货运站也可以同处于一处。

门、场、钩主要是整箱货(FCL)的交接场所;站主要是拼箱货(LCL)的交接场所。

2. 集装箱货物的交接方式

根据集装箱货物的交接地点不同,理论上可以通过排列组合的方法得到集装箱货物的交接方式为16种。这里仅介绍通常使用的9种情况:

(1) 门到门（Door to Door）交接方式

门到门交接方式是指运输经营人由发货人的工厂或仓库接收货物，负责将货物运至收货人的工厂或仓库交付。在这种交付方式下，货物的交接形态都是整箱交接。

(2) 门到场（Door to CY）交接方式

门到场交接方式是指运输经营人在发货人的工厂或仓库接收货物，并负责将货物运至卸货港码头堆场或其内陆堆场，在 CY 处向收货人交付。在这种交接方式下，货物也都是整箱交接。

(3) 门到站（Door to CFS）交接方式

门到站交接方式是指运输经营人在发货人的工厂或仓库接收货物，并负责将货物运至卸货港码头的集装箱货运站或其在内陆地区的货运站，经拆箱后向各收货人交付。在这种交接方式下，运输经营人一般是以整箱形态接收货物，以拼箱形态交付货物。

(4) 场到门（CY to Door）交接方式

场到门交接方式是指运输经营人在码头堆场或其内陆堆场接收发货人的货物（整箱货），并负责把货物运至收货人的工厂或仓库向收货人交付（整箱货）。

(5) 场到场（CY to CY）交接方式

场到场交接方式是指运输经营人在装货港的码头堆场或其内陆堆场接收货物（整箱货），并负责运至卸货码头堆场或其内陆堆场，在堆场向收货人交付。

(6) 场到站（CY to CFS）交接方式

场到站交接方式是指运输经营人在装货港的码头堆场或其内陆堆场接收货物（整箱），负责运至卸货港码头集装箱货运站或其在内陆地区的集装箱货运站，一般经拆箱后向收货人交付。

(7) 站到门（CFS to Door）交接方式

站到门交接方式是指运输经营人在装货港码头的集装箱货运站及其内陆的集装箱货运站接收货物（经拼箱后），负责运至收货人的工厂或仓库交付。运输经营人一般是以拼箱形态接收货物，以整箱形态交付货物。

(8) 站到场（CFS to CY）交接方式

站到场的交接方式是指运输经营人在装货港码头或其内陆的集装箱货运站接收货物（经拼箱后），负责运至卸货港码头或其内陆地区的货场交付。在这种方式下货物的交接形态一般也是以拼箱形态接收货物，以整箱形态交付货物。

(9) 站到站（CFS to CFS）交接方式

站到站的交接方式是指运输经营人在装货码头或内陆地区的

集装箱货运站接收货物（经拼箱后），负责运至卸货港码头或其内陆地区的集装箱货运站，（经拆箱后）向收货人交付。货物的交接方式一般都是拼箱交接。

（四）交接地点与交接形态结合

交接地点与交接形态结合见表7-3所示。

交接地点与交接形态结合汇总表　　表7-3

发货	收货	交接方式
FCL	FCL	DOOR TO DOOR, DOOR TO CY, CY TO CY, CY TO DOOR
FCL	LCL	DOOR TO CFS, CY TO CFS
LCL	LCL	CFS TO CFS
LCL	FCL	CFS TO DOOR, CFS TO CY

三、集装箱运输作业流程

（一）集装箱出口货运程序

集装箱出口货运业务流程见图7-16。

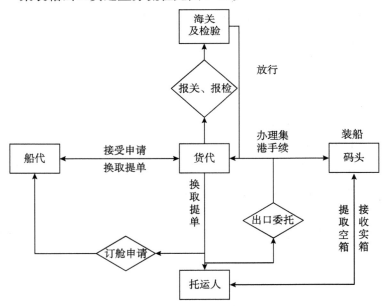

图7-16　集装箱出口货运业务流程

1. 订舱

发货人根据贸易合同或信用证条款的规定，在货物托运前一定时间内填好集装箱货物托运单委托其代理或直接向船公司申请订舱。货运委托书见表7-4。

货运委托书样本　　　　　　　表 7-4

Shipper/托运人（委托人对 Shipper 的准确、真实性负责）		预订出运期	
		指定船公司（如有）	
		船东协议号（如有）	
Consignee/收货人		本委托所产生的相关单据应交付委托人。如涉及提单等运输单据的交付，除非法律有特别规定，受托人应交付委托人。	
		贸易方式：	提单/运单要求（择一打√）
Notify Party（委托人保证 Notify Party 能有效通知）		M B/L/提单/运单	
		H B/L/提单/分运单	
		Telex/电放	
		Seaway Bill/海运单	
		FCR/货代收据	
装货港	中转港（如有）	卸货港	最终目的地（如有）
货物规格、品名和型号	唛头/编号	集装箱数量或包装数量	包装方式	毛重	体积

委托项目（如无选择，则按实际办理业务结算）					
订舱		报关		其他	
拖箱		报检			
装箱		拆箱			
运输方式	CY/CY　　CFS/CFS　　CFS/CY　　CY/DOOR　　DOOR/DOOR（择一打√）其他：				
特殊要求	可否转船		冷箱设定温度（℃）		
	可否分批		危险品代码/IMDG CODE		
	是否自备箱		其他特殊箱型		
运费	预付/到付	USD	港杂费/包干费等	CNY	
	如无选择，参提单显示			如无约定，按最终实际产生金额	

管辖条款 1. 双方在履行本协议中如发生争议，应协商解决。协商不成，同意提交中国海事仲裁委员会/中国海事仲裁委员会分会（仲裁中心）进行仲裁。 2. 本委托书未尽事宜以中国海事仲裁委员会上海分会《货运代理协议示范条款》为准	委托单位： 地址： 电话：　　　　传真： E-mail： 委托单位（公章或订舱章） 业务员：（签字）
特约事项：	日期：　　　年　月　日

2. 接受托运申请

船公司或代理公司根据自己的运力、航线等具体情况考虑发货人的要求，决定接受与否，若接受申请就着手编制订舱清单，然后分送集装箱堆场（CY），集装箱货运站（CFS），据以安排空箱及办理货运交接。

3. 发放空箱

通常整箱货货运的空箱由发货人到集装箱码头堆场领取，有的货主有自备箱；拼箱货货运的空箱由集装箱货运站负责领取。

4. 拼箱货装箱

发货人将不足一整箱的货物交至货运站，由货运站根据订舱清单和场站收据负责装箱，然后由装箱人编制集装箱装箱单（CONTAINER LOAD PLAN）。

5. 整箱货交接

由发货人自行负责装箱，并将已加海关封志的整箱货运到 CY。CY 根据订舱清单，核对场站收据（DOCK RECEIPT D/R）及装箱单验收货物。

6. 集装箱的交接签证

CY 或 CFS 在验收货物和/或箱子在场站收据上签字，并将签署后的 D/R 交还给发货人。

7. 换取提单

发货人凭 D/R 向集装箱运输经营人或其代理换取提单（COMBINED TRANSPORT BILL OF LADING），然后去银行办理结汇。

8. 装船

集装箱装卸区根据装货情况，制订装船计划，并将出运的箱子调整到集装箱码头前方堆场，待船靠岸后，即可装船出运。

（二）集装箱入口货运程序

集装箱入口货运程序见图 7-17。

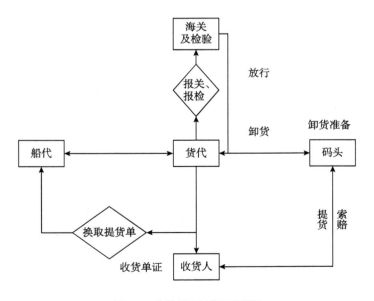

图 7-17 集装箱入口货运流程图

1. 接受单据

接到客户的全套单据后,要查清该进口货物属于哪家船公司承运、哪家作为船舶代理、在哪儿可以换到供通关用的提货单。

2. 换单

凭带背书的正本提单去船公司或船舶代理部门换取提货单和设备交接单。

3. 报关

用换来的提货单(1、3)联并附上报关单据前去报关。

报关单据:提货单(1、3)联海关放行后,在白联上加盖放行章,发还给进口方作为提货的凭证。

4. 商检商品应办理验货手续

如需商检,则要在报关前,拿进口商检申请单(带公章)和两份报关单办理登记手续,并在报关单上盖商检登记在案章以便通关。验货手续在最终目的地办理。如需动植检,也要在报关前拿箱单发票合同报关单去代报验机构申请报验,在报关单上盖放行章以便通关,验货手续可在通关后堆场进行。

5. 三检放行

海关通关放行后应去三检大厅办理三检。向大厅内的代理报验机构提供箱单、发票、合同报关单,由代理报验。

6. 交港杂费

在港池大厅交港杂费。港杂费用结清后,港方将提货联退给提货人供提货用。

7. 提货

所有提货手续办妥后,可通知事先联系好的堆场提货。

8. 掏箱返还

重箱由堆场提到场地后,应在免费期内及时掏箱以免产生滞箱。货物提清后,从场站取回设备交接单证明箱体无残损,去船公司或船舶代理部门取回押箱费。

学习笔记

技能练习

查找我国道路集装箱运输相关文献资料,分析道路集装箱运输的特点、我国道路集装箱运输现状和存在的问题及其原因,并提出解决方法,形成报告。

单元2 多式联运

一、多式联运概述

(一) 多式联运概念

多式联运是联运经营者受托运人、收货人或旅客的委托，为委托人实现两种以上运输方式（含两种）或两程以上（含两程）运输的衔接，以及提供相关运输物流辅助服务的活动。

1. 多式联运基本条件

①必须具有一份多式联运合同。由多式联运经营人与托运人订立多式联运合同。

②必须使用一份全程多式联运单证。

③必须是至少两种不同运输方式的连续运输。包括铁路、道路、航空、海运等任何两种或两种以上运输方式的联合运输在内。

④必须由一个多式联运经营人对货物运输的全程负责。

2. 多式联运的特征

①承托双方必须订立"一份多式联运合同"。

②全程运输必须使用"一张多式联运单据"。

③全程必须"至少包括两种运输方式的连贯运输"。

④必须由"一个多式联运经营人对全程负责"。

⑤全程运输使用"单一的运费费率"。

(二) 多式联运经营人

1. 多式联运经营人概念

多式联运经营人（MTO）是指其本人或通过其代表订立多式联运合同的任何人。经营人是事主，不是发货人的代理人或代表或参加多式联运的承运人的代理人或代表，并且负有履行合同的责任。

2. 多式联运经营人的特征

①多式联运经营人是"本人"而非代理人。

②多式联运经营人在以"本人"身份开展业务的同时，并不妨碍他同时也以"代理人"身份兼营有关货运代理服务。

③多式联运经营人是"中间人"。

④多式联运经营人既可以拥有运输工具也可以不拥有运输工具。

3. 多式联运经营人分类

（1）以船舶运输经营为主的多式联运经营人

以船舶运输经营为主的多式联运经营人，或称有船多式联运经营人，他们通常承担海运区段的运输，而通过与有关承运人订立分合同来安排道路、铁路、航空等其他方式的货物运输。

（2）无船多式联运经营人

无船多式联运经营人可以是除海上承运人以外的运输经营人，也可以是没有任何运输工具的货运代理人、报关经纪人和装卸公司。无论是有船多式联运经营人还是无船多式联运经营人，其法律地位并无分别。无船多式联运经营人包括承运人型、场站经营人型和经济人型三种。

①承运人型：这类多式联运经营人不拥有船舶，但拥有汽车、火车、飞机等运输工具，其与货主签订多式联运运输合同后，除了自己实际承运区段外，其他区段通过与实际承运人签订分运合同的方式安排运输。

②场站经营人型：这类多式联运经营人拥有货运站、堆场或仓库等。其与货主签订多式联运合同后，除利用自己拥有的场站设施完成各种运输服务外，还与其他各区段实际承运人签订运输合同，完成多式联运。

③经纪人型：该类无船承运人在揽取不同货主货物后，原则上不直接对货主提供运输服务，而是采用其他方法按运输方式和流向，成批交给转运人，并由他们签发提单，做法具有明显的经纪人特点，所以称为经纪人型。

多式联运经营人、无船承运人和传统货运代理对比见表 7-5。

运输中间商对比 表 7-5

	比较项目	多式联运经营人	无船承运人	传统货运代理
相同		他们均属于运输中间商，其主要业务是为供需双方提供运输服务或代理入围，以求赚取运费或代理费		
不同	涉及运输方式	至少两种连贯运输方式	海运	海、陆、空
	法律地位	对货主而言是承运人，对各个区段承运人而言是货主	对货主而言是承运人，对船公司而言是货主	代理人
	资金占用	很大	较大	很少
	是否拥有船舶	必要时可以拥有	无	无
	是否拥有其他运输工具	必要时可以拥有	必要时可以拥有	无
	是否有自己提单	有	有	无
	是否有资金运价表	有	有	无
	收入	运费差价	运费差价	代理费或佣金

4. 多式联运经营人的责任

从接收货物时起至交付货物时止，承运人掌管货物的全部时间。

（1）多式联运经营人的责任基础

责任基础即指多式联运经营人对于货物运输所采取的赔偿责任原则，其作用相当于民法责任制度中的归责原则。对于承运人赔偿责任基础，各单一运输公约或法律的规定不一，但大致可分为过失责任制和严格责任制两种。

过失责任制是指承运人承担责任是以自己在执行这些合同过程中有过失，并因这些过失造成对货方或其他人的损害为基础而承担损害赔偿责任。根据各公约中规定的不同，过失责任制又可分为不完全过失责任制和完全过失责任制两种。

完全过失责任制是指不论承运人的过失是什么情况，只要有过失并造成了损害就要承担责任；不完全过失责任制是指规定对某些性质的过失造成的损害可以免责，如海上运输的《海牙规则》，规定对管船的过失造成的损害可以免责，但对管货的过失应承担责任。

严格责任制是指排除了不可抗力等有限的免责事由外，不论有无过失，承运人对于货物的灭失或损坏均负责赔偿。国际铁路货运公约、道路货运公约等都采用了该种责任制。

（2）多式联运经营人的责任形式

分段责任制：各区段的实际经营人对本区段发生的货损货差负责，如不能明确区段多式联运经营人不负责。

统一责任制：不管货损货差发生在哪个区段，多式联运经营人负责赔偿（按统一标准）。

网状责任制：货损货差发生在哪个区段，则按该区段法律法规赔偿。如果货损货差区段不明，则按事先规定的标准赔偿，由多式联运经营人负责赔偿。

修正统一责任制：网状责任制和统一责任制的集合，有统一的赔偿标准。如果发生货损货差区段明确，事先规定的赔偿标准和区段赔偿择高赔偿。

二、多式联运的形式

（一）运输方式

1. 海陆联运

海陆联运是多式联运的主要组织形式，以航运公司为主体，签发联运提单，与航线两端的内陆运输部门开展联运业务，是远东/欧洲多式联运的主要形式之一。

2. 陆桥运输

陆桥运输是指采用集装箱专用列车或卡车，把横贯大陆的铁路或道路作为中间"桥梁"，使大陆两端的集装箱海运航线与专用列车或卡车连接起来的一种连贯运输方式。陆桥运输的运输方式包括大陆桥运输、小陆桥运输和微型陆桥运输。

（1）大陆桥运输（Land Bridge）

大陆桥运输是指用横贯大陆的铁路或道路作为中间桥梁，将大陆两端的海洋运输连接起来的连贯运输方式。从形式上看，大陆桥运输是海-陆-海的连贯运输。大陆桥运输一般是以集装箱为主，可以大大简化理货、发货、搬运、储存、保管和装卸等操作环节。亚欧路桥运输线主要包括下列三条陆桥运输。

第一亚欧大陆桥于1967年正式开通，是连接太平洋与波罗的海和北海的主要陆桥通道。主要路径为：俄罗斯海参崴—扎乌金工厂—新西伯利亚叶卡捷琳堡—莫斯科—明斯克—华沙—柏林—鹿特丹，全长12000km。通过中国二连口岸经蒙古国后在扎乌金工厂与该通道相接，通过满洲里口岸经后贝加尔与该通道相接，通过绥芬河口岸经过格罗迭科沃与该通道相接。

第二亚欧大陆桥东起太平洋西岸中国东部连云港，西达大西洋东岸荷兰鹿特丹、比利时的安特卫普等港口，横贯亚欧两大洲中部地带。运输路径为连云港—吐鲁番—乌鲁木齐—阿斯塔纳—莫斯科—明斯克—华沙—柏林—鹿特丹，总长约10900km。连接着东亚、中亚、西亚、中东、东欧、中欧、南欧、西欧等地区，占世界国家数22%；面积3970万km^2，占世界陆域面积26.6%。中国提出"一带一路"倡议以来，中蒙俄走廊、第二亚欧大陆桥已成为连接亚欧大陆的两条重要通道。

第三亚欧大陆桥是以深圳为龙头的广东沿海港口群为起点，经由广东、广西、云南三省进入缅甸、孟加拉国、印度、巴基斯坦、伊朗，从土耳其进入欧洲，最终抵达荷兰鹿特丹港，横贯亚欧21个国家，全长15157km。这条始于中国贯通亚欧大陆的大通道的建成将对中国对外战略的实现具有重要意义。

（2）小陆桥运输（Mini Bridge）

小陆桥运输比大陆桥的海-陆-海运输缩短一段海上运输，成为陆-海或海-陆联运方式的运输。

（3）微型陆桥运输（Micro Bridge）

微型路桥运输没有通过整条陆桥，而只利用了部分陆桥区段，是比小陆桥更短的海陆运输方式，又称为半陆桥运输。微桥运输与小陆桥运输基本相似，只是其交货地点在内陆地区。

3. 海空联运

海空联运又被称为空桥运输。其运输时间比全程海运少，运输费用比全程空运便宜。以海运为主，只是最终交货运输区段由空运承担。在运输组织方式上，空桥运输与陆桥运输有所不同：陆桥运输在整个货运过程中使用的是同一个集装箱，不用换装，而空桥运输的货物通常要在航空港换用航空集装箱。

（二）运输组织方式

1. 协作式联运

协作式多式联运的组织者是由参加多式联运的各种运输方式的运输企业和中转港站，在政府主管部门协调下共同组成的联运办公室，见图7-18。

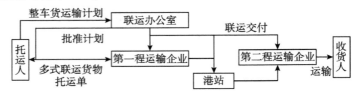

图7-18 协作式运输流程图

2. 衔接式联运

在衔接式多式联运中，发货人先向多式联运经营人提出托运申请，多式联运经营人接受后，双方订立多式联运合同，交接货物，经营人签发多式联运单据，见图7-19。

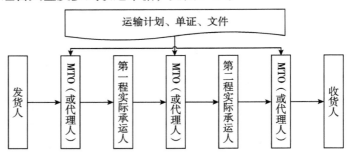

图7-19 衔接式运输流程图

三、多式联运的单据

（一）多式联运单据的定义和性质

1. 多式联运单据的定义

多式联运单据（Combined Transport Documents，CTD）是指证明多式联运合同成立及证明多式联运经营人接管货物，并负责按照多式联运合同条款支付货物的单据。

2. 多式联运单据的性质与作用

①多式联运单据是双方在合同确定的货物运输关系中权利、义务和责任的准则。

②多式联运单据是多式联运经营人接管货物的证明和收据。

③多式联运单据是收货人提取货物和多式联运经营人交付货物的凭证。

④多式联运单据是货物所有权的证明，可以用来结汇、流通、抵押等。

多式联运单据见表7-6。

多式联运单据（样本） 表7-6

Shipper	B/L NO.		
	PIL PACIFIC INTERNATION LINES (PTE) LTD (Incorporated in Singapore) COMBINED TRANSPORT BILL OF LADING Received in apparent good order and condition except as otherwise noted the total number of container or other packages or units enumerated below for transportation from the place of receipt to the place of delivery subject to the terms hereof. One of the signed Bills of Lading must be surrendered duly endorsed in exchange for the Goods or delivery order. On presentation of this document (duly) Endorsed to the Carrier by or on behalf of the Holder, the rights and liabilities arising in accordance with the terms hereof shall (without prejudice to any rule of common law or statute rendering them binding on the Merchant) become binding in all respects between the Carrier and the Holder as though the contract evidenced hereby had been made between them. SEE TERMS ON ORIGINAL B/L		
Consignee			
Notify Party			
Vessel and Voyage Number	Port of Loading		Port of Discharge
Place of Receipt	Place of Delivery		Number of Original Bs/L
PARTICULARS AS DECLARED BY SHIPPER – CARRIER NOT RESPONSIBLE			
Container Nos/Seal Nos. Marks and/Numbers	No. of Container / Packages/ Description of Goods	Gross Weight (Kilos)	Measurement (cu – metres)
FREIGHT & CHARGES	Number of Containers/Packages (in words)		
	Shipped on Board Date：		
	Place and Date of Issue：		
	In Witness Whereof this number of Original Bills of Lading stated Above all of the tenor and date one of which being accomplished the others to stand void. for PACIFIC INTERNATIONAL LINES (PTE) LTD as Carrier		

（二）多式联运单据的分类

1. 按是否可转让的原则划分

按是否可转让的原则可以分为两大类：可转让提单和不可转让提单。

可转让提单又可分为按指示交付或不记名提单两类。不可转让提单一般为记名提单。

①指示提单。正面收货人一栏中载明"有某人指示"或"指示"字样的多式联运提单。

②不记名提单。不记名提单又称空白提单，是指在正面收货人栏不写明具体收货人或由某人指示，通常只注明"持有人"或"交持有人"字样的多式联运提单。

③记名提单。记名提单是指正面收货人一栏中载明作为收货人的特定人（或公司）的提单，一般不能发生转让流通（在有些国家规定可经背书或司法部门批准后转让）。

2. 按提单是否有批准划分

按是否有批准分为清洁提单和不清洁提单：

①清洁提单。在多式联运单据上，多式联运经营人未对货物的外表状况做出任何保留，即视为货物在交付经营人时是完好的。银行都要求提交此种提单。

②不清洁提单。多式联运经营人在多式联运单据上加注了有关货物外表状况不良或存在缺陷等记载。银行通常拒绝托运人以不清洁提单办理结汇。

（三）多式联运单据内容

①货物的品类、名称、数量等信息。尤其是危险品。
②货物的外表状况。
③多式联运经营人的名称和主要营业所。
④发货人、收货人（必要时可有通知人）名称。
⑤多式联运经营人接管货物的地点和日期。
⑥交付货物的地点。
⑦双方确定协议的交付货物地点、交货时间、期限。
⑧表示该提单为可转让或不可转让的声明。
⑨多式联运提单签发的地点和日期。
⑩多式联运经营人或经其授权人的签字。
⑪经双方明确协议的有关运费支付的说明，包括应由发货人支付的运费及货币，或由收货人支付的其他说明。

⑫有关运输方式、运输线路、转运地点的说明。

⑬有关声明与保留。

⑭在不违背签发多式联运提单所在国法律前提下的其他事项等。

（四）多式联运单据缮制

1. 提单编号（B/L No.）

为便于查阅、核查和归档，提单均应按规定填写提单编号，如 XXXU1234567。同一票货物的提单编号应与装货单等其他货运单证编号保持一致。

2. 托运人（Shipper）

托运人填写对此应注意如下几点：

①确保与信用证、托运单（场站收据）等单证记载相一致。

②对于与承运人不存在运输合同的实际托运人而言，如放弃自己作为托运人而将其他人记入此栏，则该实际托运人不再享有诉权。

③在中美航线上，如果托运人与承运人签署了服务合约，则除了应填写托运人全名外，还应注明合约号，否则不能享受服务合约中的运价。

3. 收货人（Consignee）

对于此栏的记载有记名式、不记名式（货交持有人）及凭指示式3种形式，至于选用何种方式取决于信用证的规定。实务中，一般多为指示式或记名式。在中美航线上，如果运输费用到付，且收货人与承运人签有服务合约，则应注明收货人全名及其合约号。

4. 被通知人（Notify Party）

此栏应按信用证的规定填写，如果信用证上未注明被通知人，则提单正本中此栏可保持空白，但提供给承运人的提单副本中应注明实际被通知人，以便承运人目的港代理向其寄送提货通知。

5. 标志、集装箱号/铅封号（Marks & Nos，Container/Seal No）

此栏填入的标志须与商业发票及有关单据上的标志相一致，且不得与信用证有任何抵触。对于集装箱货物，还应注明集装箱箱号及其铅封号，以便于核对与查询。对于无包装标志的散货等应在提单上注明"无标志"（N/M），不得在提单货物标志栏内保持空白。

6. 集装箱数/货物件数及货物描述（Number of Containers or Packages，Description of Goods）

集装箱数或货物件数可按商业发票描述填写，且应与信用证的要求相一致。对于货物的描述可填货物总称，不需要填写详细的规格、等级成分等。

7. 毛重、体积（Gross Weight，Measurement）

毛重应与发货单、装箱单一致，且应填货物总毛重。货物的毛重以 kg 为计量单位，并取整数，体积一般以 m^3 为计量单位，且保留小数点后 3 位，但信用证另有规定的除外。

8. 总箱数/货物总件数（Total Number of Containers and/or Packages）

用英文大写字母而不是阿拉伯数字来填写集装箱的总箱数或货物的总件数，总箱数或总件数是指本提单项下的总箱数或货物总件数。

9. 有关运费及费用栏目（Freight）

有关运费及费用栏目包括运费及费用、计费吨、费率、支付方式、兑换率、运费支付地点等。

10. 正本提单份数（Number of Original B/LS）

此栏应按信用证规定的份数出具，一般正本提单为 3 份。若信用证无特别规定，仅要求出具全套正本提单，也可出具 1 份。

11. 提单签发地和签发日期（Place and Date of Issue）

提单的签发地一般为装运港地点，当然也可以是承运人公司所在地或其他地点。提单的签发日期应与货物实际装上船的日期相一致，既不能提前，也不能延后，否则将使提单变成倒签提单、预借提单和顺签提单，承运人将面临较大风险。

12. 承运人签名（Signed for the Carrier）

单据的签署（Signature）应满足《跟单信用证统一惯例》（UCP 600）的规定，一般由实际承运人签单有效，也可以由承运人的代理或者船长签单。

四、物联网技术在集装箱多式联运中的应用

在物联网技术的配合下，集装箱多式联运能够发挥出更好的作用，达到更好的效率，实现更高效益的多式联运。

（一）物联网定义

物联网是把所有物品通过无线射频识别（RFID）等信息传感设备与互联网连接起来，实现智能化识别和管理。

（二）物联网在集装箱多式联运中作用

1. 获取物品跟踪信息

在物品中嵌入传感器以后，企业就能通过在物品转移过程中

不断快速读取 RFID 标签，来获取物品的位置，甚至于这些物品互动的信息。在集装箱上安装了 RFID 标签以后，同样在集装箱进出堆场，进出海关等，只要是具备 RFID 读取设备的地方，就可以将信息反馈到对应的系统中。信息可以用于数据分析等。

2. 增强对环境的认知

道路上安装的流速测定仪就是环境认知的典型物联网技术，将经过车辆的速度通过传感器有效记录和传递到系统中，系统经过计算，展示当前整体交通路网的拥堵情况，提醒车主绕行拥堵的路段，减轻整体社会拥堵的情况。

3. 驱动决策分析

物品传感器还可以用于一些更加复杂的领域，只要具备相应的计算和数据存储能力，数据就能通过应用系统来挖掘出更有价值的信息。将 RFID 标签与集装箱进行结合，传感器和数据联网，可以更有效地进行空箱和重箱的调配，减少空箱调度的费用，通过传感器传输的信息，可以分析箱子产生滞期费的原因和位置，跟踪货物的路径，通过传感器数据分析全球的货运和物流的趋势，以进行针对性的舱位和航线的调整。

通过物联网的物理统一标识来进行规范和统一，解决了集装箱多式联运由于其多重运输方式导致的接口沟通不畅问题，将原本无法有效沟通的各个承运方有效联系起来，结合相应的应用系统，一方面能使客户在享受门到门服务的同时还可以及时跟踪到货物的物流状态，另一方面也可以在各个承运人之间有效传递和沟通信息，提高整个多式联运系统的运转效率。

A 公司与国外 B 公司签订了一份购买大豆的合同，装运期为同年 4 月 1 日~4 月 30 日，信用证结汇。随后，A 公司如约开出信用证，该信用证显示，最后装船日为同年 4 月 30 日且不可撤销，见票即付。C 国际运输公司受托承运该批货物，B 公司要求签发提单的时间是同年 4 月 30 日，但 C 公司所属轮船直至 5 月 1 日 7 时，才将货物装船完毕。C 公司签发了 4 月 30 日的提单，致使 A 公司无法按国际贸易合同的惯例，以信用证存有不符点为由拒付货款。而在此期间大豆的跌价造成了 A 公司巨大损失。

请回答：

1. C 公司所签发的提单是什么类型的提单？
2. A 公司应该如何处理此事？

单元3 集装箱多式联运的货运业务

一、集装箱多式联运的货运程序

集装箱多式联运的货运程序见图7-20。

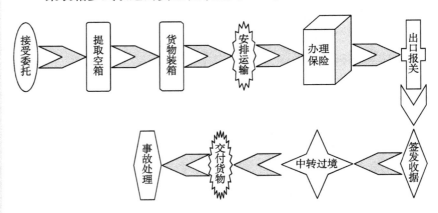

图7-20 集装箱多式联运的货运流程图

(一) 接受托运申请,订立多式联运合同

多式联运经营人接受托运后,双方议定有关事宜,在交给货主或其代理人的场站收据副本上签字,证明接受托运申请,多式联运合同成立并开始执行。发货人或其代理人根据双方货物的交接方式、时间、地点、付费方式等达成协议填写场站收据,并送至多式联运经营人处编号,编号后留下托运联,其余交给发货人或其代理人。

(二) 空箱的发放、提取及运送

集装箱设备使用程序见图7-21。

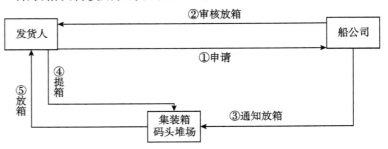

图7-21 集装箱设备使用流程图

多式联运中使用的集装箱来源主要有：多式联运经营人自己购置的、租箱公司租用、由全程运输的分承运人提供三种。

如果双方协议由发货人装箱，则多式联运经营人应该签发提箱单或者把租箱公司或者把分运人签发的提箱单交给发货人或其代理人由其自己提箱，并在规定的时间内装箱。提箱时必须出具提箱单，并由双方代表在设备交接单上签字，办理交接手续。如果拼箱或是整箱但无装货条件，则由多式联运经营人将空箱调至接收货物的装箱货运站场，做好装箱准备。

在多式联运中使用集装箱，涉及的单证包括空箱提交单、集装箱设备交接单等。

（三）货物的装箱程序

整箱：发货人自己装箱、委托多式联运经营人或货运站装箱。

拼箱：发货人应把货物运至指定的货运站，由多式联运经营人装箱。

（四）订舱及安排货物运输

多式联运经营人在合同订立后，应制作运输计划，包括：货物的运输路线、区段的划分、各区段实际的承运人以及衔接的地点和时间等。

（五）办理保险

在多式联运中，由于采用多种运输方式共同完成运输，且运输距离比较长，风险比较大，所以应对整个运输过程及运输货物进行投保以转嫁风险。

（六）多式联运出口报关

如果多式联运是从内陆地区开始，应在附近的内陆地区海关报关；如果是从港口开始，则在相应的港口报关，出口报关事宜一般由发货人或其代理人办理，也可委托多式联运经营人代为办理（这种情况下加收报关手续费，并由发货人负责海关派员所产生的全部费用）。

（七）签发多式联运提单，组织完成货物的全程运输

多式联运经营人在收取托运人的货物后，应该向发货人签发多式联运提单，提单上注明货物的名称、数量等相关内容，证明多式联运经营人已经接管货物，并开始对货物负责；同时根据双

方订立合同的议定内容向发货人收取全部应付费用。多式联运经营人在签发提单后,及时组织和协调各区段承运人进行货物的运输、衔接工作,并及时处理与货物相关的各种单据、文件等信息,全程运输的协调管理包括:①不同运输方式之间的转运;②各运输区段的单证传递;③货物的跟踪。

(八) 办理通关结关手续

货物的通关主要包括集装箱进口国的通关手续,进口国内陆的保税手续等内容。如果在货物的多式联运过程中还需要通过第三国,则应该要办理第三国的国家海关和内陆保税等手续,由于在运输过程中产生的各种通关保税费用均由发货人或收货人承担,一般由多式联运经营人代为办理,也可以由多式联运经营人委托各区段的实际承运人进行办理。

货物的结关手续,主要在交货地办理。如果货物交货地在目的港口,则结关手续在港口所在的海关进行;如果交货地在目的国内陆地区,则货物在进入该国口岸时办理保税运输手续,由当地海关加封后继续运输至内陆交货地,并在内陆交货地当地海关办理结关手续。

(九) 货物交付

货物在运抵目的地后,由多式联运经营人在当地的分支机构或其代理人向收货人发出通知,收货人在规定的时间内凭多式联运提单到指定地点提货,同时,多式联运经营人按照合同收取收货人全部应付费用,并收回多式联运提单,签发提货单,提货单的签发,证明了持单人的提货权,提货人在指定堆场凭提货单提取货物,然后负责将集装箱运回指定堆场,此时,整个多式联运合同完成。

(十) 货运事故处理

如果货物在多式联运的全程运输中,发生了货差货损以及延误所造成的损失等事故时,无论造成损失的区段是何种区段,发货人或收货人均有权向多式联运经营人提出索赔,由多式联运承运人根据双方合同以及多式联运提单条款确定责任形式并进行处理和赔偿,如果货物也已经向保险公司投保,则需要由受损人和多式联运经营人共同协商并向保险公司进行索赔,要求保险公司进行赔偿。

二、集装箱多式联运的单据

(一) 场站收据流转

场站收据流转程序，见图7-22。

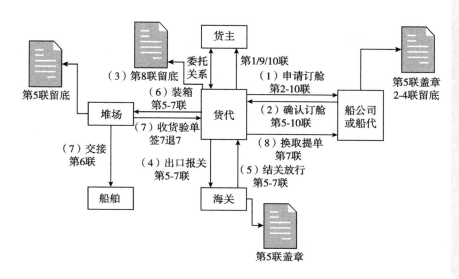

图7-22 场站收据流转程序

场站收据共10联：

第一联：集装箱货物托运单（货主留底）（B/N）

第二联：集装箱货物托运单（船代留底），见表7-7

第三联：运费通知（1）

第四联：运费通知（2）

第五联：场站收据（装货单）（S/O）

第五联副本：缴纳出口货物港务费申请书

第六联：大副联（场站收据副本）

第七联：场站收据（D/R）

第八联：货代留底

第九联：配舱回单（1），见表7-8

第十联：配舱回单（2）

(二) 空箱提交单

空箱提交单又称集装箱发放通知单（Container Release Order），俗称提箱单，是船公司或其代理人指示集装箱堆场将空集装箱及其他设备提交给本单持有人的书面凭证。

集装箱货物托运单（第二联）　　　　表7-7

Shipper（发货人）：		委托号： Forwarding agents		
Consignee（收货人）：		B/L No.（编号）		第 联
		集装箱货物托运单 船代留底		
Notify Party（通知人）：				
Pre carriage by（前程运输）：	Place of Receipt（收货地点）			
Ocean Vessel（船名） Voy.No.（航次）	Port of Loading（装货港）			
Port of Discharge（装卸港）	Place of Delivery（交货地点）	Final Destination for Merchant's Reference（目的地）		

Container No.（集装箱）	Seal No.（封志号） Marks & Nos. （标记与号码）	No. of containers Or P' kgs. 箱数或件数	Kind Packages：Description of Goods 包装种类与货名	Gross Weight 毛重（公斤）	Measurement 尺码（立方米）
TOTAL NUMBER OF CONTAINERSOR PACKAGES（IN WORDS） 集装箱数或件数合计（大写）					
FREIGHT & CHARGES （运费与附加费）		Revenue Tons （运费吨）	Rtae（运费率） Per（每）	Prepaid（运费预付）	Collect（到付）
Ex Rate： （兑换率）	Preraid at（预付地点）	Payable at（到付地点）	Place of Issue （签发地点）	BOOKING（订舱确认） APPROVED BY	
	Total Prepaid（预付总额）	No.of Original（s）/L （正本提单份数）	货值金额：		
Service Type on Receiving □-CY，□-CFS，□-DOOR	Service Type on Delivery □-CY，□-CFS，□-DOOR	Reeter Temperature Required （冷藏温度）		°F	℃
TYPE OF GOODS （种类）	□Ordinary，□Reefer，□Dangerous，□Auto， （普通） （冷藏） （危险品） （裸装车辆） □Liquid，□Live Animal，□Bulk，□＿＿＿ （液体） （活动物） （散货）	危险品	Glass： Property： IMDG Code Page： UN NO.		
发货人或胆力人名称地址：		联系人：		电话：	
可否转船： 可否分批： 装期： 效期： 制单日期： 运费由　　　支付，如预付运费托收承兑，请填准银行账号		备注：		装箱场站名称：	

集装箱的空箱提交单一式三份，发货人或其代理人凭订舱委托书，接受订舱委托后，由船公司或其代理人签发，除留一联备查外，发货人或其代理人和存箱的集装箱堆场或空箱储存场各执一联。集装箱发放通知单样例见表7-9。

（三）集装箱设备交接单

集装箱设备交接单简称设备交接单（Equipment Receipt，E/R），是进出港区、场站时，用箱人、运箱人与管箱人或其代理人之间交接集装箱和特殊集装箱及其设备的凭证，是拥有和管理集装箱的船公司或其代理人与利用集装箱运输的陆运人签订有关设备交接基本条件的协议。

配舱回单（1）——第九联　　　　　表 7-8

×××××货运有限公司		OUT 出场
集装箱发放/设备交接单 EQUIPMENT INTERCHANGE RECEIPT NO.		
用箱人/运箱人（CONTAINER USER/HAULIER）	提箱地点（PLACE OF DELIVERY）	
发往地点（DELIVERED TO）	返回/收箱地点（PLACE OF RETURN）	
船名/航次 （VESSEL/VOYZGE NO.）	集装箱号 （CONTAINER NO.）	尺寸/类型 （SIZE/TYPE）	营运人 （CNTR. OPTR.）
提单号 （B/L NO.）	铅封号 （SEAL NO.）	免费期限 （FREE TIME PERIOD）	运载工具牌号 （TRUCK, WAGON, BARGE NO.）
出场目的 (PPS OF GATE – OUT/STATUS)	进场目的/状态 (PPS OF GATE – IN/STATUS)	出场日期 (TIME – OUT)
出场检查记录（INSPECTION AT THE TIME OF INTERCHANGE）			
普通集装箱 （GP CONTAINER）	冷藏集装箱 （RF CONTAINER）	特种集装箱（SPERCIAL CONTAINER）	发电机 （GEN SET）
□正常（SOUND） □异常（DEFECTIVE）	□正常（SOUND） □异常（DEFECTIVE）	□正常（SOUND） □异常（DEFECTIVE）	□正常（SOUND） □异常（DEFECTIVE）

注：除列明者外，集装箱及集装箱设备交接单时完好无损，铅封完好无损。
THE CONTAINER/ASSOCIATED EOUIPMENT INTERCHANGED IN SOUND CONDITION AND SEAL INTACT UNLESS OTHERWISE STATED

用箱人/运箱人（CONTAINER USER/HAULIER'S SIGNATURE）

码头/堆场值班员签署（TERMINAL/DEPOTCLERKS SIGNATURE）

设备交接单分出场（港）设备交接单和进场（港）设备交接单两种，各有三联，分别为管箱单位（船公司或其代理人）留底联，码头、堆场联，用箱人、运箱人联。

①由管箱单位填制设备交接单的用箱人、运箱人、船名、航次等。

②由用箱人、运箱人到码头、堆场提箱送收箱地（或到发箱地提箱送码头、堆场），经办人员对照设备交接单，检查集装箱的箱体后，双方签字，码头、堆场留下管箱单联和码头堆场联（共两联），将用箱人、运箱人联退还给用箱人、运箱人。

③码头、堆场将留下的管箱人联退还给管箱单位。

集装箱发放通知单样例 表7-9

集装箱发放通知单
CONTAINER RELEASE ORDER

请凭签发的集装箱发放通知单办理集装箱及集装箱设备发放手续
Please release the specified container &container equipment against this container release order

用箱人/运输人 (CONTAINER USER/HAULIER)			提箱地点 (PLACCE ORF DELIVERY)		
船名/航次 (VESSEL/VOYAGE NO.)		提单号 (B/L NO.)	集装箱经营人 (CONTAINER OPERATOR)		集装箱号 (CONTAINER NO.)
铅封号 (SEAL NO.)	尺寸 (SIZE)	类型 (TYPE)	状态 (STATUS)	运载工具牌号 (TRUCK, WAGON, BARGE NO.)	
			□重箱/ □空箱 FULL EMPTY		
发往地点 (DELIVERED TO)		返回地点 (PLACE OF RETURN)	免费使用期限 (FREE TIME PERIOD)	外运签章 (ISSUED BY)	
			月 日至 月 日		
出场目的（PURPOSE OF GATE-OUT）					
□拆箱 DEVANNING	□重箱装船 FULL FOR LOADING		□检验 INSPEC	□起租 ONHIRE	年 月 日
□堆存 STORAGE	□熏蒸 FUMIGATION		□装箱 VANNING	□空箱装船 EMPTY FOR LOADING	
□修理 REPAIRING	□退租 OFFHIRE		□清洗 CLEANING		

集装箱设备交接单样例见表7-10。

（四）集装箱装箱单

集装箱装箱单是详细记载每一个集装箱内所装货物名称、数量、尺码、重量、标志和箱内货物积载情况的单证。

集装箱装箱单每一个集装箱一份，一式五联，其中：码头、船代、承运人各一联，发货人/装箱人两联。集装箱货运站装箱时由装箱的货运站缮制；由发货人装箱时，由发货人或其代理人的装箱货运站缮制。集装箱装箱单样式见表7-11。

（五）保险单据

保险单据样式见表7-12。

集装箱设备交接单　　　　　　表 7-10

EQUIPMENT INTERCHANGE RECEIPTOUT

出场日期（DATE）：××××-××-××

用箱人/运箱人（CONTAINER USER/HAVLIER）			提箱地（PLACE OF DELIVERRY）
箱号 CONTAINER	尺寸/类 SIZE/TYPE	铅封号 SEAL No.	船 名/航 次（VESSEL/VOYAGE No.） 营运人（CNTR OPTR） 提单号（B/L No.） 免费期限（FREE TIME PERIOD）
出场时间 （TIME OUT）	出场目的/状态 （PPS OF GATE-OUT/STAUS）	返场时间 （TIME IN）	返场目的/状态 （PPS OF GATE-IN/STATUS）

出场检查记录（INSPECTION AT THE TIME OF INTERCHANGE）			
普通箱 （GP CONTAINER）	冷藏箱 （RF CONTAINER）	特种箱 （SP CONTAINER）	发电机 （GEN SET）
□正常 □异常	□正常 □异常	□正常 □异常	□正常 □异常

损坏记录及代号（DAMAGE&CODE）

BR 破损（BEOKEN）　D 凹损（DENT）　M 丢失（MISSING）　DR 污箱（DIRTY）　DL 危标（DGLABEL）

左侧（LEFT SIDE）　右侧（RIGHT SIDE）　前部（FRONT）　集装箱内部（CONTAINERINSIDE）

顶部（TOP）　底部（FLOOR BASE）　箱门（REAR）　如有异状，请注明程度及尺寸（REMARK）

除列明者外，集装箱及设备交接是完好无损，铅封完好无损。

用箱人/运箱人签场

（CONTAINER USER/HAULIERS'SIGNTURE）

箱管员签

（CONTAINER MANAGER'SIGNTURE）

场站站值班签

（CLERK' SIGNTURE）

（六）出口货物报关单

出口货物报关单样式见表 7-13。

（七）交货记录

交货记录包括到货通知书一联、提货单一联、费用账单二联、交货记录一联。

集装箱装箱单　　　　　　　　　　　　　　　　　　　　　　　表 7-11

CONTAINER LOAD PLAN
装　箱　单

Reefer Temperature Required 冷藏温度 ℃ ℉						Packer's 发货人装
Class 等级	IMDG Page 危规页码	UN NO. 联合国编码	Flashpoint 闪点			

Ship's Name / Voy No. 船名/航次	Port of Loading 装货港	Port of Discharge 卸货港	PlaceofDelivery 交货地	SHIPPER'S/PACKER'S DELARATIONS: We hereby declare that the container has beent horoughly clean without any evidence of cargoes of previous shipment prior to vanning and cargoes has been properly stuffed and secured.	
Container No. 箱号	Bill of Lading No. 提单号	Packages & Packing 件数与包装	Gross Weight 毛重	Measurements 尺码	Description of Goods 货名	arks M& Numbers 唛头
Seal No. 封号	Front					
Cont.Size 箱 20'	Con.Type. 箱类 GP=普通箱　TK=油罐箱 RF=冷藏箱　PF=平板箱 OT=开顶箱　HC=高箱 FR=框架箱　HT=挂衣箱	Door				
ISO Code For Container Size / Type. 箱型/箱类ISO标准代码						
Packer's Name / Address 装箱人名称/地址 Tel No. 电话号码		Received By Drayman 驾驶员签收反车号	Total Packages 总件数	Total Cargo Wt 总货重	Total Meas. 总尺码	Remarks: 备注
Packing Date 装箱日期		Receibed By Terminals/DateOf Receipt 码头收箱签收和收箱日期		Cont.Tare Wt 集装箱皮重	Cgo/cont Total WT 货箱总重量	
Packed By: 装箱人签名						

保险单据样式　　　　表7-12

货物运输保险单

中国平安保险股份有限公司
PING AN INSURANCE COMPANY OF CHINA, LTD.
货运保单号：
CARGO TRANPORTATION INSURANCE POLICY NO.
被保险人：Insured

中国平安保险股份有限公司根据被保险人的要求及其所交付约定的保险费，按照本保险单背面所载条款与下列条款，承保下述货物运输保险，特立本保险单。
This Policy of Insurance witnesses that PING AN INSURANCE COMPANY OF CHINA, LTD., at the request of the Insured and in consideration of the agreed premium paid by the Insured, undertakes to insure the under mentioned goods in transportation subject to the conditions of Policy as per the clauses printed overleaf and other special clauses attached hereon.

保单号		赔款偿付地点	
Policy No.		Claim Payable at	
发票或提单号			
Invoice No. or B/L No.			
运输工具		查勘代理人	
Per conveyance S. S.		Survey By	
起运日期	自		至
Slg. on or abt.	From		To
运输路线	自		至
Route	From		To
保险金额			
Amount Insured			
保险货物项目、标记、数量及包装承保条件			
Description, Marks, Quantity & Packing of Goods		Conditions	
签单日期			
Date			
委托代表签名			
For and on behalf of authorized signature			

学习笔记

中华人民共和国海关出口货物报关单样式　　　表7-13

预录入编号：　　　　　　　海关编号：

收发货人		出口口岸		出口日期		申报日期	
生产销售单位		运输方式		运输工具名称		提运单号	
申报单位		监管方式		征免性质		备案号	
贸易国（地区）		运抵国（地区）		指运港		境内货源地	
许可证号		成交方式	运费		保费		杂费
合同协议号		件数	包装种类		毛重（公斤）		净重（公斤）
集装箱号		随附单证					
标记唛码及备注							

项号	商品编号	商品名称、规格型号	数量及单位	最终目的国（地区）	原产国（地区）	单价	总价	币制	征免

特殊关系确认：	价格影响确认：	支付特许权使用费确认：

录入员　　录入单位　　兹声明对以上内容承担如实申报、依法纳税之法律责任
海关批注及签章

报关人员	申报单位（签章）

> 📝 **技能练习**

某公司将装载衣服的五个集装箱委托 A 物流公司承运，双方之间签订了集装箱多式联运合同，约定由该物流公司对全程负责运输，货交美国纽约市 B 公司。多式联运单上记载："接货地：华盛顿市 C 公司，交货地：纽约市 B 公司"；运输条款："FCL－FCL"；运单上同时记载"SLAC"的批注。五个集装箱运抵交货地后，收货人开箱时发现：五个集装箱尽管箱子外表状况良好，关封完整，但箱内衣服有受损。由于货物受损，收货人拒绝收货，并向发货人提出赔偿要求。发货人于是向 A 物流公司提出赔偿，并要求按最高货损限额的运输区段给予赔付。

请回答：
1. 运单上同时记载"SLAC"的批注是什么意思？
2. A 物流公司是否应该给发货人赔付？并说明理由。

📖 课后习题

一、填空题

1. 杂货集装箱又称_____，是一种通用集装箱，适用范围很大，除需制冷、保温的货物与少数特殊货物（如液体、牲畜、植物等）外，只要在尺寸和重量方面适合用集装箱装运的货物（适箱货），均可用杂货集装箱装运。

2. 过失责任制又可分为_____和_____两种。

3. 在多式联运中使用集装箱，涉及的单证包括_____、_____等。

二、单项选择题

1. （　　）又称干货箱，是一种通用集装箱，适用范围很大，除需制冷、保温的货物与少数特殊货物（如液体、牲畜、植物等）外，只要在尺寸和重量方面适合用集装箱装运的货物（适箱货），均可装运。

  A. 动物集装箱   B. 杂货集装箱
  C. 汽车集装箱   D. 散货集装箱

2. 按一批货物能否装满一个集装箱分类，可分为整箱货和（　　）。

  A. 杂箱货   B. 拼装货
  C. 散箱货   D. 拼箱货

3. （　　）是指采用集装箱专用列车或卡车，把横贯大陆的铁路或道路作为中间"桥梁"，使大陆两端的集装箱海运航线与专用列车或卡车连接起来的一种连贯运输方式。

  A. 陆桥运输   B. 海陆联运
  C. 海空联运   D. 内陆公共点联运

4. （　　）是在多式联运单据上，多式联运经营人为对货物的外表状况做出任何保留，即视为货物在交付经营人时是完好的。

  A. 不清洁提单　　　　　　B. 不记名提单
  C. 清洁提单　　　　　　　D. 记名提单

三、多项选择题

1. 多式联运运输组织方式有两种：包括（　　）。
  A. 协作式联运　　　　　　B. 衔接式联运
  C. 多程式联运　　　　　　D. 组织式联运

2. 集装箱出口程序包括订舱（　　）等。
  A. 接受托运申请　　　　　B. 发放空箱
  C. 拼箱货装箱　　　　　　D. 整箱货交接

3. 单据的签署（Signature）应满足《跟单信用证统一惯例》（UCP 600）的规定，可以由（　　）签署。
  A. 实际承运人签单　　　　B. 承运人的代理
  C. 船长　　　　　　　　　D. 收货人

4. 物联网在集装箱多式联运中作用包括（　　）等。
  A. 获取物品跟踪信息
  B. 提升多式联运运输效率
  C. 增强对环境的认知
  D. 驱动决策分析

四、判断题

1. 根据国际标准集装箱，国际Ⅰ型集装箱规格一共有 A/B/C/D/E，五种。（　　）
2. 各种交接方式中可以看出，以整箱交、拆箱接效果最好，也最能发挥集装箱的优越性，让货物完好无损抵达目的地。（　　）
3. 多式联运单据是货物所有权的证明，但不可用来结汇、流通、抵押等。（　　）
4. 把所有物品通过无线射频识别（RFID）等信息传感设备与互联网连接起来，实现智能化识别和管理。（　　）

五、名词解释

集装箱多式联运；多式联运经营人；物联网

六、简答题

1. 简述集装箱的特点。按照用途集装箱分类，集装箱可以分为哪几种类型？
2. 多式联运和多式联运经营人的特征有哪些？
3. 多式联运单据有哪些分类方式，根据不同分类方式，多式联运单据可以分为哪些类型？
4. 简述集装箱多式联运的货运程序。

集装箱多式联运实训

一、实训资料

北京某出口商 A 公司与美国某进口商 B 公司签订了一份货物买卖合同。该批货物为大批玩具，拟用集装箱运输，从北京运输至纽约。全程运输将分为三个区段，首先是从北京运输至天津，采用道路运输；其次是天津港到旧金山港的国际海运，最后是旧金山到纽约的铁路运输。合同规定由 A 公司安排该批货物的出口，采用多式联运的运输方式。A 公司在市场上选取了 C 公司，C 公司承诺接受 A 公司的委托完成各种工作，并且只需要订立一份运输合同，一次性收取包干运费，使用一票提单结汇。

二、实训要求

1. 在本案例中，整个多式联运业务如何展开？
2. 集装箱货物应该如何集散与交接？
3. 整个多式联运业务流程涉及哪些单证？
4. C 公司签发给 A 公司的提单和集装箱运输提单以及各区段单证有怎样的区别？
5. 应该如何理解集装箱多式联运提单的性质？

模块八　交通运输安全管理

知识目标

1. 掌握交通运输安全管理的含义和意义。
2. 掌握人、设施设备、环境安全管理的具体措施。
3. 了解交通运输企业安全生产标准体系建设内容。
4. 了解运输风险的概念及其要素。

能力目标

1. 能根据各种运输方式特征，提出相应的安全管理方法。
2. 能分析交通运输安全生产事故的原因。
3. 能对照交通运输企业安全生产标准化指标体系分析企业具体安全生产问题。

 案例导入

波士顿空难！究竟为什么？

1973年，美国泛美航空公司一架从纽约起飞的货运包机在空中起火，在波士顿机场迫降时飞机坠毁，3名机组人员全部遇难，此次空难的原因是飞机上装有未申报的危险品硝酸发生泄漏。

事故起因：加利福尼亚一家电子厂将一批由零件、设备和化工产品组成的货物运往其在苏格兰的工厂。一部分从加利福尼亚运出，另一部分货物包括160只装有硝酸的木箱从新泽西运往。这两部分货物在纽约组成一票货物称为电子设备。没有填写"危险物品申报单"，也没有遇到任何质疑。在拼板时，由于无法适合飞机的轮廓，于是拼板监管建议工人将一些包装件倒置而忽略了某些包装件上的向上标签。因为有些外包装上根本没有向上标签，并且外包装上也没有任何表明是危险物品的标记，同时危险物品也没有申报单，因此拼板监管没有理由不同意把它们倒置。

拼板完成5小时后装上了飞机。没有发现有任何泄露和不正常现象。

另有一些危险物品填写了危险物品申报单，但是机长通知单被卷在了一个手提箱的把手上并放在了飞机的厨房里，机长并没有在上面签字，当然他不知道飞机上有危险

品。飞机到达巡航高度不久，机组人员闻到了烟味，他们认为是飞机的电器设备发生了问题并试图去隔离它。同时机组决定返航，但此时的烟雾越来越大已无法返航。于是他们决定在波士顿机场紧急迫降。就在降落的时候飞机撞到地面，3名机组人员全部遇难，飞机坠毁，货物抛洒在波士顿湾。波士顿空难现场图片见图8-1。

图8-1 波士顿空难现场图

（资料来源：http://mini.eastday.com/a/170306160127788.html）

货主说知道应填写危险物品申报单，于是他在一张空白单上签了字并把它交给了纽约的货运代理。化工厂用卡车将化学物品送到货运代理，由于化工厂不是将此货物运往苏格兰的货主，所以没有被要求填写危险物品申报单。货运代理将此化学物品交给包装代理，包装代理不知道硝酸应怎样包装，但知道木屑可以作为酒精的吸附材料，所以认为用于硝酸也可以。于是每只木箱中装5升硝酸，并用木屑作为吸附材料。包装代理的一些职工没有在外包装上正确做标记和标签，且危险物品的运输文件在整个过程中不知在什么地方丢失。

实验结果表明，取一个装有硝酸的木箱，将硝酸的瓶口松开并放倒，8分钟后木箱开始冒出烟，16分钟后，在箱子上可看到针孔中看到火焰，22分钟时，整个木箱起火，32分钟后整个木箱化为灰烬。

本事故中，实际起火的木箱最多只有2个，但它导致了整架飞机的坠毁。

思考：
1. 导致波士顿空难的根本原因与直接原因有哪些？
2. 如何加强交通运输安全管理，保障交通运输安全？

单元1　交通运输安全管理概述

交通运输安全是交通运输活动的前提和基础，是提高交通运输可靠性、降低交通运输成本和提升交通运输水平的重要保证。随着我国经济的快速发展，交通运输作为国民经济的基础和先导产业，获得了长足的发展。与此同时，交通运输安全形势也非常严峻，频繁发生的重特大交通事故给国家、社会和人民的生命财产带来了巨大损失，成为制约交通运输业发展的"瓶颈"问题。加强交通运输企业安全管理、建立健全管理制度，提高安全管理质量、降低事故发生率、提升企业经济效益与社会效益，已成为交通运输可持续发展的重要任务。

一、交通运输安全管理的定义、内容

（一）交通运输安全管理的定义

交通运输安全管理是指为了有效避免交通事故及由此引起的人身和财产损失，使交通运输生产在符合安全要求的物质条件和技术保障下有序进行的一切活动。它是运输管理部门根据相关法律、法规和规范性文件，在管辖范围内对交通运输企业的货物运输、运输工具维修以及各种相关运输服务项目的各类安全技术标准、安全操作规程和从业人员的技术素质进行审核、指导、协调、服务、监督、检查和培训，防止交通运输企业在生产过程中发生人身伤亡、货物损坏、灭失等安全事故的过程。

（二）交通运输安全管理的内容

交通运输安全管理包括运输生产的安全管理和运输企业的安全管理两个内容。其中，运输生产的安全管理是运输安全管理的核心内容。

1. 交通运输生产的安全管理

交通运输生产安全管理是从导致运输事故的原因——人、设施设备、环境、管理等因素出发，使交通运输生产过程在符合安全要求的物质条件、技术保障和工作秩序下进行，防止人身伤亡和设施设备、货物损毁及各种危险事件发生，从而保障人们的生命、财产安全，促进国民经济持续、稳定、健康地发展。交通运输生产安全管理的具体内容在单元2进行阐述。

2. 交通运输企业的安全管理

交通运输企业的安全管理是指交通运输企业认真执行交通运输法规、规范和标准，坚持"安全第一，预防为主，综合治理"的方针，按照"政府统一领导、部门依法监管、企业全面负责、群众参与监督、全社会广泛支持"的原则，建立"管生产必须管安全，谁主管谁负责"的安全生产责任制，采取科学有效手段，制定切实可行的运输风险防范措施，把交通事故消灭在萌芽状态，确保人身、货物和财产安全，最大限度地为社会提供安全、及时、经济、方便的交通运输服务。

交通运输企业安全生产标准体系建设是实现企业安全生产管理的有效途径。交通运输企业的安全管理内容围绕交通运输企业安全生产标准化达标要求展开，具体内容见单元3。

二、影响交通运输安全的因素

影响交通运输安全的主要因素有人员、设施设备、环境、管理等方面。其中，在人员因素中驾驶员驾驶事故又占很大比率。

1. 驾驶员对交通运输安全的影响

驾驶员的主要工作就是控制交通工具的正常行驶。驾驶员的驾驶状态、对交通工具的控制、对紧急情况的处理方式都对交通运输安全有着重要的影响。驾驶员的生理和心理特征是交通系统设计的基础性指标，也是影响交通系统安全性的本质性因素。与交通安全紧密相关的生理和心理因素包括视野与视力、人眼对光线变化的适应和炫目、立体视觉、驾驶员的反应时间、驾驶疲劳、驾驶员的错觉、驾驶员的身体状况、饮酒和药物对驾驶员的影响、驾驶员的动态判断等，也就是说驾驶员自身对于交通运输的安全性有着非常重要的影响。这里的驾驶员包括机动车驾驶员，轮船驾驶员，飞机驾驶员。

2. 交通工具对交通运输安全的影响

五大运输方式的载运工具及其相对安全性见模块一单元4综合运输体系。航空运输主要优势是速度快，但是相应的安全性较差；水路运输速度慢，风险性也较大；铁路运输比较安全，总体而言，道路运输的事故率最高。

3. 环境因素对交通运输安全的影响

环境因素包括人文社会环境、自然环境、交通环境三个方面。其中对于交通运输安全影响比较大、人为难以控制的环境影响因素主要是自然环境中的气候环境，如大雾、暴雨、暴雪等天气。

交通运输安全管理在做好预防自然灾害防范措施的基础上，加强人文社会环境和交通环境的建设，制定相应的管理措施，减轻环境因素对交通运输安全的影响，保障交通运输安全。

三、交通运输安全管理的意义

安全管理工作是一项十分重要的工作，而作为国民经济大动脉的运输业，更是所有安全管理工作的重中之重。因此，抓好交通运输安全管理对于确保运输生产人员（如驾驶员）的人身安全、货物安全，提高运输企业的经济效益和社会效益，维护运输企业的良好信誉和形象，保障社会稳定，具有十分重要的意义。

（一）交通运输安全管理能够创造经济效益

交通运输企业通过有效的安全管理，创造良好的运输条件，发挥交通运输设备最大的效能，尽可能地提高运输工具的完好率和工作效率，从而提高交通运输企业的经济效益，提高企业的社会期望值，维护企业信誉，创造社会效益。

（二）交通运输安全管理是社会发展的必然要求

各类运输事故的发生直接威胁人类的安全和生产活动的顺利进行。为了不断满足交通运输的客观需要，交通运输企业在生产组织过程中，必须注重装——运——卸的全过程安全管理，为运输部门的生产人员提供更好的劳动条件，使其劳动热情与积极性得以最大限度地发挥。

（三）交通运输安全管理能促进交通运输行业的发展

良好的交通运输安全管理可以有效减少事故对交通运输行业的破坏和影响，协调运输市场的良性循环，促进运输行业的健康发展。

（四）交通运输安全管理是促进社会和谐稳定的重要因素

随着经济和现代科学技术的快速发展，交通运输行业和企业的安全管理工作面临新的挑战。交通运输安全与经济社会稳定发展，与国家集体利益和人民群众的生命财产安全密切相关，交通安全事故对人民群众的人身安全和财产造成威胁和损失，重特大交通安全事故对国家和社会层面会造成极大的负面影响，对社会和谐发展产生冲击。因此，加强交通运输安全管理对促进社会和谐稳定至关重要。

> 通过网络查找近3年内发生的重特大道路货物运输事故，分析事故造成的损失、事故的直接原因与间接原因，并提出对策，形成报告。

技能练习

单元2　交通运输生产安全管理

根据交通运输生产安全事故的原因分析，交通运输生产安全管理可归结为对人的安全管理、对设施设备的安全管理、对环境的安全管理等，所有这些管理工作对运输生产安全具有重要意义和保证作用。

一、人员管理

（一）基础安全管理

1. 一般要求

（1）掌握运输生产规律

针对关键时间、岗位、车次和人员，把安全教育工作落到运输生产全过程中去。

（2）掌握自然规律

根据风、雨、雾、霜、雪等天气和季节变化对运输生产和职工心理带来的影响，认真地做好事故预见和预防工作。

（3）掌握职工思想变化规律

对于生产条件和职工需求之间的矛盾，坚持正面教育为主，及时疏通引导，协调关系，增强团结，确保安全生产形势稳定。

（4）掌握人的生理心理规律

人的生理心理差异是客观存在的，如何根据员工的生理和心理需要来考察、选拔并择优录用胜任人员，对确保运输安全至关重要。在实际的运输生产过程中，要结合人的生理心理规律，按照职工性别、年龄、体力和智力差异在运输生产中承担工作的性质不同，加强对装、运、卸等主要工种人员的选拔和管理。

2. 强化全员安全意识，提高安全管理水平

（1）加强安全技术和安全意识教育

管理者要重视信息技术管理和系统安全，不断强化全员的交通安全意识。充分发挥广大职工安全生产的积极性、主动性和创造性。对违反作业标准、规章制度的人与事，及时予以批评教育，对事故责任者根据损失和责任大小给予相应的处罚。

(2) 全面强化职工业务培训

重点提高全员实际操作技能,特别是非正常情况下作业技能和设备故障应急处理能力,落实作业标准化,并严格执行技术工持证上岗制度。

(3) 提高安全监察人员和安全管理人员的综合素质

鉴于安全监察和安全管理人员工作的多样性、复杂性与重要性,应通过培训,不断增强他们良好的思想、业务和身心素质,使他们努力掌握运输安全系统工程的基本理论和方法,并在实践过程中不断运用、总结、提高,以增强安全工作的预见性,提高安全管理的有效性,改变凭经验管理的落后状态。

(4) 构建运输人员生理心理安全保障体系

对行车等主要工种建立并逐步完善人员生理、心理指标体系及其标准,建立健全关键岗位人员在心理、生理、精神等方面的咨询和检查制度,以便对人员的安全管理更加科学有效。

(二) 驾驶员的安全管理

驾驶员的安全管理是交通运输管理部门和运输企业的一项十分重要的工作,也是整个交通安全管理工作的重点。交通运输企业驾驶员安全管理的主要内容:

①做好驾驶员的选拔、聘用工作,在源头上把好运输的安全管理关;

②研究驾驶员的心理、生理特性,定期进行职业适应性的检查,保证新上岗驾驶员和在职驾驶员都具有健康的心理、生理素质,并运用生物节律等现代科技知识指导行车安全;

③加强驾驶员相关法律法规、职业道德、安全技术和相关知识方面的宣传和教育工作;

④做好驾驶员的定期培训、考核、资质管理等工作;

⑤组织对驾驶员的日常安全检查及审验工作;

⑥配合安全管理部门做好驾驶员的违章、肇事处理工作,并注意在事故处理过程中维护企业和当事人的合法利益,落实整改措施;

⑦管理好驾驶员的安全技术档案,并做好违章、肇事的统计工作;

⑧建立健全安全例会制度,制定完善的安全操作规程;

⑨研究驾驶员的作息制度、膳食结构、劳动保健等问题,重视驾驶员的生活管理;

⑩推行安全目标管理,建立以安全生产责任制为中心内容的驾驶员安全管理的各项规章制度,把驾驶员安全管理纳入运输企业安全生产标准化工作中。

二、设施设备管理

（一）铁路设备的安全管理

1. 坚持铁路运输基础设备的定期检查制度

建立各种检查记录台账，立卡建档，定期保质保量地做好维修保养和病害整治工作。对设备的惯性故障、重点病害、严重隐患要集中力量加以整治，采取严密的安全防范制度和措施，杜绝简化检查、检测、维修作业程序的现象发生，确保运输安全。对设备的养护维修，应坚持预防为主、检修与保养并重、预防与整治相结合的原则，处理好设备维修与运输生产的关系，正确合理地使用设备，提高操作技术和保养水平，防止超负荷、超范围、超性能地使用设备，使设备质量可靠稳定，逐步形成"修、管、用"良性循环的发展模式。

2. 确保运输基础设备的安全性能

合理规划线路大修换轨，努力提高线路质量，对既有线路，尤其是在繁忙干线上铺设重轨，新建线路应尽量采用重轨，撤换超期使用的钢轨。线路大修、中修和维修工作要综合配套，道床清筛、更换道岔、撤换轨枕同步进行，均衡等强地提高线路整体质量和安全性能，切实抓好对桥涵路基病害的整治。

改善机车车辆技术状态，有计划、有步骤地淘汰超期使用的旧杂型机车、客车和货车；依靠科学技术加快对新型机车、客车厢、货车厢的研制和使用；提高车辆制造和检修质量，重点提高滚动轴承装修、组装、压装质量，严格验收制度，对不符合规定标准的机车车辆严禁出厂、出段，编入列车投入使用。

大力发展先进的信号联锁、封闭型技术装备，切实改善通信及供电设备条件。

3. 提高行车安全技术设备的安全性能

积极改善检测装备，加强对钢轨、夹板、辙叉、尖轨等轨道设备的新型探伤仪器和车辆轮轴探伤、轴温检测、报警仪器的开发、研制和应用，逐步实现探伤、报警的自动化，防止线路断轨、车辆燃轴、切轴事故的发生。随着列车运行速度的大幅提升，强化对道口的安全管理，加快道口立交化进程，加大对自然灾害预确报及防治设备的投入。

进一步优化、完善"机车三大件"（列车无线调度电话、机车信号和自动停车装置）。机车长交路运行区段的机车信号制式要统一,不能统一的必须安装通用式或兼容式机车信号,保证机车信号在全路任何区段都能连续可靠地使用,以适应提速、重载列车安全运行的需要。

(二) 道路运输车辆及线路安全管理

1. 车辆安全管理

车辆运行过程是一个复杂的、千变万化的过程,车辆运行中会遇到各种各样的情况,其中包括车辆本身结构、性能和技术状况的变化及异常,外界道路环境和气候的变化及异常,其他交通参与者的违章行为,特别是驾驶员自身的违章行为等多种情况,这些都会导致交通事故的发生。加强车辆运行安全管理,无论是公安交通管理机关还是交通运输行业管理部门或运输企业,都至关重要。

(1) 车辆结构、性能与行车安全

①在道路交通方面,人处在人—车—路这一大系统中,车辆和道路直接与人有关。随着车辆数量的增加和车速的提高,存在着人与高速行驶的车辆以及道路环境的不适应。这种不适应常常以交通事故的形式表现出来。为了减少交通事故,保证交通运输安全,工程技术人员在设计车辆和道路时,已经应用了人体工程学的理论,充分地考虑了人的交通特性,使设计成的车辆和道路便于驾驶员操作和安全行驶,并有利于所有交通参与者的安全。

②车辆的安全性能与行车安全

车辆使用性能中的制动性、操纵性和稳定性与行车安全有着十分密切的关系,通常把车辆的这几种使用性能称为安全性能。

制动性是汽车的主要性能之一。一辆具有优良动力性的汽车,其动力性能能否充分发挥出来,关键还取决于其制动性的好坏。汽车的制动性直接影响交通安全,是汽车高速行驶的重要保证。

汽车的操纵性是指汽车能够确切地响应驾驶员转向指示的能力,即汽车按驾驶员给定方向行驶的能力。汽车若失去操纵性,往往导致整车侧滑、回转、甚至翻车,造成交通事故。此外,操纵性还对驾驶员的劳动强度有很大影响,进而影响交通安全。

汽车的稳定性是指汽车受外界干扰后恢复原来运动状态的能力,即汽车抵抗各种企图改变其行驶方向的外界干扰的能力。汽车失去稳定性,易引起侧滑或翻车,从而导致交通事故。所以加强出车前、回程后的车辆性能检测管理是确保行车安全的重要环节。

（2）车辆技术状况与行车安全

车辆除了具有良好的安全结构和安全性能外，还必须保持良好的技术状况，在用车的技术状况必须符合《机动车运行安全技术条件》等国家标准的要求。

汽车在使用过程中由于各个零件之间发生摩擦，使零件的尺寸、形状和质量发生变化，配合间隙增大，汽车的技术状况逐渐恶化。另外，在长期使用中因有害气体和硫化物的腐蚀、阳光照射及潮湿等作用使材料老化变质，技术状况也会变坏。

加强车辆定期检修管理，确保在用车的完好技术状态，消除因车辆技术状况带来的行车安全隐患。国家标准《机动车运行安全技术条件》（GB 7258—2017）明确规定了对在用车的整车和所有装置的运行安全技术要求。

2. 线路安全管理

（1）设立交通信号

交通信号灯、交通标志、交通标线的设置应当符合道路交通安全、畅通的要求和国家标准，并保持清晰、醒目、准确、完全；根据通行需要，应当及时增设、调换、更新道路交通信号；任何单位和个人不得擅自设置、移动、占用、损毁交通信号灯、交通标志和交通标线。

（2）规定行车车道和车速

机动车在道路划分的机动车道上行驶，没有划分机动车道的，机动车在现有道路的中间通行；道路划设专用车道的，专用车道只允许规定的车辆通行；机动车上路行驶，不得超过限速标志标明的最高时速，在没有限速标志的路段应当保持安全车速。

（3）规范货物载运要求

如严禁超载，严禁违反要求进行装载，载运特殊物品需取得交通运输管理机构核发的相关资质，并经公安机关批准等。

道路交通安全"十三五"规划（下简称《规划》）

《规划》是我国第二个道路交通安全专项五年规划，由国务院安全生产委员会发布，与《道路交通安全"十二五"规划》相比，不再只是安全生产五年规划的子规划，而是兼顾考虑道路运输安全生产领域、道路交通公共安全领域，坚持问题导向和目标导向，立足于我国道路交通安全管理实际，旨在全面提升我国道路交通安全管理水平。

知识链接☞

《规划》与《安全生产"十三五"规划》在目标、任务、重大工程等设置上保持了紧密衔接,特别是将主要任务细分为道路运输安全生产领域、道路交通公共安全领域,其中道路运输安全生产领域的规划任务是对《安全生产"十三五"规划》中相关内容的细化和延伸。

规划主要任务涵盖体制机制、交通参与者、车辆、道路、管理执法、应急救援、科技支撑七大方面,每个方面的任务中又包含多项具体任务。

为保障《规划》目标的实现,从加强组织领导、保障经费投入、加强队伍建设、强化效果评估等四方面提出保障措施,要求各地区、各有关部门更加重视道路交通安全工作,逐级分解落实规划的主要任务和目标指标,地方各级人民政府要强化对规划实施工作的领导,把道路交通安全纳入经济社会发展和安全生产工作目标考核。同时,各地区要拓宽经费筹集渠道,加强道路交通安全监管队伍建设,建立规划实施考核制度,确保《规划》的目标、任务圆满完成。

学习笔记

(三) 水路船舶及线路安全管理

1. 船舶及其他设备的安全管理

(1) 加强船舶设备的检修以及更换

船舶设备老化对于船舶的安全管理影响较大。船舶经营者应定期进行船舶设备的检修,并且针对老化故障设备进行更换,确保船舶设备的性能,并且提高设备在运行过程中可靠性。加大设备维护的资金投入,提升船舶设备的使用寿命。

(2) 加强船舶出行计划设计的合理性

船舶管理人员针对船舶的运行现状,应设立合理的出行计划,以此保障船舶安全管理。

2. 线路安全管理

(1) 设立航道标志

航道和航道设施受国家保护,任何单位和个人不得侵占、破坏。航道发生变迁,水深、宽度发生变化,或者航标发生位移、损坏、灭失,影响通航安全的,航道、航标主管部门必须及时采取措施,使航道、航标保持正常状态;通航水域内可能影响航行安全的沉没物、漂流物、搁浅物,其所有人和经营人应按国家有关规定设置标志,向海事管理机构报告,并在海事管理机构限定的时间内打捞清除。

(2) 规定航速

船舶安全航速主要由能见度、通航密度、船舶操纵性能和风、浪、水流、航路状况以及周围环境等因素决定。船舶在限制航速的区域和汛期高水位期间，按照海事管理机构规定的航速航行。船舶在内河航行时，上行船舶沿缓流或者航路一侧航行，下行船舶沿主流或者航路中间航行；在潮流河段、湖泊、水库、平流区域，尽可能沿本船右舷一侧航路航行。

(3) 规范货物载运

从事交通运输的船舶应符合船舶强度、稳性、吃水、消防和救生等安全技术要求和国务院交通主管部门规定的载货条件，任何船舶不得超载；船舶在内河通航水域载运或者拖带超重、超长、超高、超宽、半潜的物体，必须在装船或者拖带前24小时报海事管理机构核定拟航行的航路、时间，并采取必要的安全措施，保障航行安全。船舶需要护航的，要向海事管理机构提出申请。

(四) 航空运输设施设备安全管理

1. 航空营运安全管理

各航空公司对各机场过夜的每架飞机，在每日的第一个航班滑出停机位以前，要对飞机起落架舱进行检查并证实没有外来物。禁止以非危险品品名托运危险品，危险品必须按规定进行运输等。

2. 航空线路安全管理

(1) 设立空中交通管制灯光信号

机场管制塔台发给航空器的灯光或信号弹信号，根据指向航空器的灯光信号的颜色和形式不同，对于地面上或飞行中的航空器，具有不同的含义，如绿色灯光对地面上的航空器的含义是可以起飞，对于飞行中航空器的含义是允许着陆。

(2) 规定航空器速度和最低安全高度

除经批准并得到空中交通管制的同意外，航空器驾驶员不得随意更改航空器的航速；航空器在飞行中的任何位置都应当保持合适的高度，在这个高度上，当航空器动力装置失效应急着陆时，不会对地面人员或财产造成危害。

(五) 管道运输设施设备安全管理

1. 管道营运安全管理

(1) 采取严密的防火措施

防火措施包括消除火源与可燃物质的接触、采用防爆型电气设备、防止雷电、静电和严格执行用火审批制度，并在输油泵站、输气压缩机站和库区安装消防设施，在油罐区修筑防火堤等。

（2）采取防止超压件破坏等措施

防止超压件破坏的措施包括正确计算管道的壁厚，提出焊接质量要求，加强竣工验收，遵守操作规程，确保仪表灵敏等。

2. 管道线路安全管理

（1）保证设计和施工质量

在管道设计和施工时，严格按照安全规范操作，保证设计和施工质量，并定期对管道进行维修。实践表明，为了保障管道线路安全，工程设计和施工必须有一套严密的质量管理制度；在技术上各级把关、层层负责；在施工过程中实行工程监理制，设计、施工和监理单位和个人都要经有关部门进行资质认定，取得相应资格才能进行投标、设计、施工和监理，各司其职、各负其责；在工作中既要互为约束，也要密切配合，把一切质量问题消灭在建成之前，防患于未然，共同确保工程质量。

（2）对管道进行防腐保温处理

在防腐保温施工中最易发生火灾、爆炸、中毒、烫伤等事故，因此必须注意：在有毒气体场所施工时，必须有专人监护方可进行；溶剂、油漆等易燃物质应有专人保管，库房或工作间所用电气设备应为防爆型；在进行保温层施工时，为了防止保温材料，如石棉、玻璃棉等对人体造成伤害，施工人员应戴上口罩、穿上防护服，确保施工安全。

三、环境安全管理

在环境管理系统中，其环境因素是指影响人体健康、工作效率、设备性能自然的和人为的各种条件因素的组合。

对交通运输人—机—环境系统而言，环境对运输安全的影响可分为内部环境条件和外部环境条件影响两个部分，前者包括作业环境和由管理行为营造的内部社会环境；后者系指自然环境和外部社会环境。在众多的影响因素中，作业环境和内部社会环境是可控的，而外部社会环境和自然环境是不可控的，但企业管理可通过改善可控的内部小环境来适应不可控的外部大环境，其作用就在于保持良好的工作、作业和生活秩序，保障职工身心健康，保证运输生产安全。

（一）加强管理，改善内部社会环境条件

运输系统内部社会环境是外部社会环境因素在系统内的反应，其涉及面较广，包括系统内部的政治、经济、文化、法律、人际关系等环境条件，这些环境条件的变化与企业管理行为密切相关。

强化安全意识，制定具体措施，落实企业安全目标、安全责任制和奖惩激励制度；加大安全技术设备的投入，依靠科技加强安全监控及通过深入细致的思想工作，提高职工思想和业务素质；关心职工生活，解决后顾之忧；加强民主管理，增强内部团结，建立融洽的人际关系；与相关部门密切配合，改善治安环境等，形成良好的安全管理环境，创造安全生产条件，调动全员安全生产的积极性。

（二）大力改善作业环境

影响人们作业环境的因素主要有物化性质的环境因素（粉尘、化学性气体、蒸汽、熏烟、雾滴等）、物理性质的环境因素（光、辐射、噪声、振动、温度、湿度和气压等）和空间环境因素等。在改善作业环境过程中，应严格按照国家规定标准实施，有效防止人员疾病、中毒现象发生，避免过早疲劳和不舒适感，使作业人员在繁忙的工作中，仍能保持良好的心态和充沛的精力，把运输安全建立在良好的作业环境条件基础上。

> 试从人、设施设备、环境、管理等方面分析当地道路运输生产中存在的危险源及其特性，并列出相应的对策。

单元3　交通运输企业安全生产标准体系建设

交通运输企业安全生产标准体系涵盖了交通运输企业安全生产工作的全局，体现了交通运输企业安全生产中人、设施设备、环境、管理等各个方面，是企业开展安全生产工作的基本要求和衡量尺度，也是企业加强安全管理的重要方法和手段。

一、交通运输企业安全生产标准体系建设内容

（一）安全生产法制体系建设

适应经济社会快速发展的新要求，制定高速铁路、高速公路、大型桥梁隧道、超高层建筑、城市轨道交通和地下管网等建设、运行、管理方面的安全法规规章。跟随技术进步和产业升级，及时修订完善交通运输行业安全技术标准，健全各种运输方式安全生产标准体系的建设。加强安全生产普法执法力度，加强安全法

制教育，普及安全生产法律知识，提高全员安全法制意识，增强依法生产经营建设的自觉性，依法严肃查处各类事故。

（二）安全生产技术保障体系建设

推进信息化建设，强化运输企业技术管理机构的安全职能，按规定配备安全技术人员；强制推行先进适用的技术装备。如运输危险化学品、烟花爆竹、民用爆炸品的道路运输专用车辆，旅游包车和三类以上班线客车要安装使用具有行驶记录功能的卫星定位装置，大型起重机械要安装安全监控管理系统，实现交通运输企业机械化、自动化、智能化生产水平，提高企业安全防护水平。

（三）安全生产监督管理体系建设

强化安全生产监管部门对安全生产的综合监管，形成公安、交通、国土资源、建设、工商、质检等部门安全生产监督管理的指导职责，形成安全生产综合监管与行业监管指导相结合的工作机制。严厉打击非法违法生产、经营、建设等影响安全生产的行为，提高监管人员专业素质和技术装备水平，加强对运输企业安全生产的现场监管和技术指导。

强化运输企业安全生产属地管理。对当地企业安全生产状况进行安全标准化分级考核评价，将评价结果作为企业信用等级评定的重要参考依据。加强运输企业基础设施建设项目的安全管理，严格落实建设、设计、施工、监理、监管等各方安全责任。

（四）安全生产应急救援体系建设

积极整合应急资源，依托大型企业、公安消防等救援力量，加强本地区应急救援队伍建设，建立救援队伍社会化服务补偿机制，鼓励引导社会力量参与救援。建立完善企业安全生产动态监控及预警预报体系。加强应急救援装备建设，强化应急物资和紧急运输能力储备，加强预案管理和应急演练，提高事故救援实战能力。

（五）安全生产风险防范体系建设

规范运输企业生产经营行为，提高职工的操作技能和技术水平。严格对安全生产管理人员和特殊工种人员的考核任用，加强对运输生产现场的监督检查。通过安全培训，强化职工尤其是运输生产一线人员危险源的辨识、确定和风险防控能力。设立风险预防岗位，设置专职管理人员从事运输风险预防工作，把握运输风险客观性、不确定性、损害性等特点，从源头上控制运输风险，降低风险发生率。采取运输风险转移措施,具备投保意识,制订相关规定,降低运输风险因素导致运输事故带来的经济损失。

(六) 安全生产文化体系建设

开展安全教育基地建设,利用互联网、车载广播、报刊等媒介普及安全常识,提高职工安全发展的思想意识。建立完善安全技术人员继续教育制度,重点强化一线员工的安全培训,加强分管安全生产领导干部的安全培训,提高安全管理水平。推进安全文化理论和建设手段的创新,构建自我约束、持续改进的长效机制,不断提高安全文化建设水平,发挥其在安全生产工作中的引领和推动作用。

学习笔记

知识链接

运输风险的概念

运输风险是指在运输过程中,在某种情况下,发生某种货物损失、人身伤亡及其他损失的可能性。运输风险由运输风险因素、运输风险事故和运输风险损失等要素组成。

运输风险因素是指增加运输风险事故发生的频率或严重程度的任何事件。如开快车、疲劳驾驶、车辆带病行驶、酒后开车、货运诈骗等,构成风险因素的条件越多,发生损失的可能性就越大,损失就会越严重。

运输风险事故是指运输风险的可能成为现实,以致造成人身伤亡或财产损害的偶发事件。例如,火灾、地震、洪水、龙卷风、雷电、爆炸、盗窃、抢劫、疾病、死亡等都是风险事故。运输风险事故发生的根源主要有三种:①自然现象,如地震、台风、洪水等;②社会政治、经济的变动,如社会动乱、汇率的变动等;③人或物本身内在属性、缺陷,如疾病、设备故障等。

运输风险损失是指在运输过程中非故意的、非预期的和非计划的货物经济价值的减少和灭失,包括直接损失和间接损失。

在运输过程中通常会遇到自然灾害和意外事故以及运输欺诈等风险。自然灾害是指恶劣气候、雷电、海啸、地震、火山爆发等;而意外事故则是指运输工具事故,如船舶搁浅、碰撞、沉没、失踪,列车出轨或碰撞,汽车碰撞、火灾等现象;运输欺诈是指货物运输的过程中,由于合同一方当事人或承运人或其代理人,故意隐瞒事实,而使另一方当事人造成损失或失去其收益的行为。

二、交通运输企业安全生产标准化的内涵与目的

（一）安全生产标准化的内涵

标准化是指通过制定、实施国家及行业等标准，来规范各种生产行为，以获得最佳生产秩序和社会效益的过程。它是一个有目的的过程，是现代化生产的必要条件。

安全生产标准化是指通过建立安全生产责任制，制定安全管理制度和操作规程，排查治理隐患和监控重大危险源，建立预防机制，规范生产行为，使各生产环节符合有关安全生产法律法规和标准规范的要求，使人、机、物、环境处于良好的生产状态，并持续改进，不断加强企业安全生产规范化建设。

（二）安全生产标准化的目的

安全生产标准化的目的是严格落实企业安全生产责任制，加强安全科学管理，实现企业安全管理的规范化。加强安全教育培训，强化安全意识、技术操作和风险防范技能。加大安全投入，提高专业技术装备水平，深化隐患排查治理，改进现场作业条件。通过安全生产标准化建设，实现岗位达标、专业达标和企业达标，增强企业生产的安全管理、运输风险和事故防范能力。

企业安全生产标准化工作采用"策划、实施、检查、改进"动态循环的模式，依据相关要求，结合自身特点，建立并保持安全生产标准化系统；通过自我检查、自我纠正和自我完善，提高安全生产水平，减少事故发生，保障人身安全、健康，建立安全绩效持续改进的安全生产长效机制，保证生产经营活动的顺利进行。

三、交通运输企业安全生产标准化达标考评指标

（一）交通运输企业安全生产标准化达标考评指标

根据《交通运输企业安全生产标准化考评管理办法》《交通运输企业安全生产标准化达标考评指标》《交通运输企业安全生产标准化考评发证实施办法》《交通运输企业安全生产标准化考评机构管理实施办法》《交通运输企业安全生产标准化考评员管理实施办法》等相关规定，交通运输企业安全生产标准达标考评指标按照专业类型分为道路运输、水路运输、港口码头、城市客运、交通运输工程建设5大类。

以道路运输企业安全生产标准化考评系列指标为例，道路运输企业安全生产达标考评指标共有 16 项一级考评指标、56 项二级考评指标。一、二级考评系列指标分配见表 8-1。交通运输部主管全国交通运输企业安全生产标准化工作，并负责一级达标企业的考评工作。省级交通运输主管部门负责本管辖范围内交通运输企业安全生产标准化工作和二级、三级达标企业的考评工作。

道路运输企业安全生产达标考评系列指标　　表 8-1

一级指标考评内容	二级指标考评内容
1. 安全目标	安全工作方针与目标、中长期规划、年度计划、目标考核
2. 管理机构和人员	安全管理机构、管理人员配备
3. 安全责任体系	健全责任制、责任制考核
4. 法规和安全管理制度	资质、法规、安全管理制度、岗位安全生产操作规程、制度执行及档案管理
5. 安全投入	资金投入、费用管理
6. 装备设施	车辆管理、停车场管理、设施设备管理
7. 科技创新与信息化	科技创新、科技信息化
8. 队伍建设	安全培训、宣传教育、管理人员、从业人员培训、规范档案
9. 作业管理	现场作业管理、安全值班、相关方管理、三品查堵、驾驶员管理、营运车辆管理、车辆例检、车辆出站前检查、停车场管理、站务管理、运输管理、警示标志
10. 危险源辨识与风险控制	危险源辨识、风险控制
11. 隐患排查与治理	隐患排查、隐患治理
12. 职业健康	健康管理、危害告知、环境与条件
13. 安全文化	安全环境、安全行为
14. 应急救援	预案制定、预案实施、应急队伍、应急装备、应急演练
15. 事故报告调查处理	事故报告、事故调查和处理
16. 绩效考核与持续改进	绩效评定、持续改进、安全管理体系建议

（二）交通运输企业安全生产标准化达标考评指标的主要特点

1. 交通运输企业安全生产标准化考评系列指标的构建先进性

交通运输企业安全生产标准化考评系列指标强调预测预警，要求交通运输企业应根据生产经营状况及隐患排查治理情况，运用定量的安全生产预测预警技术，定期分析安全生产情况，分类研究产生的原因及可能引发的后果，建立体现交通运输企业安全生产状况及发展趋势的预警指数系统，以促进交通运输企业安全绩效的持续改进和安全生产长效机制的建立，因而指标的构建具有先进性。

2. 交通运输企业安全生产标准化考评系列指标的内容系统性

交通运输企业安全生产标准化考评的系列指标内容涉及了运输企业安全生产的各个方面（16项指标），提出了比较全面的要求和规定，并有机而系统地结合起来，使交通运输企业安全生产标准化考评系列指标具备较为全面的系统性。

3. 交通运输企业安全生产标准化考评系列指标的较强操作性

交通运输企业安全生产标准化考评系列指标的制定结合我国已经制定的标准化考评工作的做法和经验，对道路运输行业安全生产标准化核心要素都提出了具体、细化的内容要求。交通运输企业在贯彻时，全员参与规章制度和操作规程的制定，并进行定期评估检查。这样使得规章制度、操作规程与企业的实际情况紧密结合，避免"两张皮"发生，有较强的可操作性，便于交通运输企业组织实施。

4. 交通运输企业安全生产标准化考评系列指标的管理适用性

交通运输企业安全生产标准化考评吸收了传统标准化考评量化分级管理的优势，把安全从抽象的概念转化为数量指标，有配套的评分要点和评分细则，在交通运输企业自主建立和外部评审定级中，根据对比衡量，得到量化的考评结果，能够比较真实地反映交通运输企业安全管理水平和改进方向，便于交通运输企业进行有针对性的改进、完善，从而为安全管理、事故预测和选择最优化方案提供了较为准确的依据，也为道路运输监管部门分类监管提供了科学的依据，具有广泛的管理适用性。

5. 交通运输企业安全生产标准化考评系列指标的法规贯彻性

道路运输安全生产法律法规对交通运输企业安全生产标准化考评系列指标提出了原则要求，设定了各项基本的法律制度。交通运输企业安全生产标准化考评系列指标是对这些法律原则和法律制度内容的具体化和系统化，并通过运行使之成为交通运输企业的生产行为规范，从而更好地促进交通运输企业安全生产法律法规的贯彻落实。

6. 交通运输企业安全生产标准化考评系列指标的结论效果性

交通运输企业生产标准化考核系列指标以交通运输企业整个安全运行系统为目标，从全局观点出发，寻求到最佳的、有效的防灾途径，通过考评查找交通运输企业存在的危险、有害因素，确定其危害程度，提出技术上可行、经济上合理的安全对策和建议，使交通运输企业生产标准化考评结果集中反映在其考评的效果上。

交通运输企业安全生产标准体系建设及达标考评指标，体现了"安全第一、预防为主、综合治理"的方针和"以人为本"的科学发展观，强调企业安全生产工作的法制化、规范化、系统化和科学化，强化风险管理和过程控制，注重绩效管理和持续改进，符合安全管理的基本规律，代表了现代企业安全管理的发展方向，是先进的管理思想与我国传统安全管理方法、企业具体实际的有机结合，为有效提高交通运输企业安全生产管理水平提供可靠的安全保障。

安全是运输的生命线，是运输生产永恒的主题，安全生产只有起点没有终点。运输安全不仅影响着企业的生产效率和经济效益，事关经济社会发展大局。健全完善运输生产安全责任体系，落实运输管理部门安全生产监管责任和运输企业安全生产主体责任；尤其加强对危险品运输、快递等领域的监管，推动运输企业建立健全覆盖生产经营各环节、责任明晰的安全生产制度，筑牢交通运输安全生产基础；加强隐患治理和风险管控，完善风险分级管控和隐患排查治理双重预防机制，制定运输生产过程各环节重大风险和隐患判定指南；提高运输安保和应急处置能力；做好极端天气预警防范工作。

树立"安全第一、生命至上"的发展理念，正确处理安全与发展的关系，抓好交通运输企业安全生产标准体系建设。通过制定、实施国家及行业标准，规范运输企业各种生产行为，实现运输企业安全生产的标准化，是获得良好运输生产秩序和社会效益的有效途径。

学习笔记

技能练习

到当地一家货运企业，就企业安全生产标准化指标体系中第六项指标"装备设施"进行现场调研，查看。拍摄相关照片，从安全生产管理的角度分析其安全状况，列出存在的问题及解决的措施。

 课后习题

一、填空题

1. _____是交通运输活动的前提和基础。
2. 导致运输事故的原因主要包括_____、_____、_____、_____。
3. 交通运输企业的安全管理，应坚持_____、_____、_____的原则。
4. 交通运输企业安全生产标准体系建设内容包括_____、_____、_____、_____、_____、_____。

二、单项选择题

1. 运输安全管理的出发点和落脚点是（　　）。
   A. 现场作业控制　　B. 设备管理　　C. 环境管理　　D. 线路管理
2. 交通运输企业安全生产标准化建设一级指标共（　　）项。
   A. 8　　B. 12　　C. 15　　D. 16
3. 交通运输企业安全生产标准化达标等级分为（　　）级。
   A. 二　　B. 三　　C. 四　　D. 五

三、多项选择题

1. 下列属于交通运输安全影响因素的有（　　）。
   A. 安全组织　　B. 安全法制　　C. 安全技术　　D. 安全教育
   E. 安全资金
2. 铁路交通运输生产安全管理包括（　　）。
   A. 人员的安全管理　　B. 设备的安全管理
   C. 环境的安全管理　　D. 作业的安全管理
3. 交通运输安全管理包括的内容有（　　）。
   A. 运输生产的安全管理　　B. 人员的安全管理运输
   C. 企业的安全管理　　D. 车辆的安全管理

四、判断题

1. 安全生产是交通运输活动适应经济和社会发展的先决条件。（　　）
2. 交通运输部负责一级达标企业和二级达标企业的考评工作。（　　）
3. 投保是企业采取运输风险转移的一项措施。（　　）

五、名词解释

交通运输安全管理；运输风险；安全生产标准化

六、简答题

1. 交通运输安全管理的意义。
2. 影响交通运输安全管理的因素。
3. 交通运输企业安全生产标准化指标的特点。

实训任务

一、实训资料

某年 7 月 18 日 17 时,长沙大承化工有限公司负责人周某委托其朋友刘某驾驶湘 A3ZT46 轻型货车从新鸿胜公司土桥仓库充装 6.52t 乙醇,运往武冈市湖南湛大泰康药业有限公司。7 月 19 日 2 时 57 分,刘某驾驶该车由东往西行驶至沪昆高速公路 1309km33m 路段时,与前方排队等候通行的闽 BY2508 大客车发生追尾碰撞,致轻型货车运载的乙醇瞬间大量泄漏燃烧,致使大客车、轻型货车等 5 辆车被烧毁,造成 54 人死亡、6 人受伤(其中 4 人因伤势过重医治无效死亡),直接经济损失 5300 余万元。

二、实训要求

1. 此次事故的原因有哪些?
2. 按照交通运输企业安全生产标准化达标考评内容,分析如何通过加强运输企业安全生产标准化建设,预防此类重特大事故的发生。

参 考 文 献

[1] 中国公路学会. 中国交通运输 2017 [M]. 北京：人民交通出版社股份有限公司, 2018.
[2] 俞秋明. 对船舶"航线设计"项目教学和评估的思考 [J]. 交通科技, 2011 (1)：118-120.
[3] 陈永鸿. 我国海运货物保险类别分析 [J]. 中国水运, 2003 (9)：46-47.
[4] 陈达. 世界液化天然气运输船市场前景看好 [J]. 机电设备, 2002, 19 (3)：34-37.
[5] 柳杨. 单舱大开口重吊船破舱稳性及吊装稳性研究 [D]. 上海：上海交通大学, 2010.
[6] 马天山, 何朝平. 道路快速货运组织方式 [J]. 长安大学学报（自然科学版）, 2005, 25 (3)：62-65.
[7] 刘雅丽, 罗颖. 集装箱运输管理实务 [M]. 北京：人民邮电出版社, 2011.
[8] 姚大伟. 国际货运代理理论与实务 [M]. 上海：上海交通大学出版社, 2012.
[9] 王森勋. 新编国际货运代理理论与实务 [M]. 北京：北京大学出版社, 2009.
[10] 沈志云. 交通运输工程学 [M]. 北京：人民交通出版社, 1999.
[11] 约翰 J. 科伊尔. 运输管理 [M]. 北京：机械工业出版社, 2005.
[12] 孙家驷. 道路勘测设计 [M]. 2 版. 北京：人民交通出版社, 2005.
[13] 胡师康. 桥梁工程. 上册 [M]. 北京：人民交通出版社, 2001.
[14] 吴吉明. 福建省道路货运场站规划相关问题研究 [D]. 西安：长安大学, 2011.
[15] 职业培训教育网, 中华会计网校. 2013 中级经济师运输经济（公路）专业知识与实务 [M]. 北京：人民出版社, 2013.
[16] 刘洪波. 互通式立体交叉计算机辅助设计 [M]. 南京：东南大学出版社, 2009.
[17] 周茵, 迟骋. 经济新常态下铁路货物运输发展趋势研究 [J]. 铁道货运, 2017 (12)：40-44.
[18] 环京津新闻网, 高铁复兴号首开快递车厢, 铁路首推冷链快递服务 [EB/OL]. 2018-1-10. https：//baijiahao. baidu. com/s？id＝16167385035545297777&wfr＝spider&for＝pc.
[19] 苏娟, 魏昕. 高铁对我国物流行业的影响 [J]. 现代物流与采购. 2016 (34)：74-75.
[20] 马广文. 交通大辞典 [M]. 上海：上海交通大学出版社, 2005.
[21] 张海燕, 吕明哲. 国际物流 [M]. 大连：东北财经大学出版社, 2010.